Routes de France

Les plus beaux parcours, circuits et sentiers de l'Hexagone et des DOM-TOM

Routes de France

Les plus beaux parcours circuits et sentiers de l'Hexagone et des DOM-TOM

Sommaire

Double page précédente : La cathédrale de Chartres

Les gorges du Verdon

Comment utiliser

Une première partie pratique conçue pour
bien choisir sa route

● À chacun ses raisons
Choisir la route qui convient le mieux
à ses centres d'intérêt : paysages,
arts et culture, fêtes et festivals
traditionnels, artisanat, gastronomie…

● À chacun ses vacances
Choisir en fonction d'un type de vacances :
en couple ou avec des enfants ; de ses
préférences : détente, visites culturelles
ou vacances sportives, et de la durée
du séjour : un week-end, une semaine,
deux semaines ou plus.

● La carte de France
Visualiser la France, ses régions et ses
départements ainsi que les DOM-TOM
et, à chaque début de chapitre, repérer
le tracé des routes pour choisir son
parcours en fonction de ses envies
et du temps dont on dispose pour
ses vacances.

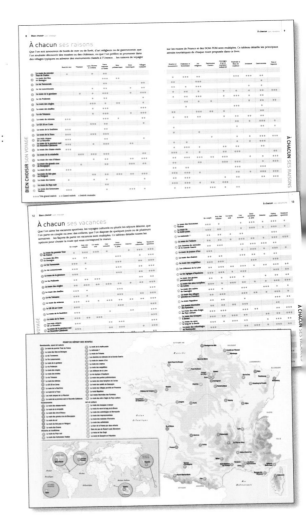

le GEO**BOOK** ?

Les 50 routes organisées
en 4 grandes thématiques

DES PHOTOS…
…emblématiques qui
donnent un avant-goût
des sites remarquables
traversés par les routes.

QUE VOIR, QUE FAIRE ?
- Les attraits touristiques de la route :
monuments, villes, traditions…
- Les activités sportives : randonnées,
équitation, tourisme fluvial…

LES CONSEILS GEO
- Les plus de chaque route
et les recommandations utiles.
- Les variantes pour aller
plus loin ou faire un détour.

LA CARTE DÉTAILLÉE

Itinéraire principal
(routier ou pédestre)

Changement de
mode de transport

- 🏁 Départ
- ⭐ Ville repère
- ◉ Ville importante sur la route
- ⦿ Ville
- ○ Village étape
- ■ Beau village

- Monument, site historique
- 🏛 Musée
- Panorama, paysage remarquable
- 🌳 Parc naturel, forêt, parc
- Artisanat et traditions
- ◎ Site inscrit au patrimoine mondial de l'Unesco

LE CARNET DE ROUTE
Toutes les informations
pratiques sur la route : les
premiers contacts, la bonne
période, la durée du voyage,
l'artisanat, les produits
locaux, les fêtes et festivals.

COMMENT UTILISER LE GEOBOOK ?

À chacun ses raisons

Que l'on soit amoureux de bords de mer ou de forêt, d'art religieux ou de gastronomie, que l'on souhaite découvrir des musées ou des châteaux, ou que l'on préfère se promener dans des villages typiques ou admirer des monuments classés à l'Unesco… les raisons de voyager

	Bord de mer	Thalasso	Lacs, fleuves et rivières	Parcs naturels et forêts	Sites préhistoriques	Sites historiques	Villages typiques
❶ La route du premier Tour de France	●		●	●●			
❷ La route des fées en Bretagne			●●●	●●	●●		
❸ La via Turonensis				●●			●●
❹ La via Lemovicensis			●	●●		●	●●
❺ La route de la gentiane		●	●	●●●		●	●●●
❻ La via Podiensis			●	●●			●
❼ La route des cingles			●●●	●	●●		●
❽ La route des drailles			●	●●●			●●●
❾ La via Tolosana			●	●●●		●	●●●
❿ La route du mimosa	●●●			●●●	●		●●
⓫ Le GR 20 en Corse			●●●	●●			●
⓬ La route de la Soufrière	●●●			●●			
⓭ La route de la Trace	●●●		●●●	●●●			
⓮ Les trois cirques de La Réunion	●●●			●●			●
⓯ La route de la province sud en Nouvelle-Calédonie	●●●		●	●●●		●●	
⓰ La route des chasse-marée	●●●						
⓱ La route de la mirabelle		●●●	●●●	●●●			●●
⓲ La route des vins d'Alsace			●	●●		●●	●●●
⓳ La route des grands crus de Bourgogne		●		●●		●●●	●●
⓴ La route du sel	●●●						
㉑ La route du foie gras en Périgord			●●	●●	●●●	●●	●●●
㉒ La route des Graves	●		●	●			●
㉓ La route du Pays noir				●●			
㉔ La route des forteresses Vauban	●●●			●		●●●	●

●●● Très grand intérêt ●● Grand intérêt ● Intérêt moindre

BIEN CHOISIR SON VOYAGE

sur les routes de France et des DOM-TOM sont multiples. Ce tableau détaille les principaux attraits touristiques de chaque route proposée dans ce livre.

Musées et monuments	Châteaux et forteresses	Art religieux	Patrimoine Unesco	Ouvrages d'art et tourisme industriel	Festivals et fêtes de tradition	Artisanat	Gastronomie	Vins et liqueurs
●	●●●	●●			●●●	●●●	●●	
●●		●●●					●	
●●	●	●●●				●	●	
●	●●	●		●	●	●	●●	●●●
●	●●	●●●		●	●●●	●		
	●●	●	●			●	●●	●●
	●				●●●		●	
●●		●●●	●●	●			●●	
●	●●	●●		●	●●	●●	●●	
					●●	●	●●●	●
●					●		●●	●
●		●						
			●		●	●	●●●	●●●
●					●	●	●●●	
●	●●●	●		●●	●●		●●	
●●●	●			●●	●●●			●●
●●	●●●	●●●	●●	●●●		●	●	●●●
●●		●●		●●●	●●●		●	●●●
●●	●●				●●●		●●●	
●●●	●●●	●			●●	●	●●●	●●●
●●	●●●			●	●●		●●	●●●
●●●	●●●	●	●●	●●●				
●	●●●		●●●	●	●●			

		Bord de mer	Thalasso	Lacs, fleuves et rivières	Parcs naturels et forêts	Sites préhistoriques	Sites historiques	Villages typiques
25	La route de la malle-poste			●●●	●			
26	La nationale 7	●●●		●●●	●●●		●	●●
27	La route de l'infante	●					●●●	●●
28	Les chemins de mémoire de la Grande Guerre						●●●	
29	La route de Jeanne d'Arc	●		●	●		●●●	
30	La route des chaînes	●		●●			●●●	
31	La route des mégalithes	●●●		●	●	●●●	●●	●●●
32	Les châteaux de la Loire			●●	●●		●●●	
33	La via Agrippa d'Aquitaine			●			●●●	
34	La route des grottes préhistoriques			●	●●	●●●		●
35	La route des sites templiers du Larzac			●	●●●	●●	●●●	●●●
36	La route des cadets de Gascogne						●	●
37	La route des villages perchés en Provence			●	●●●		●	●●●
38	La route Napoléon	●	●	●●	●●●		●●●	
39	Les routes thermales des Pyrénées		●●●	●●	●●			
40	La route des nids d'aigle du Pays cathare			●	●		●●●	●
41	La route des kiosques à danser				●●●			●
42	La route du verre le long de la Bresle	●●●		●●	●			●
43	La route des colombages en Normandie	●●		●				●
44	La route des impressionnistes	●●		●				●●
45	La route des maisons d'écrivains			●	●			
46	La route des cathédrales			●●			●●	
47	Le tour de la France par deux enfants	●●		●●	●●		●●	
48	Dans les pas de Robert Louis Stevenson			●●	●●●			●●●
49	La route de Van Gogh	●●		●	●			●
50	La route de Gauguin en Polynésie	●●●		●	●●			

BIEN CHOISIR SON VOYAGE

●●● Très grand intérêt ●● Grand intérêt ● Intérêt moindre

Musées et monuments	Châteaux et forteresses	Art religieux	Patrimoine Unesco	Ouvrages d'art et tourisme industriel	Festivals et fêtes de tradition	Artisanat	Gastronomie	Vins et liqueurs
●●	●	●●●		●●				●●
●●	●		●	●●	●●●	●●	●●●	●●●
●●●	●●	●				●	●	
●●●		●			●●		●	●
●	●●	●●●				●●	●●●	●
●●	●●●							●
●●	●	●●			●			
●●	●●●	●●				●	●●	●●
●●●			●●	●				
●●●			●●●					
●●	●●●	●●		●●●		●●	●●	
●	●●●	●	●		●			●●
●●●	●●●	●●		●			●●●	
●	●●●				●●	●	●●	
●	●●				●●			
●●	●●●					●	●●	●●
●●	●●	●●		●●	●		●	
●	●	●		●●	●	●●●	●	
●●	●●	●●			●		●●	●
●●●					●●		●	
●●●	●●				●●		●●	●
●●●		●●●	●●●			●		●
●●	●●				●●	●●●	●●	●●
		●●●				●		
●●		●		●	●●	●	●●	●
●●					●●	●	●●	

À chacun ses vacances

Que l'on aime les vacances sportives, les voyages culturels ou plutôt les séjours détente, que l'on parte en couple ou avec des enfants, que l'on dispose de quelques jours ou de plusieurs semaines… les façons de partir en vacances sont multiples. Ce tableau détaille toutes les options pour choisir la route qui vous correspond le mieux.

	En couple	Avec des enfants	Un week-end	Une semaine	Deux semaines et plus	Détente	Visites culturelles	Vacances sportives
1 La route du premier Tour de France	●	●●●	●●●	●		●	●●●	●●●
2 La route des fées en Bretagne	●●	●●			●●●		●	●●●
3 La via Turonensis	●●●	●			●●●		●●	●●●
4 La via Lemovicensis	●●●	●			●●●		●●	●●●
5 La route de la gentiane	●●●				●●●		●●	●●●
6 La via Podiensis	●●	●●	●●●				●●	●●
7 La route des cingles	●●	●●●	●●	●●●	●●	●	●●	●●●
8 La route des drailles	●●●	●			●●●			●●●
9 La via Tolosana	●●●				●●●		●●	●●●
10 La route du mimosa	●●●	●●	●	●●●	●●	●●	●●●	●●●
11 Le GR 20 en Corse	●●●				●●●			●●●
12 La route de la Soufrière	●●●			●		●●	●●●	●●●
13 La route de la Trace	●●●	●●	●●●					●●●
14 Les trois cirques de La Réunion	●●●			●●	●●●			●●●
15 La route de la province sud en Nouvelle-Calédonie	●●●			●●	●●●		●	●●●
16 La route des chasse-marée	●●●	●●●		●●●	●●	●●		●●
17 La route de la mirabelle	●●	●●●		●●	●●●	●●●	●●	●●
18 La route des vins d'Alsace	●●●	●	●	●●●	●●	●●	●●●	●●
19 La route des grands crus de Bourgogne	●●●	●	●●●	●●	●	●●	●●●	●●
20 La route du sel	●●●	●●		●●●			●	●
21 La route du foie gras en Périgord	●●●	●●	●●●			●	●	●
22 La route des Graves	●●●	●	●●●	●●	●	●●	●●●	●●
23 La route du Pays noir	●●●	●●		●●●	●		●●●	●●●

●●● Très grand intérêt   ●● Grand intérêt   ● Intérêt moindre

BIEN CHOISIR SON VOYAGE

		En couple	Avec des enfants	Un week-end	Une semaine	Deux semaines et plus	Détente	Visites culturelles	Vacances sportives
24	La route des forteresses Vauban	●●●	●		●	●●●	●	●●●	●
25	La route de la malle-poste	●●●	●●		●	●●●	●	●●●	●
26	La nationale 7	●●	●●	●	●●			●●●	
27	La route de l'infante	●●	●●	●	●●●	●●	●	●●●	●●●
28	Les chemins de mémoire de la Grande Guerre	●●	●●●		●●	●●●	●●●	●●	
29	La route de Jeanne d'Arc	●●●			●	●●●	●	●●●	●
30	La route des chaînes	●●	●●		●●●	●●	●	●●	
31	La route des mégalithes	●●●	●●●			●●●		●●●	
32	Les châteaux de la Loire	●●	●●●	●●	●●●	●	●●	●●●	●●
33	La via Agrippa d'Aquitaine	●●●	●●	●	●●●			●●●	●●
34	La route des grottes préhistoriques	●●	●	●●●			●	●●●	●●
35	La route des sites templiers du Larzac	●●●	●	●●●	●●	●	●	●●●	●●●
36	La route des cadets de Gascogne	●●●	●		●●●		●●●	●	●
37	La route des villages perchés en Provence	●●	●●●		●●●	●●	●	●●●	●
38	La route Napoléon	●●	●●		●			●●●	●●
39	Les routes thermales des Pyrénées	●●	●●	●●	●●●			●●	
40	La route des nids d'aigle du Pays cathare	●●●	●●●		●●●	●●	●	●●	●●●
41	La route des kiosques à danser	●●●	●●	●●●	●●		●●	●●	●●●
42	La route du verre le long de la Bresle	●●●	●	●●●	●●		●	●●●	●●
43	La route des colombages en Normandie	●●●			●●	●●●	●	●●●	●●
44	La route des impressionnistes	●●	●●	●●●				●●	
45	La route des maisons d'écrivains	●●	●●			●●●		●●●	
46	La route des cathédrales	●●	●●	●	●●			●●●	●
47	Le tour de la France par deux enfants	●●●	●●	●●	●●●			●●●	
48	Dans les pas de Robert Louis Stevenson	●●●	●			●●●		●	●●●
49	La route de Van Gogh	●●●	●●	●●●				●●	
50	La route de Gauguin en Polynésie	●●●			●●	●●●		●●	●●●

POINT DE DÉPART DES ROUTES

Randonnée, sport et nature

1   La route du premier Tour de France
2   La route des fées en Bretagne
3   La via Turonensis
4   La Via Lemovicensis
5   La route de la gentiane
6   La via Podiensis
7   La route des cingles
8   La route des drailles
9   La via Tolosana
10   La route du mimosa
11   Le GR 20 en Corse
12   La route de la Soufrière
13   La route de la Trace
14   Les trois cirques de La Réunion
15   La route de la province sud en Nouvelle-Calédonie

Gastronomie

16   La route des chasse-marée
17   La route de la mirabelle
18   La route des vins d'Alsace
19   La route des grands crus de Bourgogne
20   La route du sel
21   La route du foie gras en Périgord
22   La route des Graves

Histoire et traditions

23   La route du Pays noir
24   La route des forteresses Vauban

25   La route de la malle-poste
26   La nationale 7
27   La route de l'infante
28   Les chemins de mémoire de la Grande Guerre
29   La route de Jeanne d'Arc
30   La route des chaînes
31   La route des mégalithes
32   Les châteaux de la Loire
33   La via Agrippa d'Aquitaine
34   La route des grottes préhistoriques
35   La route des sites templiers du Larzac
36   La route des cadets de Gascogne
37   La route des villages perchés en Provence
38   La route Napoléon
39   Les routes thermales des Pyrénées
40   La route des nids d'aigle du Pays cathare

Art et culture

41   La route des kiosques à danser
42   La route du verre le long de la Bresle
43   La route des colombages en Normandie
44   La route des impressionnistes
45   La route des maisons d'écrivains
46   La route des cathédrales
47   Le tour de la France par deux enfants
48   Dans les pas de Robert Louis Stevenson
49   La route de Van Gogh
50   La route de Gauguin en Polynésie

Château de Com

Saint-Pierre-
de-Quiberon   31

Océan

Atlantique

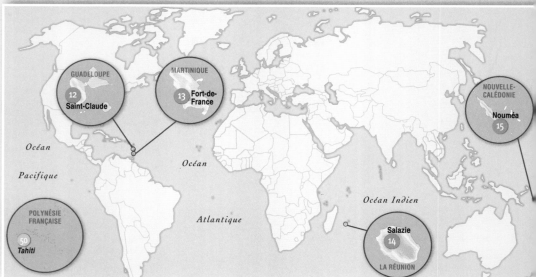

ROYAUME-UNI

Manche

BELGIQUE

16 Boulogne-sur-Mer

23 Condé-sur-l'Escaut

41 Maubeuge

42 Mers-les-Bains

Saint-Vaast-la-Hougue
24

LUXEMBOURG

ALLEMAGNE

43 Pont-Audemer

Auvers-
sur-Oise 44

45 Vémars

Paris 25 26

1 Montgeron

Chartres 46

27 Fontainebleau

17 Metz

Bar-le-Duc
28

Phalsbourg 47

18 Strasbourg

29 Domrémy-la-Pucelle

Rennes
30

4 Vézelay

32 Angers

3 Tours

19 Dijon

SUISSE

e d'Oléron

Lyon 33

ITALIE

21 Nontron

5 Picherande

7 Carlux

6 48 Le Puy-en-Velay

Pessac 22

34 Vallon-Pont-d'Arc

Millau 35

Termes
d'Armagnac
36

Saint-Mathieu-
de-Tréviers 8

Tarascon 49 37 Les Baux-
de-Provence

Arles 9

Vallauris
Golfe-Juan 38

39 Oloron-Sainte-Marie

Bormes-les-
Mimosas 10

11 Calenzana

Foix 40

ESPAGNE

ANDORRE

*Mer
Méditerranée*

Les routes de A à Z

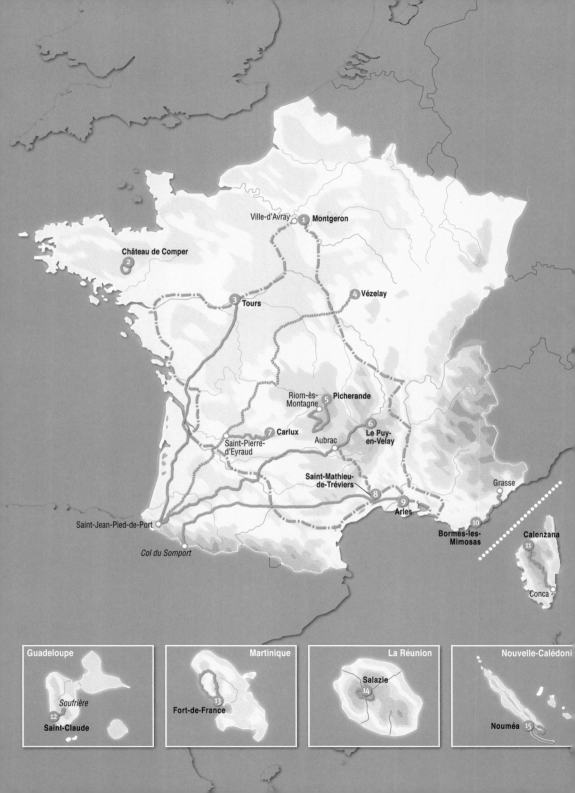

Ville-d'Avray · **Montgeron** 1

Château de Comper 2

Tours 3

Vézelay 4

Riom-ès-
Montagne · **Picherande** 5

Carlux 7

Saint-Pierre-
d'Eyraud

Aubrac

**Le Puy-
en-Velay** 6

**Saint-Mathieu-
de-Tréviers**

Arles 9

Grasse

**Bormes-les-
Mimosas** 10

Calenzana 11

Conca

8

Saint-Jean-Pied-de-Port

Col du Somport

Guadeloupe

Soufrière

Saint-Claude 12

Martinique

Fort-de-France 13

La Réunion

Salazie 14

Nouvelle-Calédoni

Nouméa 15

Randonnée, sport et nature

La route du premier Tour de France

RANDONNÉE, SPORT ET NATURE

En 1903, la plus grande course cycliste du monde voit le jour. En six étapes épiques, les 60 coureurs du peloton passent par les plus grandes villes de France, et, dès sa première édition, la Grande Boucle devient une légende !

En ce siècle qui débute à peine, la concurrence fait rage dans la presse sportive. Le quotidien *Le Vélo* (imprimé sur papier vert) domine le marché. *L'Auto* (l'ancêtre de *L'Équipe,* imprimé sur papier jaune, ce qui aura les conséquences que vous devinez déjà) voudrait s'y faire une place. En janvier, Géo Lefèvre, journaliste à *L'Auto,* suggère à son patron Henri Desgrange d'organiser une course cycliste plus prestigieuse que celles du journal concurrent : le **Tour de la France** en passant par les six plus grandes villes du pays. L'idée est acceptée. Il reste à la concrétiser. Et ce ne sera pas simple : la course devait débuter en juin, elle est repoussée à juillet, faute de participants. Elle devait partir de Paris, mais le préfet Lépine s'y oppose. Le départ est prévu pour 15 h précises, mais des travaux sur la route obligent à le retarder. Sur 78 inscrits, 60 partants se présentent au départ. C'est dire si les débuts de « la plus grande épreuve cycliste jamais organisée » sont laborieux. Malgré toutes ces difficultés, en cette très chaude journée du 1er juillet 1903, le départ de la course est donné à **Montgeron,** dans l'Essonne, devant le café *Le Réveil Matin.* L'établissement existe toujours, et cultive le souvenir de ce départ historique, dans une ambiance devenue brésilienne. À 15 h 16 exactement, le starter Georges Abran tire le coup de pistolet du départ. Les coureurs du peloton sont français pour 50 d'entre eux, accompagnés d'une poignée de Belges, de Suisses, d'Allemands et d'un unique Italien. Maurice Garin est le favori d'avant-course. On le surnomme « Le petit ramoneur », ou « Le petit matelot ». Vous l'aurez compris : il n'est pas bien grand ! Comme la plupart des coureurs, il enfourche une bicyclette de la marque « La Française ». Géo Lefèvre est le directeur de la course. Il est aussi chronométreur, juge à l'arrivée, et envoyé spécial de *L'Auto.* Autant dire qu'il ne chôme pas ! Pendant que les coureurs pédalent, il saute dans le PLM, le train Paris-Lyon-Marseille, pour rejoindre avant eux la capitale des Gaules, où doit se juger l'arrivée de la première étape. Pendant

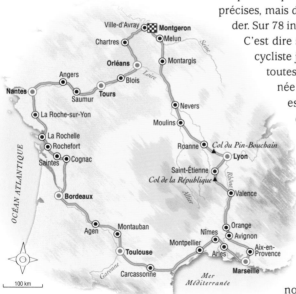

LE TRAJET DE LA PREMIÈRE GRANDE BOUCLE

- **Départ** : Montgeron
- **Arrivée** : Parc des Princes
- **Distance** : 2 428km

C'est à Lyon, près des berges de la Saône, que s'est jouée l'arrivée de la première étape (ici le quai Tilsitt).

ce temps, les coureurs prennent la route de **Melun**, puis de **Montargis**. Ils arrivent à **Nevers**, l'agréable cité des bords de **Loire**. Le peloton traverse l'Allier en passant par **Moulins**, pénètre dans la Loire à **Roanne** avant de prendre la direction de **Lyon**. Entre Roanne et **Tarare**, la Grande Boucle rencontre sa première « difficulté », comme disent les spécialistes, avec le franchissement du **col du Pin-Bouchain**. À Lyon, confirmant les pronostics, Maurice Garin l'emporte : il a parcouru les 467 km de l'étape en 17 h 45'13'' et s'empare de la tête du classement. Pas de maillot jaune à enfiler cependant, puisque la tunique d'or ne fera son apparition qu'en 1919.

● Lyon-Marseille

À Lyon, les participants ont 2 jours de repos, ce qui leur laisse le temps d'apprécier les charmes des **berges de la Saône et du Rhône**. Ils quittent la ville le 4 juillet pour rejoindre Marseille, après un parcours de 374 km. Soixante kilomètres après le départ, les voilà qui passent par **Saint-Étienne**, longtemps capitale du cycle, grâce à ses nombreux constructeurs de bicyclettes. En sortant de la ville par le sud, les coureurs se lancent dans l'ascension du **col de la République**, premier sommet de l'histoire du Tour à plus de 1 000 m d'altitude. C'est Hippolyte Aucouturier qui le franchit en tête pour prendre la direction du sud,

QUE VOIR, QUE FAIRE SUR LA ROUTE DU PREMIER TOUR DE FRANCE ?

- Lyon, passer des traboules du Vieux Lyon au quartier moderne de La Confluence
- Marseille, visiter Notre-Dame-de-la-Garde (la Bonne Mère) et le récent MuCEM
- Toulouse, flâner de la place du Capitole à la basilique Saint-Sernin
- Bordeaux, traverser le Pont de pierre, suivre les quais de la Garonne et rejoindre la place des Quinconces
- Nantes, visiter le château des ducs de Bretagne, le Grand Éléphant des Machines de l'île et le Carrousel des Mondes Marins

LA ROUTE DU PREMIER TOUR DE FRANCE

LES CONSEILS GEO

● Les plus

Après 100 éditions et 110 ans d'existence, le Tour reste plus que jamais la plus grande compétition cycliste du monde. Faire comme les pros : quelques jours avant le passage des participants, Amaury Sport Organisation (ASO), l'organisateur du « vrai » tour, propose aux amateurs de la petite reine de s'inscrire à « L'Étape du Tour », avec de vrais villages étapes et un public en bord de route.

● Les variantes

Le Tour n'est pas la seule course au parcours intéressant. Les classiques, comme Paris-Nice ou Paris-Roubaix, et les tours régionaux de Vendée, du Haut-Var, de Picardie, du Limousin, de Normandie... proposent de beaux itinéraires riches de 1 001 découvertes.

passer par **Valence** et se retrouver à **Montpellier** quelques heures plus tard, avant de flirter avec les belles du Sud que sont **Orange, Avignon** et **Aix-En-Provence**. En fin d'étape, Hippolyte Aucouturier l'emporte à **Marseille,** en 14 h 28'53''. Maurice Garin, arrivé 26 min plus tard, conserve la tête de la course, d'autant plus que son adversaire ne figure plus au classement général, après avoir abandonné lors de la première étape, comme le permettait le règlement de l'époque.

● Marseille-Toulouse

Après avoir traversé le territoire dans le sens nord-sud, le tracé de la boucle s'oriente vers l'ouest avec la 3e étape, qui démarre de Marseille le 8 juillet à 22 h 30. Le peloton dit adieu à la Bonne-Mère, prend la direction d'**Arles**, passe devant les **arènes de Nîmes** et repasse par Montpellier. Bientôt, les **remparts de Carcassonne** sont en vue, et les 423 km qui mènent à **Toulouse** sont couverts en 17 h 55'04''. C'est encore Hippolyte Aucouturier qui lève les bras en vainqueur, mais c'est toujours Maurice Garin qui figure en tête du classement général.

● Toulouse-Bordeaux

Avec seulement 268 km à parcourir, la 4e étape ressemble à une promenade de santé. Comme elle se déroule un dimanche, une course réservée aux amateurs l'accompagne. Le départ est donné de Toulouse

CARNET DE ROUTE

● **Les premiers contacts** Le site officiel du Tour de France d'Amaury Sport Organisation (ASO) est une mine d'informations sur toutes les éditions de la course (www.letour.fr)

● **La bonne période** Juillet est, depuis ses débuts, le mois du Tour de France. C'est une belle saison pour parcourir la France, mais les villes étapes peuvent se visiter en toute saison.

● **La durée du voyage** 94 heures, 33 minutes et 14 secondes pour parcourir les 2 428 km (en six étapes) du circuit au même rythme que Maurice Garin, le vainqueur. Ajouter 64 heures 57 minutes et 8 secondes pour égaler le temps d'Arsène Millocheau, la lanterne rouge. Sinon, en restant quelques jours pour profiter des villes, il faut compter 3 semaines pour réaliser le parcours complet.

● **Le coût moyen** Beaucoup de transports, du temps et des étapes dans les grandes villes font grimper la note, qui pourra varier considérablement selon le standing des hébergements.

● **La logistique** Sur la façade est du pays, les villes étapes du premier Tour de France sont reliées entre

elles par un TGV (entre Paris, Lyon et Marseille). Ce n'est plus le cas pour la transversale entre Marseille et Toulouse, ni pour la remontée sur la façade ouest. Une voiture (qui permet d'emporter un vélo) semble le meilleur moyen de bien profiter de cet itinéraire.

● **Les spécialités culinaires**
– Grattons, rosette ou jésus et nombreux saucissons truffés, pistachés ou briochés, poularde truffée, poulet aux morilles, quenelles, tablier de sapeur (Lyon).
– Soupe au pistou, anchoïade, aïoli et pieds paquets (Marseille).
– Cassoulet, saucisse de Toulouse, foie gras (Toulouse).
– Vins de Bordeaux
– Canard nantais, mâche, produits de la mer, beurre blanc au muscadet (Nantes).

● **Les fêtes**
– Lyon : fête des Lumières (début décembre).
– Marseille : fiesta des Suds (octobre).
– Toulouse : Le Marathon des mots (fin juin).
– Bordeaux : Novart, festival des Arts de la scène (deuxième quinzaine de novembre).
– Nantes : Le Voyage à Nantes (l'époque change selon les années).

le 12 juillet à 5 h du matin. Après **Montauban** et **Agen,** le Suisse Charles Laeser l'emporte à Bordeaux en 8 h 46', sans détrôner Garin pour autant.

● Bordeaux-Nantes

À peine le temps de souffler, qu'il faut se remettre en selle dès le 13 juillet, pour remonter la façade ouest du pays : depuis **Bordeaux,** les coureurs doivent rejoindre Nantes, à 425 km de là. Le départ est donné à 23 h pour les coureurs du Tour de France, à minuit pour ceux qui ne participent qu'à cette étape. La foule est au rendez-vous : « Partout, dans tous les bourgs traversés, dans tous les villages, à tous les carrefours, la foule était considérable », raconte *Le Petit Phare* du jeudi 16 juillet 1903. Ce succès pourrait enivrer les coureurs, d'autant qu'après Bordeaux, les voilà à **Cognac. Saintes,** puis **Rochefort** les rapprochent de l'océan Atlantique, qu'ils retrouvent à **La Rochelle,** et quittent pour **La Roche-sur-Yon.** Sur la piste du **vélodrome de Nantes,** Maurice Garin, qui avait remporté la 1re étape, gagne aussi celle-là, en 16 h 26'31''. C'est dire si la victoire finale lui semble promise.

● Nantes-Paris

Ce qui reste du peloton prend le départ le 18 juillet à 21 h et quitte Nantes pour l'ultime étape de la course. Les 471 km du programme ne semblent pas entamer l'ardeur des participants : « Ils vont, ils vont à plus de trente à l'heure certainement ! Une nuée de cyclistes les accompagnent, qui ne les suivront sûrement pas loin », note un journaliste de l'époque. Il est vrai que

Le passage en forêt de Rambouillet annonce la fin toute proche de la Grande Boucle.

les villes du parcours sont attrayantes et souvent royales : il y a **Angers** et **Saumur, Tours** puis **Amboise, Blois, Orléans** et **Chartres.** Le peloton traverse la **forêt de Rambouillet** avant de connaître les ors de **Versailles.** La dernière ville n'a pas le prestige de ses devancières : c'est à **Ville-d'Avray** qu'est placée la ligne d'arrivée, devant le restaurant du *Père Vélo,* rebaptisé pour la circonstance *Père Auto,* pour rendre hommage au journal organisateur de la course. Après plus de 18 heures de course, c'est au sprint, avec une petite seconde d'avance, que Garin termine en tête, devant Fernand Augereau et Julien Lootens. Il remporte également l'épreuve, et entre par la même occasion dans l'histoire comme le premier vainqueur du Tour de France. Les coureurs n'en ont pas encore tout à fait terminé : ils doivent encore rejoindre le **Parc des Princes,** où l'épreuve s'achève officiellement par un tour d'honneur, suivi d'une remise des prix. Seuls 21 coureurs terminent la course et connaissent ces honneurs. Au terme des 2 428 km de la course, c'est donc Maurice Garin qui l'emporte, en 94 h 33'14'', suivi de Lucien Pothier distancé de 2 h 59'21'', le plus grand écart jamais enregistré entre le premier et le deuxième. Fernand Augereau prend la 3e place du podium. Millocheau est 21e, lanterne rouge et bon dernier. À titre de comparaison, en 2013, lors de la centième édition, le vainqueur Christopher Froome est resté 83 h 56'40'' en selle. Il a parcouru 3 404 km, mais en 21 étapes, dont la plus longue ne dépassait pas 250 km. ●

La route des fées en Bretagne

Elles se prénomment Morgane, Viviane ou Mélusine, et sont, comme les chevaliers et les magiciens, indissociables des légendes arthuriennes. Elles se cachent en forêt de Brocéliande. Pour trouver les fées, il suffit de plonger en ces bois enchantés.

Brocéliande : la seule évocation de la célèbre forêt bretonne suffit à faire apparaître la silhouette des chevaliers du Saint-Graal, des druides, des enchanteurs, des lutins, et bien entendu des fées, présentes dans de nombreuses légendes.

Vers la forêt de Brocéliande

Pour partir à leur rencontre, entre Ille-et-Vilaine et Morbihan, le **château de Comper** offre un bon point de départ. Dans le Morbihan, près du village de Concoret, ses vieilles pierres ont vu se dérouler bien des batailles. C'est peut-être une légende, mais elle est fort belle : dans les eaux de son étang, Merlin aurait bâti pour Viviane un palais de cristal. Aujourd'hui, tout naturellement, le château abrite le Centre de l'imaginaire arthurien et la Petite Maison des légendes. La forêt de Brocéliande et le **Tombeau de Merlin** se trouvent à quelques kilomètres de là. Grâce à neuf cercles tracés dans l'air et à autant de phrases magiques, Viviane parvint à y enfermer éternellement l'enchanteur. De fait, plantées depuis 5 millénaires dans la terre de Brocéliande, les deux dalles de schiste rouge et les fragments d'une troisième sont les restes d'un monument funéraire édifié à l'époque néolithique. Juste à côté, les branches d'un vieux houx servent d'autel : on y dépose les morceaux de papier sur lesquels sont écrits les vœux que l'on souhaite voir exaucer. Non loin de là, et bien plus imposant que le modeste houx, le chêne des Hindrés servait de lieu de rendez-vous aux druides à chaque nuit d'équinoxe.

Régulièrement disposées, des feuilles de chêne en métal balisent le chemin qui conduit à la **fontaine de Barenton**, à proximité du village de Folle-Pensée. Viviane et Merlin y auraient fait connaissance, l'enchanteur lui donnant des leçons de magie dont elle sut profiter. La magie opère encore : la curieuse fontaine laisse parfois remonter quelques bulles, dans lesquelles il est possible d'entrevoir le visage de Merlin. Le moment est propice pour faire un vœu. Méfiez-vous cependant : on dit aussi qu'un peu d'eau versée sur la pierre déclenche un orage !

LES CONSEILS GEO

● Les plus

En Bretagne, les lieux légendaires ne manquent pas, et la région a su en cultiver le souvenir, pour le plus grand bonheur des visiteurs.

● Les variantes

Les fées ne se trouvent pas seulement dans les environs de Paimpont et de Tréhorenteuc. On pourra chercher leur trace au pays de la Roche-aux-Fées, dans l'Ille-et-Vilaine. D'Amanlis à Thourie en passant par Forges-la-Forêt ou Sainte-Colombe, plus d'une quinzaine de communes se sont fédérées pour mieux accueillir les touristes. La Roche-aux-Fées, le célèbre dolmen qui forme une allée couverte dressée, à quelques kilomètres du bourg d'Essé, est le point de départ naturel pour partir à leur découverte. Ses pierres, pourtant fort pesantes, auraient été apportées par des fées dans leur tablier.

● Une vallée creusée dans la roche

Près de Tréhorenteuc, la vallée creusée dans la roche rouge présente un décor de chênes et de pins, de landes et de rocailles. C'est le **Val sans Retour**, ainsi nommé parce que la fée Morgane y avait enfermé les chevaliers infidèles. Ils y seraient toujours, si Lancelot ne les avait délivrés, grâce à l'anneau magique que lui avait offert Viviane, une autre fée. En parcourant le val, les randonneurs chercheront le petit étang du Miroir aux fées et le Rocher des Faux Amants, pétrifiés dans la roche. Ils découvriront aussi **l'Arbre d'Or**, que l'on peut voir entouré de cinq arbres calcinés. C'est une création de François Davin, qui voulut immortaliser par cette œuvre l'incendie de forêt de 1990. **L'Hôtié de Viviane**, qui porte aussi le nom de **tombeau des Druides**, s'élève sur les hauteurs du Val sans Retour. Condamnée par un sort à ne plus quitter ces lieux, Viviane venait ici jouir du paysage, en profitant pour son confort du splendide et monumental mégalithe en forme de coffre daté de 2 500 ans av. J.-C. Attention où vous mettez les pieds au moment de franchir la crête rocheuse, qui serait en réalité le dos d'un dragon endormi. Longtemps enfoui sous la broussaille de la lande du Cerisier,

Près de Concoret, le château de Comper présente les expositions du Centre de l'imaginaire arthurien. Ses eaux, dit-on, abritent un palais de cristal.

À LA RECHERCHE DES FÉES DE BROCÉLIANDE

● **Départ :** château de Comper
● **Arrivée :** Tréhorenteuc
● **Distance :** 20 km via Paimpont

jusqu'à ce qu'un incendie en révèle l'existence, le **Jardin aux Moines** forme un imposant quadrilatère bordé de blocs de pierre. Ici, comme à l'Hôtié, vivraient des korandons, ces lutins bretons indissociables des histoires de chevaliers et de fées. Le Christ et les chevaliers du Graal se sont rencontrés dans **l'église de Tréhorenteuc**. C'est à l'abbé Gillard que l'on doit cet étonnant télescopage. Après guerre, en compagnie de deux prisonniers allemands, il se lance dans la réalisation du surprenant chemin de croix qui décore l'intérieur de son église. Sous leurs pinceaux, la religion chrétienne et les légendes de la chevalerie s'entremêlent. La Passion du Christ se trouve un nouveau décor en forêt de Brocéliande. L'abbé lui-même s'est glissé parmi les personnages de la fresque, achevée en 1962.

Dix mètres de circonférence pour 10 siècles d'existence! De tous les arbres remarquables de Brocéliande, le **chêne à Guillotin** est probablement le patriarche. Solidement planté entre Concoret et Tréhoren-

CARNET DE ROUTE

• **Les premiers contacts**   Office de tourisme de Brocéliande – 5, esplanade de Brocéliande – 35380 Paimpont – 02.99.07.84.23 – www.tourisme-broceliande. com – Communautés de communes de Brocéliande – www.cc-broceliande.fr

• **Office de tourisme du pays de Mauron en Brocéliande**   1, place Abbé-Gillard – 56430 Tréhorenteuc – 02.97.93.05.12 – www.valsansretour. com

• **Office de tourisme de Ploërmel «Terres de Légendes»**   02.97.74.02.70 – www.tourisme-ploermel.com

• **La bonne période**   Le climat breton n'est pas toujours clément. Les périodes de grand vent sont déconseillées. Les épisodes pluvieux rendent le terrain glissant, mais les belles éclaircies qui suivent amènent de belles lumières. À l'inverse, les amateurs de mystères apprécieront les brumes qui enveloppent les paysages bretons.

• **Les spécialités locales**   Les triskels, les croix et autres bijoux celtes et bretons traditionnels. Les ardoises peintes, les elfes et les korrigans sculptés, et le bois sculpté.

• **Les spécialités culinaires**
– Galettes de blé noir.
– Artichauts à la rennaise, pâté breton, kig ha farz (pot-au-feu breton). La potée bretonne varie selon les villes. Celle de Quimper est à base de chou et de palette

de porc, celle de l'île de Sein à base de lard et de blé noir, celle de Molène contient des algues.
– Plateau de fruits de mer, homard à la morbihannaise, cotriade (court-bouillon de poissons à base de maquereau et de congre).
– Far aux pruneaux, salade de fraises de Plougastel au vin rouge, gâteau de marrons de Rieux, craquelins de Saint-Malo.
Cidres de Cornouaille et de Bretagne, hydromel, lambic ou fine de Bretagne, redoutable eau-de-vie de pomme.

• **Les fêtes**
– Saint-Malo : Étonnants Voyageurs (juin), Route du Rock (août).
– Rennes : Trans Musicales (début décembre), Mythos, festival des arts de la parole (avril), les Tombées de la Nuit (juillet), Yaouank et son fest-noz géant qui mêle musiques bretonne et du monde (novembre).
– Monterfil en Brocéliande : festival La Gallésie en fête, sur – la place du Cochon-Grillé et partout dans le village, célèbre tous les aspects de la culture du pays gallo (fin juin).
– Paimpol : festival du Chant de marin (août).
– Ploërmel : Les Jeudis d'Armel animent le centre-ville tous les jeudis de l'été.
– Pays de Redon : mois du Marron (octobre).
– Vannes : Les hivernales du Jazz (janvier-février).
– Lorient : Festival interceltique (août).
– Partout dans la région : Gouel Breizh/fête de la Bretagne (mai), fest-noz (fête de nuit) et fest-deiz (de jour) tout au long de l'année.

Dans la forêt proche de Campénéac, ce panneau indique le chemin du tombeau du Géant, une sépulture du néolithique.

teuc, il est l'un des rares à avoir échappé au feu des forges, que les grands chênes de ce genre alimentèrent durant des siècles.

● Sur la route de Paimpont

Visible sur la route qui relie Campénéac et Paimpont, **le château de Trécesson,** autrefois demeure des seigneurs de Ploërmel, se signale par son imposante toiture et sa haute muraille. Bâti de schiste rouge, cerné par l'eau des douves, il est entouré d'une digue qui permet de l'admirer sous tous les angles. Accessibles par un chemin qui part de la route de Paimpont, dans un sous-bois près de Concoret, **les trois roches de Trébran** seraient placées à mi-chemin entre Carnac et le Mont-Saint-Michel. La plus grande, couchée à plat, dépasse les 4,5 m. Leur présence ici se compte en millénaires, et comme la roche qui les compose ne se trouve pas dans le sol, elles ont assurément été déposées ici. Trois fées, qui voulaient les utiliser pour la construction de la célèbre abbaye, auraient abandonné ici leur pesante cargaison, en apprenant que les travaux étaient déjà achevés.

La vallée de l'Aff, qui coupe la forêt en profondeur, est encore hantée par la présence de Guenièvre et de Lancelot. C'est au pont du Secret que le chevalier, fils de fée, aurait échangé son premier baiser avec la femme du roi Arthur. Les randonneurs qui désirent retrouver ces lieux n'auront qu'à suivre le lit de l'Aff, entre grands arbres et roches. Et si vous n'avez pas vu les fées en quittant Brocéliande, c'est qu'elles n'ont tout simplement pas voulu se dévoiler ! ●

QUE VOIR, QUE FAIRE
EN FORÊT DE
BROCÉLIANDE ?

- Visiter l'écomusée du pays de Brocéliande à Montfort-sur-Meu
- Aller au parc floral des Jardins de Brocéliande, à Bréal-sous-Montfort
- Découvrir les jeux et sports bretons à La Jaupitre de Monterfil
- Pousser La Porte des Secrets, et admirer le spectacle donné dans les dépendances de l'abbaye, à Paimpont
- Découvrir les forges de Paimpont, créées au XVIIe siècle
- Faire une balade en roulotte avec Hep'cocher à Plélan-le-Grand
- Admirer les mégalithes de l'Archéosite de Monteneuf
- Suivre le sentier ludique et créatif d'Ozégan à Monteneuf

La via Turonensis

Par les vastes plaines de la Touraine et du Poitou roman, les collines riantes de la Saintonge et la forêt des Landes, l'itinéraire de Tours, le plus occidental des chemins de Compostelle, et naguère le plus fréquenté...

On appelle aussi la via Turonensis « le chemin dallé des pèlerins » ou « le grand chemin de Saint-Jacques » car c'était jadis la voie jacquaire la plus empruntée. Les fidèles, en provenance de Bretagne, de Normandie, de Paris et de l'Europe septentrionale, se rejoignaient à Tours, où ils se recueillaient sur le tombeau de saint Martin. Troisième évêque de la cité, fondateur du premier monastère en Gaule, Martin était l'un des saints les plus vénérés du Moyen Âge chrétien. Il est décédé à Candes en 397. Une légende raconte que, le jour de ses funérailles, le 11 novembre, les fleurs auraient éclos au passage du convoi funéraire entre Candes et Tours : de là provient l'expression « été de la Saint-Martin ». Après Tours, le chemin était rallié par les fidèles établis le long du littoral atlantique. Les pèlerins, en foule toujours plus compacte, traversaient les Landes puis les Pyrénées, pour aller honorer Jacques le Majeur en Galice, étape ultime des chemins de Compostelle... Des quatre voies jacquaires décrites par Aimery Picaud au XIIᵉ siècle dans le Guide du Pèlerin, celle de Tours est aujourd'hui la moins fréquentée : elle est idéale pour les marcheurs en quête de tranquillité.

QUE VOIR, QUE FAIRE SUR LA VIA TURONENSIS ?

- Les reliques de saint Martin à Tours
- Admirer la statue polychrome de pèlerin dans l'église Saint-Jacques de Châtellerault
- Faire un détour profane au Futuroscope à Poitiers
- Assister, l'été, au spectacle des Polychromies sur la façade de la collégiale Notre-Dame-la-Grande, à Poitiers
- Les églises romanes du comté de Poitou, temple de l'art roman
- Le portail sculpté de l'abbaye Notre-Dame, à Saintes, et le spectacle dans les arènes de la cité
- Le donjon de Pons
- Passer une nuit dans le gîte du prieuré de Cayac, à Gradignan

● De Tours à Poitiers

À **Tours**, l'itinéraire passe par la vieille ville, dominée par la **basilique Saint-Martin**. Élevé à la fin du XIᵉ siècle, plusieurs fois remanié au cours du Moyen Âge, l'édifice fut démoli à la fin du XVIIIᵉ siècle suite à l'effondrement de ses voûtes. Il subsiste néanmoins deux tours de l'église primitive. Reconstruite dans le style néobyzantin à l'aube du XXᵉ siècle, la basilique renferme, dans sa crypte, le tombeau du saint, tandis que la chapelle du cloître attenant abrite un musée qui lui est consacré. Non loin, le quartier de la cathédrale recèle un autre lieu de la mémoire martinienne : c'est la **cathédrale Saint-Gatien**. De style varié – roman, gothique, Renaissance –, elle est ornée d'un vitrail du XIIIᵉ siècle

RANDONNÉE, SPORT ET NATURE

L'église Saint-Hilaire, l'une des églises de la « triade romane » de Melle

représentant la vie du saint. À la sortie de la ville, le chemin poursuit vers le **donjon de Montbazon**, qui surplombe le val de l'Indre du haut de son piton rocheux, puis pénètre dans la Vienne en direction de **Châtellerault**. La rue Saint-Jacques, la rue du Cygne-Saint-Jacques, l'église Saint-Jacques et sa célèbre statue de bois polychrome représentant l'apôtre : la ville conserve maints souvenirs du passage des pèlerins en route pour Compostelle. À 34 km de là, **Poitiers** regorge d'édifices religieux. Dans « la ville aux cent clochers », véritable paradis pour les amateurs d'art roman, on ne peut manquer ni l'église Sainte-Radegonde, dédiée au Saint-patron de la cité, ni la cathédrale Saint-Pierre, portant, sur un mur, le dessin d'un labyrinthe évoquant la destinée humaine. On visite également l'église Saint-Hilaire-le-Grand, dédiée au disciple de saint Martin, et, surtout, on ne se lasse pas de contempler la façade somptueusement sculptée de la collégiale Notre-Dame-la-Grande, pur chef-d'œuvre de l'art roman. Il faut aussi se rendre au baptistère Saint-Jean qui, élevé à partir du VIe siècle, constitue l'un des plus anciens édifices chrétiens en France.

LE CHEMIN DE TOURS
VERS SAINT-JACQUES-
DE-COMPOSTELLE

- **Départ :** Tours
- **Arrivée :** Saint-Jean-Pied-de-Port
- **Distance :** 667 km

● De Poitiers à Pons

Par les chemins forestiers et les sentiers champêtres, l'itinéraire continue vers le sud-ouest pour rejoindre **Melle**, village des Deux-Sèvres jadis célèbre pour ses mines d'argent et ses ateliers monétaires, en activité sous les Carolingiens et les premiers Capétiens, et pour sa « triade romane ». C'est ainsi que l'on désigne les trois églises, qui, construites successivement entre les XIe et XIIe siècles, donnent un bel aperçu de l'évolution de l'architecture romane. Puis c'est **Aulnay-de-Saintonge** et l'église Saint-Pierre, d'un équilibre parfait. Ses chapiteaux représentent l'un des plus riches bestiaires médiévaux. On y découvre même une sculpture d'éléphants, portant l'inscription didactique : Hic sunt elephantes – ce sont des éléphants ! Le chemin passe par **Saint-Jean-d'Angély**, étape naguère incontournable pour les pèlerins : l'abbaye royale aurait abrité le crâne de saint Jean-Baptiste, avant de disparaître dans les flammes avec son trésor pendant les guerres de Religion. Entamé au XVIIe siècle, l'édifice actuel est aujourd'hui le siège du Centre de culture européenne Saint-Jacques-de-Compostelle. Avant de quitter la ville, on pourra déambuler dans les ruelles, bordées de jolies maisons Renaissance à colombage, et déguster la spécialité du terroir, un cake aux raisins, aux amandes et au cognac bien nommé « Compostelle voyage ». Le chemin se poursuit vers **Saintes**. Située à 34 km, la cité gallo-romaine conserve les vestiges de l'amphithéâtre achevé sous le règne de Claude,

CARNET DE ROUTE

● **Les premiers contacts** Association des Amis de Saint-Jacques – (voie de Tours) – BP 11301 37013 Tours Cedex 1 – 07.70.63.10.00 – www.compostelle-tours.org

● **La bonne période** Entre avril et octobre, période à laquelle la plupart des gîtes sont ouverts.

● **La durée du voyage** Il faut compter 22 à 27 jours. Cela représente 25 à 30 km de marche quotidienne, ce qui ne devrait pas poser problème, le chemin étant plat et très facile.

● **Le guide de randonnée** On se procurera le Guide du Pèlerin de la via Turonensis, et éventuellement le Guide de randonnée du GR 665, qui décrit avec quelques variantes par rapport au précédent le chemin de Compostelle de Tours à Mirambeau (Charente-Maritime). Le Guide du Pèlerin propose un itinéraire plus direct que celui du GR, mais les routes empruntées sont parfois moins agréables.

● **À savoir pour les voies jacquaires** Le **coût moyen :** Le calcul du prix du voyage doit prendre en compte le gîte, le couvert et le trajet retour. L'hébergement en gîte municipal, dans un refuge associatif ou dans un monastère varie de 5 à 15 € la nuitée. Dans les gîtes gratuits, l'usage veut que le pèlerin laisse une contribution de 5 € environ. Les hôtels et chambres d'hôtes sont plus chers ; il faut choisir ceux qui pratiquent des « prix pèlerin ». **La crédential :** Avant de partir, il faut se procurer une crédential qui est exigée dans certains gîtes et qui permet d'être hébergé à moindre coût en chambre d'hôtes ou en hôtel. Elle s'achète pour un prix modique auprès des associations jacquaires (sur place ou par Internet).

Le trajet retour : Le retour depuis Saint-Jacques-de-Compostelle vers la France se fait en avion ou en train. En train : de Saint-Jacques à Hendaye (12 heures), ou de Saint-Jacques à Burgos, puis train de nuit Elipsos de Burgos à Paris, Orléans, Blois ou Poitiers. Éviter le retour en bus, le trajet étant interminable et éreintant.

● **Les spécialités locales** La poterie de Gradignan, le makhila, un bâton de berger, le béret, les espadrilles (Pays basque).

● **Les spécialités culinaires**
– Rillettes, rillons, géline de Touraine, sainte-maure, sucre (Touraine).
– Farci poitevin, broyé du Poitou, Compostelle voyage (Poitou).
– Huîtres, cèpes farcis à la bordelaise, lamproie à la bordelaise, cannelés, (Gironde).
– Chipirons, piment, morue à la biscaye, piperade, axoa, fromages de brebis, gâteau basque (Pays basque).

● **Les fêtes**
Tours : Fêtes musicales en Touraine (fin juin), festival artistique Rayons frais (juillet).
Châtellerault : Jazzellerault (mai ou juin).
Poitiers : Les Expressifs, festival des arts du cirque et de la rue (octobre).
Bordeaux : Mai musical (mai).
Dax : la Feria (août).
Saint-Palais : festival de la Force basque (août).

au Ier siècle apr. J.-C. Aimery Picaud conseillait de venir dans cette halte majeure du pèlerinage vénérer les reliques de saint Eutrope, évêque de la ville et martyr, mort, dit-on, lapidé pour avoir converti la fille d'un gouverneur romain. Son tombeau est situé dans la gigantesque crypte de l'église Saint-Eutrope. L'abbaye aux Dames mérite également un détour pour son magnifique portail sculpté représentant le massacre des saints Innocents et les vieillards de l'apocalypse. **Pons**, à 24 km au sud, se signale par son austère donjon. La cité, qui regorge de monuments médiévaux, est l'un des hauts lieux touristiques de la Charente-Maritime. Érigé au XIIe siècle, **l'hôpital des Pèlerins**, l'un des plus anciens hôpitaux d'Europe, est incontournable : on notera, sur les murs entourant le porche roman, les graffiti montrant des croix et des fers à cheval, témoignage du passage ancestral des fidèles dans ce lieu d'hospitalité.

Saint-Jean-Pied-de-Port, posé sur la Nive, que les pèlerins franchissent avant de s'engager dans la traversée des Pyrénées.

● À travers l'Aquitaine

Le chemin quitte la Charente-Maritime pour entrer en Gironde. Après la traversée de **Blaye**, direction **Bordeaux**, où le chemin jacquaire est matérialisé au sol par des clous et des plaques. Le parcours, de 6 km environ, est jalonné entre autres par l'église Saint-Pierre, montrant une statue de saint Jacques, au chapeau orné d'une coquille, par la cathédrale Saint-André et par la basilique Saint-Michel, abritant d'autres représentations de l'apôtre pèlerin. Le circuit continue à travers les chemins parfumés des landes, pour gagner **Gradignan**, connu de tout temps pour sa vocation hospitalière, **Mons**, où s'élève une grande « croix des Pèlerins » puis **Le Vieux-Lugo** et son église aux superbes fresques. Étape incontournable : **l'abbaye Saint-Jean de Sorde**. Le chemin conduit vers **Ostabat**, où il rejoint deux autres voies jacquaires, puis vers **Saint-Jean-Pied-de-Port**, étape ultime avant le franchissement des Pyrénées. ●

LES CONSEILS GEO

● Les plus

Ce chemin est le moins fréquenté des chemins de Compostelle. Il est recommandé à tous ceux qui souhaitent randonner en toute tranquillité. Il est pratiquement plat de bout en bout : le parcours peut se faire sans problème à vélo.

● Les variantes

Entre Poitiers et Bordeaux, il est possible de suivre la variante par Angoulême. Entre Blaye et Bordeaux, on peut suivre la « voie du Médoc » par la rive gauche de la Gironde (via Margaux), ou la voie plus courte mais moins agréable passant par Bourg-sur-Gironde et Lormont.

LA VIA TURONENSIS

La via Lemovicensis

De la colline de Vézelay aux contreforts des Pyrénées, par des pays vallonnés, verdoyants et bucoliques parcourus de cours d'eau. Une voie jalonnée de villes passionnantes, de villages enchanteurs, de sanctuaires et de chefs-d'œuvre du patrimoine.

La voie de Vézelay est le plus long des quatre chemins de Compostelle. Sur cette voie, appelée aussi via Lemovicensis car elle traverse Limoges, Aimery Picaud signale seulement deux haltes dans son guide – **Saint-Léonard-de-Noblat et Périgueux** –, ce qui explique la variété des itinéraires suivis par les pèlerins. Le chemin décrit ici est celui dit berrichon.

• La colline éternelle

Élevé sur les coteaux et le **sommet d'une « colline inspirée », Vézelay** connut son heure de gloire sous les Capétiens. En 1146, Bernard, abbé de Clairvaux, vint y prêcher la 2e croisade, et c'est de Vézelay que partirent, en 1190, Richard Cœur de Lion et Philippe Auguste pour la 3e croisade. La **basilique Sainte-Marie-Madeleine** est une merveille de l'art roman. On accède à l'intérieur par un vaste narthex, symbolisant la transition entre les mondes profane et sacré. L'itinéraire se poursuit par la traversée du canal du Nivernais. Alternant des paysages de bocages, de bois et de vallées, il mène à **La Charité-sur-Loire**, qui doit son nom à l'accueil charitable que réservaient les moines en leur prieuré aux pauvres et aux pèlerins.

• À travers le Berry

La route se poursuit dans le Cher à travers des plaines cultivées, pour parvenir à **Bourges**. Rayonnant de beauté et de vigueur, la **cathédrale Saint-Étienne** séduit par ses proportions harmonieuses, son plan original et sa magnifique parure de vitraux. À Bourges, on visitera le palais Jacques-Cœur, du nom du célèbre argentier de Charles VII, qui choisit la coquille comme emblème. L'itinéraire se poursuit vers **Issoudun**, siège du sanctuaire de Notre-Dame-du-Sacré-Cœur. Situé aux portes de **Châteauroux, Déols** abrita une importante abbaye, en partie en ruine aujourd'hui, dont dépendait un hospice pour jacquets. Les pèlerins se rendent ici à l'église Saint-Étienne, qui renferme une chapelle

LE CHEMIN DE VÉZELAY VERS SAINT-JACQUES-DE-COMPOSTELLE

- **Départ :** Vézelay
- **Arrivée :** Saint-Jean-Pied-de-Port
- **Distance :** 880 km

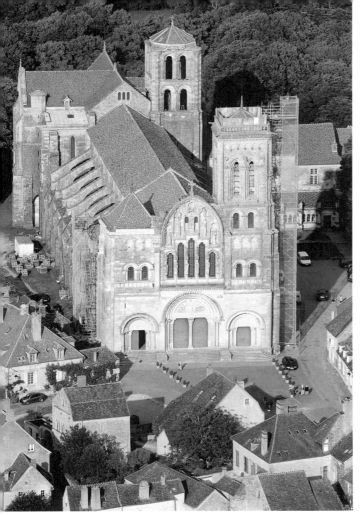

L'imposante basilique de Vézelay, dont les reliques de sainte Madeleine attirèrent les pèlerins dès le XIe siècle.

QUE VOIR, QUE FAIRE
SUR LA VIA
LEMOVICENSIS ?

- Gravir la « colline inspirée » de Vézelay dominée par la somptueuse basilique Sainte-Marie-Madeleine

- Se promener le long des remparts à La Charité-sur-Loire, pour le panorama

- Contempler les vitraux de la cathédrale de Bourges

- Flâner à Gargilesse-Dampierre, vanté par George Sand, à Sauveterre-de-Béarn, la « perle du Béarn » et dans les nombreux villages médiévaux

- Visiter le centre ancien et la cathédrale de Limoges

- Découvrir les charmes de l'architecture romane limousine

- Faire une longue halte à Périgueux

- Se rafraîchir dans les cours d'eau sillonnant le pays

dédiée à saint Jacques et une statue miraculeuse de la Vierge. Puis c'est la traversée du sud de l'Indre et de la verdoyante vallée de la Creuse. À **Argenton-sur-Creuse**, la « Venise du Berry », on notera la gigantesque statue de la Vierge surmontant la chapelle de la Bonne-Dame. Arrosé par deux rivières, **Gargilesse-Dampierre** est l'un des villages les plus attrayants de la région. Célébré par George Sand, il affiche de pittoresques maisons aux toits pentus groupées autour d'un château et de l'église romane Saint-Laurent et Notre-Dame.

● Du Limousin aux Pyrénées

La route s'engage dans le Limousin, promesse de beaux paysages vallonnés émaillés de champs et de pâtures. Une halte à **La Souterraine**, dans la Creuse, permet de découvrir l'église Notre-Dame, fréquentée depuis la nuit des temps par les jacquets. Après la traversée de

LA VIA LEMOVICENSIS

Bénévent-l'Abbaye, la route conduit à **Saint-Léonard-de-Noblat**, une charmante ville médiévale au bord de la Vienne. La collégiale renferme les reliques de saint Léonard, le libérateur des prisonniers. La route se poursuit vers **Limoges**, où une plaque, au niveau du pont Saint-Étienne, rappelle le passage ancestral des jacquets. Cette ville possède un riche patrimoine religieux : la cathédrale Saint-Étienne, l'église Saint-Michel-des-Lions ou encore la chapelle Saint-Aurélien, située au cœur du pittoresque quartier de la Boucherie. L'itinéraire quitte le Limousin par **Flavignac**, pour pénétrer dans le Périgord vert, marqué par la forêt et les paysages agricoles. Après **La Coquille**, une

CARNET DE ROUTE

• **Les premiers contacts**   Association des Amis et Pèlerins de Saint-Jacques (voie de Vézelay)   24, rue Saint-Pierre – 89450 Vézelay – 03.86.32.38.11 – www.vezelay-compostelle.eu

• **Office de tourisme de Vézelay et du Vézelien**   12, rue Saint-Étienne – 89450 Vézelay – 03.86.33.23.69 – www.vezelaytourisme.com

• **La bonne période**   Mieux vaut partir entre avril et octobre, quand tous les accueils pèlerins sont ouverts, et éviter l'été à cause de l'affluence, qui peut poser des problèmes d'hébergement.

• **La durée du voyage**   À raison de 25 km de marche quotidienne, il faut compter 35 jours.

• **Le guide de randonnée**   Référence en la matière, le guide publié par les éditions Lepère décrit l'itinéraire passant par Bourges et sa variante passant par Nevers. Le topoguide du GR 654, édité par la Fédération française de la randonnée pédestre, décrit le chemin nivernais.

• **À savoir pour les voies jacquaires : Le coût moyen**   Le calcul du prix du voyage doit prendre en compte le gîte, le couvert et le trajet retour. L'hébergement en gîte municipal, dans un refuge associatif ou dans un monastère varie de 5 à 15 € la nuitée. Dans les gîtes gratuits, l'usage veut que le pèlerin laisse une contribution de 5 € environ. Les hôtels et chambres d'hôtes sont plus chers ; il faut choisir ceux qui pratiquent des « prix pèlerin ».
La crédential   Avant de partir, il faut se procurer une crédential qui est exigée dans certains gîtes et qui permet d'être hébergé à moindre coût en chambre d'hôtes ou en hôtel. Elle s'achète pour un prix modique auprès des associations jacquaires (sur place ou Internet).
Le trajet retour   Le retour depuis Saint-Jacques-de-Compostelle vers la France se fait en avion ou en train.
En train : de Saint-Jacques à Hendaye (12 heures), ou de Saint-Jacques à Burgos, puis train de nuit Elipsos de Burgos à Paris, Orléans, Blois ou Poitiers. Évitez le retour en bus, le trajet étant interminable et éreintant.

• **Les spécialités locales**   La porcelaine, les émaux, le travail du cuir, les chaussures (région de Limoges) ; le makhila, un bâton de berger, le béret, les espadrilles (Pays basque).

• **Les spécialités culinaires**
– Gougères, escargots de Bourgogne, andouillette de Chablis, jambon à la chablisienne, soumaintrain et saint-florentin (fromages au lait de vache – Yonne).
– Pâté berrichon, coq en barbouille, œufs en couille d'âne (œufs en meurette préparés avec du vin rouge et des échalotes), crottin-de-chavignol, selles-sur-cher, beignets au miel à la fleur d'acacia (Berry).
– Potée limousine, grattons (pâté), fondu creusois (fondue de fromage), boudin noir aux châtaignes (Limousin).
– Foie gras, sauce périgueux, plats à base de truffe (omelette, purée, brouillade, chausson, etc.), accompagnements à la châtaigne (Périgord).
– Chipirons, piment, morue à la biscaye, piperade, axoa, fromages de brebis, gâteau basque (Pays basque).

• **Les fêtes**
Vézelay : Les Rencontres musicales de Vézelay (fin août).
Bourges : le Printemps de Bourges (avril), Les Très Riches Heures de l'orgue en Berry, festival d'orgue international dans la cathédrale (juillet-août).
Issoudun : les fêtes de la Tour Blanche, festival des arts de la rue (mai).
Limoges : festival des Francophonies en Limousin (fin septembre-début octobre).
Périgueux : festival du Mime (début août), festival Sinfonia en Périgord, consacré à la musique baroque (août).
Sorges : fête de la Truffe (janvier).
Mont-de-Marsan : fêtes de la Madeleine, fêtes taurines (juillet).

La traversée de la forêt des Landes attend les pèlerins après Mont-de-Marsan.

route bucolique conduit à **Thiviers**, cité attrayante affichant un château, de vieilles maisons de pierre et à colombage et une jolie église romane. Les élevages d'oies en plein air jalonnant la route jusqu'à **Sorges** rappellent que l'on se trouve ici au pays du foie gras. **Périgueux** peut s'enorgueillir d'abriter la plus vaste cathédrale du Sud-Ouest, et sans doute la plus originale de France. Elle est coiffée de coupoles blanches de style byzantin et présente un plan en croix grecque, à l'image de l'église Saint-Marc de Venise. Des vestiges gallo-romains, un quartier Renaissance, de vieilles demeures bordant le quai de l'Isle, une myriade de monuments historiques : Périgueux est passionnante. L'itinéraire se poursuit en Gironde, à **Sainte-Foy-la-Grande**, établie sur la Dordogne, à **La Réole**, cité fortifiée autour d'un vaste prieuré donnant sur la Garonne, à **Bazas**, pour s'enfoncer dans la **forêt des Landes** via **Mont-de-Marsan**, ville fortifiée au confluent de deux rivières. Bordée par l'Adour, **Saint-Sever** abrite une abbatiale romane ornée de chapiteaux peints. Dans le Béarn, qui annonce le retour du relief, la route passe par **Orthez**, halte ancestrale sur la voie de Compostelle, puis par **Sauveterre-de-Béarn**, un magnifique village arrosé par le gave d'Oloron, et abritant un ancien hôpital Saint-Jacques, une belle église fortifiée et d'importants vestiges médiévaux, tel le pont de la Légende. Puis c'est **Ostabat**, point de jonction entre trois voies jacquaires, et **Saint-Jean-Pied-de-Port**, dernière étape avant la traversée des Pyrénées. ●

LES CONSEILS GEO

● Les plus

Un chemin agréable, vallonné mais sans excès, ponctué de nombreux sanctuaires et permettant de découvrir les belles villes que sont Bourges, Limoges et Périgueux et quantité de villages ravissants. Les fleuves et les cours d'eau sont partout présents, ce qui ajoute au charme bucolique des paysages.

● Les variantes

La voie de Vézelay par le GR 654 est une variante légèrement plus longue, différant sur deux sections. Entre La Charité-sur-Loire et Gargilesse-Dampierre, le chemin passe par Nevers, La Châtre et Neuvy-Saint-Sépulchre. Entre Saint-Léonard-de-Noblat et Périgueux, il traverse Aixe-sur-Vienne et Brantôme.

La route de la gentiane

L'Auvergne est fière de ses racines, celles de la gentiane, qui pousse sur les pentes de ses volcans. Reine des montagnes, la plante aux belles fleurs jaunes donne des remèdes efficaces et de délicieuses liqueurs.

Fée jaune ou quinquina des pauvres, lève-toi-et-marche, jouvansanne ou cierge d'or : les nombreuses expressions imagées qui désignent la gentiane jaune en disent long sur la place qu'elle occupe dans la vie et l'imaginaire des habitants du Massif central. Gentiana lutea, son nom officiel, désigne une grande plante robuste et vivace qui pousse à l'état sauvage en moyenne montagne. Atteignant jusqu'à 2 m de haut, elle peut vivre plus d'un demi-siècle, mais attend une décennie avant de fleurir, entre juin et juillet. Ses feuilles aux teintes bleu-vert s'ornent alors de fleurs en forme d'étoile, d'une belle couleur jaune d'or. De ses racines, on tire des liqueurs apéritives reconnaissables à leur belle couleur dorée et à leur goût amer. Les usages de la gentiane ne s'arrêtent pas là : on la dit tonifiante, stimulante, antidépressive et capable de purifier l'organisme.

Sur les pentes des volcans

Le royaume de cette plante miracle se trouve en Auvergne, sur les pentes des volcans de la région. À une soixantaine de kilomètres de Clermont-Ferrand, au pied du massif du Sancy, elle se gagne par **Picherande,** qui a reçu le premier label « Village européen de la gentiane ». Lau jensanairi y sont célébrées toute l'année, et ce culte s'achève en apothéose au mois d'août, lors de sa fête de la Gentiane. Adossée aux monts du Cantal, entre plaines et montagnes, **Aurillac** est l'étape suivante d'une visite du « grenier à gentiane » de la région. L'abbatiale Saint-Géraud est le cœur historique de la ville, et elle fut longtemps fréquentée dans l'espoir d'un miracle sur le tombeau de Géraud. La visite du Vieil Aurillac débute dans le quartier des Carmes et se poursuit sur les quais de la rivière Jordanne, là où se trouve l'ancien lavoir et le pont Rouge, qui permet d'admirer les vieilles maisons des quais. Les collections du muséum des Volcans racontent l'histoire géologique du Cantal, tandis que celles du musée d'Art et d'Archéologie font revive les modes de vie passés de

À TRAVERS LE CANTAL

- **Départ :** Picherande
- **Arrivée :** Riom-ès-Montagnes
- **Distance :** 240 km

Cette ancienne bergerie en pierre du buron de Niercombe domine la vallée de la Cère, dans le parc naturel régional des Volcans d'Auvergne.

la région. Quant aux amateurs de liqueur, c'est vers la distillerie Couderc qu'ils se dirigeront. « Maître liquoriste depuis 1908 » indique une plaque apposée sur la boutique de la rue Victor-Hugo, où l'on trouve des liqueurs pour tous les palais, de la gentiane sans alcool à la gentiane « intense » qui titre 18°. À mi-chemin entre Aurillac et Mauriac, **Tournemire** porte l'estampille des Plus Beaux Villages de France pour son architecture typiquement cantalienne. À proximité, la famille d'Anjony, ennemi juré des Tournemire, fit bâtir vers 1430 le château qui porte son nom. Aujourd'hui encore, les descendants sont propriétaires du donjon superbement dressé dans la petite forteresse. On entend régulièrement parler du **pas de Peyrol** au mois de juillet, lorsque les coureurs du Tour de France s'attaquent au plus haut col routier du Massif central. Fermé une bonne partie de l'année pour cause d'enneigement, il permet d'atteindre le **Puy Mary**, vestige du plus grand volcan d'Europe, qui domine du haut de ses 1 783 m les puys, dômes et éperons rocheux où pousse la gentiane. Ici, comme tout au long du parcours, vous pourrez voir les gentianaires (ou gençanaïres) qui officient dans les champs de début juin à mi-octobre. Équipés d'une « fourche du diable », ils parviennent à extraire 200 kg de racines par jour, chacune pesant de 3 à 6 kg. Sitôt sorties du sol où elles étaient profondément enracinées, elles seront triées, lavées, puis broyées avant d'être transformées, notamment en liqueur.

QUE VOIR, QUE FAIRE SUR LA ROUTE DE LA GENTIANE ?

- Survoler la région à bord d'une montgolfière entourée d'oiseaux (oies, grues) au départ d'Aurillac

- À Mauriac, profiter des animations du parc de loisirs Woopzy ou du plan d'eau et du centre aquarécréatif du Val Saint-Jean

- Visiter la brasserie artisanale de bière de Fleurac, à Ydes

- Profiter des périodes enneigées pour pratiquer le ski de randonnée, la balade en raquettes ou à chiens de traîneau

- La région regorge de rivières et de plans d'eau qui offrent toute une palette d'activités nautiques

LA ROUTE DE LA GENTIANE

LES CONSEILS GEO

● Les plus

Sauvage et rude, l'Auvergne possède néanmoins de nombreux attraits. Entre ses volcans, sa nature propice à la randonnée et ses eaux bienfaitrices, chacun pourra trouver une bonne raison de s'y rendre, pour un voyage culturel, sportif ou gourmand.

● Les tendances

La gentiane possède de nombreuses vertus thérapeutiques, et la région Auvergne se proclame « Terre de santé ». Pourquoi ne pas profiter d'un passage dans la région pour s'offrir un séjour de remise en forme dans l'une de ses dix stations thermales, notamment celles de Mont-Dore, de La Bourboule et de Chaudes-Aigues, les plus proches de notre itinéraire ?

● La cité fortifiée de Salers

Salers : le mot évoque un fromage, une vache et une liqueur de gentiane ! C'est même la plus ancienne, puisqu'elle fut imaginée dès 1885 par Ambroise Labounoux, et qu'elle est toujours produite de nos jours. Salers, c'est aussi un village planté à 950 m d'altitude dans le parc naturel régional des Volcans d'Auvergne. Les rues de la cité fortifiée offrent aux promeneurs un bel ensemble de maisons en pierre volcanique, un beffroi, des remparts édifiés entre le Moyen Âge et la Renaissance. Son église Saint-Mathieu possède cinq belles tapisseries d'Aubusson. Proche des gorges de la Dordogne, des volcans d'Auvergne et des monts du Cantal, **Mauriac** est l'une des plus anciennes cités du Cantal, et semble tenir son nom du Romain Maurus, qui possédait une villa en ces lieux. Sur la place Georges-Pompidou, on visite le monastère Saint-Pierre, probablement fondé au VIe siècle, et la basilique Notre-Dame-des-Miracles, chef-d'œuvre d'art roman, également connu pour sa Vierge noire miraculeuse. Dans une ancienne ferme, le musée-conservatoire des Traditions rurales raconte la vie des habitants du Cantal. Il va sans dire que la gentiane y occupe une place de choix. Capitale du bleu d'Auvergne, **Riom-ès-Montagnes** est également placé au centre de cette partie du Cantal qui s'est baptisée Pays Gentiane. Sa magni-

CARNET DE ROUTE

● **Les premiers contacts** Office de Tourisme du Pays Gentiane 1, avenue Fernand-Brun – 15400 Riom-ès-Montagnes – 04.71.78.07.37 – www.tourisme-gentiane.com ; **Parc naturel des Volcans d'Auvergne** www.parcdesvolcans.fr

● **La bonne période** La période de floraison de la gentiane varie selon l'altitude. Elle s'étale de juin à août, qui semble la meilleure période pour visiter la région, d'autant plus que l'été est l'époque de la fête de la Gentiane. Les gentianaires sont à l'œuvre pour la récolte de fin mai à mi-octobre. Froid et enneigé, l'hiver propose de superbes paysages réservés aux plus courageux.

● **La durée du voyage** D'un long week-end pour s'offrir une bouffée d'oxygène à un séjour d'une semaine, ou plus. On peut aussi rester le temps d'une cure thermale (ou « bien-être ») dans les divers établissements spécialisés de la région.

● **Les spécialités locales** Les objets en pierre de lave, les plaques en lave émaillée, mais aussi les jouets en bois du Cantal.

● **Les spécialités culinaires** – Viande de la vache salers, truffade, tripous, chou farci et diverses charcuteries de porcs élevés aux châtaignes.

– Châtaigne, qui s'utilise de bien des manières, notamment en légume, en dessert, en farine, mais aussi en liqueur.

– Avèze®, Couderc®, Salers®, Suze®, La Fourche du Diable®, Gentiane Diège® sont concoctés à base de gentiane.

– Verveine du Velay® (verte ou jaune), nombreuses crèmes de fruits à base de châtaigne, de noix, de cassis.

– Cantal, salers, fourme d'Ambert, bleu d'Auvergne, saint-nectaire.

● **Les fêtes**

Picherande : fête de la Gentiane (mi-août).

Riom-ès-Montagnes : l'incontournable fête de la Gentiane (juillet), festival de cirque, fête du Bleu d'Auvergne.

Allanche : fête de l'Estive célèbre la transhumance et la montade des troupeaux vers les montagnes (fin mai).

Saint Flour : festival des Hautes Terres célèbre les cultures montagnardes du monde (fin juin).

Aurillac : le festival international du Théâtre de rue est devenu un événement d'envergure nationale (fin août).

Mourjou : foire de la Châtaigne ou fièira de la Castanha en occitan (avant-dernier week-end d'octobre).

Dans le Cantal, le village de Salers a donné son nom à un fromage, à une race de vaches et à une liqueur de gentiane !

fique église romane, dédiée à Saint-Georges, intrigue le visiteur par ses particularités architecturales. L'espace Avèze est situé, comme il se doit, rue de la Gentiane. On y apprend tous les secrets de cette boisson apéritive inventée dans les années 1930 par Émile Refouvelet. C'est également à Riom-ès-Montagnes que l'on emprunte le Gentiane Express, ce train touristique qui rejoint Lugarde. Entre tunnels et viaducs et tout au long des 18 km de la voie ferrée, les passagers découvrent le massif du Sancy, les monts du Cantal et le plateau du Cézallier, autant de terres sauvages où les gentianes s'étendent à perte de vue. Toujours au départ de Riom-ès-Montagnes, le réseau des routes départementales mène aux 11 autres communes qui se sont fédérées en Pays Gentiane. On pourra découvrir les ruines féodales d'Apchon, l'église romane de Cheylade, le point de vue sur les monts Dore offert par le village de Collandres, les retables et les statues en bois polychrome de l'église de Marchastel, les maisons coiffées de lauzes et le lac de Menet, le sentier botanique qui part de Saint-Étienne-de-Chomeil et les prairies verdoyantes qui entourent Valette. Et partout dans tous ces villages, vous verrez pousser la gentiane ! ●

LA ROUTE DE LA GENTIANE

La via Podiensis

Par l'Auvergne, l'Aubrac, la vallée du Lot, le Quercy et le Gers, le « chemin royal » de Compostelle traverse des paysages inoubliables. Avec en points d'orgue Le Puy, Conques, Moissac et La Romieu, étapes incontournables pour tout pèlerin.

La voie du Puy-en-Velay est la plus célèbre et la plus fréquentée des quatre grandes routes menant à Saint-Jacques. C'est également la plus ancienne, puisqu'elle fut empruntée en 951 par le premier pèlerin français connu, Godescalc, l'évêque du Puy qui fit élever à son retour de Galice la chapelle Saint-Michel d'Aiguilhe. Le chemin, qui suit le tracé du GR 65, est balisé sur toute sa longueur par la Fédération française de la randonnée pédestre.

● À travers la Haute-Loire

En arrivant au **Puy-en-Velay,** le regard est immédiatement saisi par le chapelet d'œuvres religieuses dominant la ville : l'immense statue Notre-Dame trônant sur le rocher Corneille, la svelte chapelle Saint-Michel posée sur le piton rocheux d'Aiguilhe, la **cathédrale Notre-Dame-de-l'Assomption** dressant sa formidable silhouette sur le mont Anis. Ce joyau de l'art roman est empreint d'influences byzantines. Sous le porche, une « pierre des fièvres » est conservée : elle fit l'objet d'un pèlerinage dès le Vᵉ siècle. Les malades s'allongeaient dessus, dans l'espoir d'une guérison miraculeuse. À son emplacement fut érigé un premier sanctuaire, qui disparut pour laisser place à la cathédrale actuelle, entamée au XIᵉ siècle et maintes fois remodelée depuis. Les coupoles surplombant la nef, les fresques dorées du porche, le trésor de la sacristie, le cloître à arcades polychromes faisaient écho à la façade de la cathédrale : tout invite à l'émerveillement. On quitte Le Puy par un dédale de ruelles escarpées, pour s'enfoncer dans la cam-

La chapelle Saint-Michel coiffe un svelte piton rocheux à Aiguilhe, au Puy-en-Velay. ▶▶

RANDONNÉE, SPORT ET NATURE

LE CHEMIN DU PUY-EN-VELAY VERS SAINT-JACQUES-DE-COMPOSTELLE

- **Départ :** Le Puy-en-Velay
- **Arrivée :** Saint-Jean-Pied-de-Port
- **Distance :** 740 km

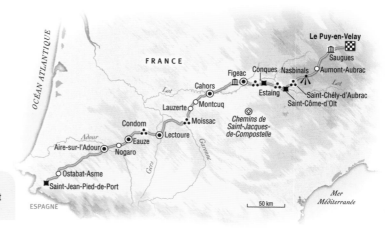

RANDONNÉE, SPORT ET NATURE

QUE VOIR, QUE FAIRE
SUR LA VIA PODIENSIS ?

- Monter jusqu'à la cathédrale du Puy-en-Velay et jusqu'à la chapelle Saint-Michel d'Aiguilhe
- Replonger dans l'histoire de la bête du Gévaudan
- Traverser l'Aubrac, fascinant de désolation
- Contempler la « cloche des perdus » dans la dômerie d'Aubrac et dormir dans le donjon voisin
- Longer la riante vallée du Lot
- Déambuler dans trois villages aveyronnais classés parmi les Plus Beaux Villages de France : Saint-Côme-d'Olt, Estaing et Conques
- Admirer l'abbaye de Sainte-Foy à Conques, son tympan, son trésor, et ses vitraux signés Soulages
- Visiter Figeac, la perle du Quercy
- Traverser le « pont du Diable » à Cahors
- Faire une halte dans la bastide de Lauzerte
- Méditer dans les cloîtres de Moissac et de La Romieu

pagne. L'itinéraire, ponctué de chapelles, passe par les ravissants villages de **Saint-Privat d'Allier** et de **Monistrol** pour grimper jusqu'au bourg de **Saugues**. L'ancienne capitale du Haut-Gévaudan abrite un musée consacré à la bête qui sema la terreur dans la région, vers 1760. Pour venir à bout du monstre, on organisa des battues et des prières publiques, on fit appel à Louis XV, qui dépêcha ses soldats... En vain. Au bout de quelques années, un paysan finit par abattre le loup qui avait fait une cinquantaine de victimes, qu'on avait pris pour un loup-garou... Saugues est réputé pour sa collégiale Saint-Médard, qui abrite un trésor remarquable. Aux vallons du Velay succèdent les monts dénudés de la Margeride. Le **refuge du Sauvage,** ancien hospice fondé par les Templiers, est la dernière étape en Haute-Loire.

• À travers l'Aubrac

Le chemin conduit à la **chapelle Saint-Roch,** pour pénétrer dans des contrées de plus en plus rudes et désolées. C'est la **traversée de l'Aubrac** qui s'annonce, de ses plateaux s'étendant à perte de vue, gouvernés par la lande et les immenses pâturages. On traverse les villages d'**Aumont-Aubrac** et de **Rieutort-d'Aubrac,** doté de plusieurs lavoirs-fontaines, pour rejoindre **Nasbinals,** qui offre, depuis le sommet de la Sentinelle, un panorama superbe sur la région. Le village recèle une église romane de style auvergnat, couverte de basalte brun-rose et coiffée de schiste. Puis c'est la montée vers le hameau d'**Aubrac,** perché à 1 300 m d'altitude. On raconte qu'au XIIe siècle, le vicomte des Flandres Adalard essuya à cet endroit une violente tempête alors qu'il se rendait à Saint-Jacques ; sur le retour, il fut attaqué par des bandits au même endroit. Voyant là un signe du divin, il fonda un hospice dédié à l'accueil et au soin des pèlerins. De la « dômerie », il subsiste l'austère église et sa fameuse « cloche des perdus », que les moines actionnaient par temps de brouillard ou de neige pour guider les voyageurs. À quelques pas de là s'élève un impressionnant donjon construit pendant la guerre de Cent Ans, qui fait office de gîte d'étape. Le chemin descend vers **Saint-Chély-d'Aubrac,** traversé par le fameux pont Vieux portant une croix ornée d'un jacquet muni d'un bourdon et d'un chapelet.

• La vallée du Lot

La descente continue à travers une campagne quasi vierge de toute habitation, pour rejoindre la riante vallée du Lot et la petite cité fortifiée de **Saint-Côme-d'Olt,** nichée au bord de la rivière. Avec son enceinte percée de portes voûtées, ses ruelles médiévales, son église surmontée d'un clocher flammé, Saint-Côme mérite largement son classement parmi les Plus Beaux Villages de France. Le chemin se poursuit jusqu'à **Espalion,** qui abrite l'élégante église de Perse, bâtie dans le grès rouge. Du pont Vieux, un vénérable pont de pierre remon-

tant au XIIIe siècle, on a une vue imprenable sur la ville, son palais Renaissance et ses maisons de tanneurs alignées le long du Lot. Direction **Estaing,** autre joyau des bords du Lot. Un fier et fantaisiste château domine le village, auquel mène un pont gothique portant une croix de fer forgé devenue l'un des grands symboles de l'Aveyron. Près de l'église Saint-Fleuret, dédiée au Saint-patron de la cité, on remarque, sculpté sur une croix en pierre du XVe siècle, un pèlerin portant un grand chapeau, semblant implorer le Christ. Le chemin bucolique se poursuit par **Golhinac, Espeyrac,** le beau bourg de **Sénergues** pour rejoindre le site majestueux de **Conques.** Enchâssé dans un écrin de collines verdoyantes, au confluent de l'Ouche et du Dourdou, le village médiéval est conservé intact. Ses tours d'enceinte, ses maisons à encorbellement, couvertes de hauts toits de lauzes, son pont enjambant le Dourdou, ses fours et fontaines, sa chapelle Saint-Roch : tout invite à un merveilleux voyage dans le temps. En point d'orgue, l'**abbaye de Sainte-Foy,** d'une pureté de lignes extraordinaire. Élevée du XIe au XIIIe siècle, elle fut sauvée de la ruine au XIXe siècle grâce à Prosper Mérimée, alors inspecteur des Monuments historiques ; l'artiste Pierre Soulages, natif de Rodez, en réalisa les vitraux et acheva de rendre sa noblesse à l'édifice. L'église arbore un superbe tympan représentant le Jugement dernier. Elle conserve l'un des trésors les plus riches d'Europe, dont la pièce maîtresse est la statue reliquaire de sainte Foy, qui attira les pèlerins dès le IXe siècle et valut à Conques sa renommée.

Dans l'Aubrac, les burons sont des bâtisses couvertes de lauzes, où les bergers fabriquaient le fromage pendant l'estive.

LES CONSEILS GEO

● Les plus

Ce chemin traverse des paysages très variés, de moyenne montagne dans sa première section, et de nombreux villages classés parmi les Plus Beaux Villages de France. L'Aubrac ravira les marcheurs en quête de solitude. Des sanctuaires mythiques, de nombreux témoignages jacquaires et chapelles jalonnent le parcours.

● Les variantes

– Entre Aubrac et Espalion, on peut quitter le GR 65 pour passer par l'abbaye de Bonneval.

– Entre Figeac et Cahors, il est possible de faire un détour par Rocamadour, ou de longer le Célé et de passer par Cabrerets.

LA VIA PODIENSIS

● À travers le Quercy

Le GR 65 mène à la belle cité de **Figeac,** posée sur le Célé aux portes du Quercy. On déambule à loisir dans son centre médiéval, le long des ruelles tortueuses, bordées de maisons à colombage de grès beige. **L'abbaye Saint-Sauveur,** bâtie sur le modèle de l'église de Conques et de la cathédrale Notre-Dame du Puy, siège d'une ancienne confrérie de Saint-Jacques d'où l'on domine toute la ville, fait partie des sites incontournables pour les pèlerins. Figeac est aussi la ville natale de Champollion. Elle abrite un musée dédié à l'histoire des écritures, tandis que sur le sol de la place des Écritures est gravée une reproduction de la pierre de Rosette. Direction la capitale du Quercy, **Cahors,** enlacée dans une boucle du Lot, à laquelle le jacquet accède par le pont Louis-Philippe pour en sortir par le légendaire pont Valentré. Ponctué de tours, ce dernier fut érigé au XIVe siècle par un architecte qui avait vendu son âme au diable... La cathédrale Saint-Étienne, aux allures de forteresse, est le monument phare de cette ville de caractère. Le chemin passe par **Mont-**

CARNET DE ROUTE

● Les premiers contacts **Association des Amis de saint Jacques en Velay** Relais Notre-Dame – 29, rue du Cardinal-de-Polignac – 43000 Le Puy-en-Velay – 04.71.59.08.39
Fédération française des associations des chemins de Saint-Jacques-de-Compostelle 4, rue Becdelièvre – 43000 Le Puy-en-Velay – 09.72.11.68.72 – www.union-jacquaire-france.net – C'est la plus importante association jacquaire française. Elle regroupe la plupart des associations régionales.
Office de tourisme du Puy-en-Velay 2, place du Clauzel – 43000 Le Puy-en-Velay – 04.71.09.38.41 – www.ot-lepuyenvelay.fr

● La bonne période Il est préférable de partir entre avril et octobre, époque à laquelle tous les accueils pèlerins sont ouverts. En juin, juillet et août, l'affluence est grande. Optez pour un départ en milieu de semaine plutôt que le week-end si vous souhaitez un peu plus de tranquillité.

● La durée du voyage À raison de 25 km de marche quotidienne, il faut compter 30 jours.

● À savoir pour les voies jacquaires : Le coût **moyen** Le calcul du prix du voyage doit prendre en compte le gîte, le couvert et le trajet retour. L'hébergement en gîte municipal, dans un refuge associatif ou dans un monastère varie de 5 à 15 € la nuitée. Dans les gîtes gratuits, l'usage veut que le pèlerin laisse une contribution de 5 € environ. Les hôtels et chambres d'hôtes sont plus chers ; il faut choisir ceux qui pratiquent des « prix pèlerin ».

● La crédential Avant de partir, il faut se procurer une crédential, qui est exigée dans certains gîtes et qui permet d'être hébergé à moindre coût en chambre d'hôtes ou en hôtel. Elle s'achète pour un prix modique auprès des associations jacquaires (sur place ou par internet).

● Les spécialités locales La dentelle du Puy, la coutellerie à Laguiole, la poterie.

● Les spécialités culinaires – Lentille verte du Puy, verveine du Velay, « Fin Gras » du Mézenc, potée auvergnate, petit salé aux lentilles, grattons, beaucoup de fromages comme le velay, la fourme, le bleu d'Auvergne (Haute-Loire).
– Aligot, truffade, estofinado, tripous, cochonnailles, foie gras, confits, ris de veau, chou farci, fouace, fromages (Aveyron).
– Foie gras, salade de gésiers, magret et confit de canard, garbure, croustade (Gers).

● Les fêtes
Le Puy-en-Velay : Les Musicales (juillet), Les Nuits Basaltiques, festival de musiques et danses d'Auvergne (fin juillet), festival de Musique de La Chaise-Dieu (fin août), fêtes Renaissance dites Fête du Roi de l'Oiseau (3e semaine de septembre).
Saugues : Festival celte en Gévaudan (août).
Aubrac : Salon du terroir et fête de la Transhumance (le week-end le plus proche du 25 mai), festival littéraire des rencontres d'Aubrac (fin août).
Espalion : festival de la Randonnée Pleine Nature (mi-juillet à mi-août).
Estaing : fête de la Saint-Fleuret (1er dimanche de juillet), les Médiévales d'Estaing (début septembre).
Conques : festival de Musique dans l'abbaye de Sainte-Foy (juillet-août).
Figeac : Festival théâtral (juillet), les Rencontres musicales de Figeac (août).
Cahors : festival Cahors Juin Jardins (juin), festival Lot of Saveurs (juillet), Cahors Blues Festival (juillet).
Moissac : fête des Fruits (début septembre).
Lectoure : L'Été photographique (juillet-août), fête du Melon (août), Festival pyrotechnique (fin août).
Condom : festival de Bandas (début mai).

Le beau village d'Espalion en Aveyron, avec son vieux pont de pierre, son palais et ses maisons sur l'eau

cuq pour gagner **Lauzerte,** superbe bastide médiévale perchée sur une colline. Son chemin de ronde, ses rues bordées de hautes et fières demeures de pierre blanche, son « jardin du Pèlerin » au pied des remparts invitent à la promenade. Les pèlerins se recueillent ici dans l'église Saint-Barthélemy. **Moissac** est un site phare de la via Podiensis. L'**abbatiale Saint-Pierre,** l'un des plus beaux ensembles architecturaux de France, se signale par son somptueux portail sculpté, surmonté d'un tympan illustrant l'Apocalypse. Achevé au début du XIIᵉ siècle, le cloître de l'église, avec ses galeries à arcades et ses chapiteaux historiés, est un pur chef-d'œuvre de l'art roman.

● Du Gers aux Pyrénées

Le GR 65 franchit la Garonne pour gagner les vallons champêtres du Gers. La cathédrale Saint-Gervais-Saint-Protais, fleuron de **Lectoure,** était le siège d'un évêché mentionné dès 506. Elle fut détruite à plusieurs reprises, d'où son assemblage de styles divers. Un vitrail porte une représentation de saint Jacques en pèlerin. Direction **La Romieu** et sa collégiale Saint-Pierre. Le modeste prieuré fondé par des bénédictins au XIᵉ siècle se transforma en un immense vaisseau gothique 300 ans plus tard. Il est prolongé par un cloître charmant qui invite au repos et à la méditation. Puis c'est **Condom,** dominée par l'austère cathédrale Saint-Pierre, surmontée d'une haute tour quadrangulaire. Cette ville abritait de nombreux hospices pour les jacquets. Dans l'un d'eux, le dortoir était disposé autour de la chapelle, de façon que les malades puissent suivre l'office de leur lit ! Le chemin poursuit vers le sud, passant par **Eauze, Nogaro** et sa collégiale Saint-Nicolas, **Aire-sur-l'Adour** et son sanctuaire de Sainte-Quitterie, pour gagner **Ostabat,** point de jonction de trois chemins de Saint-Jacques, puis **Saint-Jean-Pied-de-Port,** dernière étape française. ●

LA VIA PODIENSIS

La route des cingles

Impétueuse à sa source dans le Puy-de-Dôme, la Dordogne gagne en nonchalance lorsqu'elle traverse les départements du sud-ouest de la France. Lovée entre falaises et vergers de noyers, la rivière forme de larges méandres, ici appelés cingles.

Sur les flancs du puy de Sancy, dans le Puy-de-Dôme, les torrents de la Dore et de la Dogne mêlent leurs eaux pour former la Dordogne. Près de 500 km plus loin, la rivière rejoint la Garonne au bec d'Ambès, au début de l'estuaire de la Gironde. Lorsqu'elle traverse la région Aquitaine, ses flots sont apaisés. Les hommes en ont profité pour l'utiliser comme voie navigable. Et à ce décor naturel somptueux, ils ont ajouté des villages, des bastides et des châteaux, qui s'égrènent au fil du fleuve.

● Le château de Fénelon

Au niveau de **Carlux,** la Dordogne entre dans le département qui porte son nom. De sa forteresse du XIe siècle, il reste quelques ruines, auxquelles sont venues s'ajouter une cheminée octogonale et gothique du XIVe siècle et une halle du XIXe. Toujours dans le Carluxais, en passant sur la rive gauche pour se rendre à Sainte-Mondane, on pourra visiter le château de Fénelon, l'auteur des Aventures de Télémaque. Quelques kilomètres plus loin, la rivière enserre la presqu'île de Turnac et forme un premier cingle. À Montfort, la route D 703 qui va de Souillac à Vitrac en dévoile une vision panoramique.
La falaise qui domine le cingle est un site d'escalade apprécié, tandis que les noyers s'étendent à perte de vue sur les terres de l'autre rive. Plus loin sur le méandre, le château de Montfort fut souvent assiégé et conquis, ce qui explique son étonnant mélange architectural. On pénètre à **Domme** en franchissant la porte des Tours de la prison des Templiers. Sous la bastide édifiée à partir de 1281 se trouve la plus grande grotte aménagée du Périgord noir. L'accès se trouve dans la halle du XVIIe siècle. L'ascenseur panoramique qui assure la remontée offre aussi un point de vue somptueux sur la vallée. En Périgord noir, les ruelles du village de **La Roque-Gageac** mènent au pied de la falaise, d'où la vue sur la rivière est magni-

RANDONNÉE, SPORT ET NATURE

LA DORDOGNE
ET SES MÉANDRES

- **Départ :** Carlux
- **Arrivée :** Saint-Pierre-d'Eyraud
- **Distance :** 120 km

Sur la Dordogne, le château de Beynac est mentionné en 1115, mais ses origines sont plus anciennes. Simon de Montfort s'en empara à la fin du XIIe siècle. Il revint plus tard aux Beynac.

fique. Surplombant les maisons ocre, le château de la Malartrie fut au Moyen Âge un hôpital pour lépreux. Transformé dans le style Renaissance, c'est à présent une demeure de luxe qu'il est possible de louer. En retrait du fleuve, **Vézac** offre un point de vue sur les châteaux des environs. Sur son éperon rocheux, celui de Marqueyssac possède un jardin dont les 150 000 buis taillés à la main offrent 6 km de promenade et un belvédère ouvert sur la vallée.

● Une falaise dominant la Dordogne

À nouveau sur les falaises de la Dordogne, **Beynac-et-Cazenac** possède un château médiéval perché parmi les mieux conservés de la région. Au début du VIIe siècle, l'ermite Cyprien vint s'installer dans une caverne sur la falaise dominant la Dordogne. Une communauté monastique suivit son exemple, créant l'abbaye Saint-Cyprien dont l'abbatiale et le clocher-donjon sont parvenus jusqu'à nous. À la confluence du Périgord noir et du Périgord pourpre, entre Bergerac et Sarlat-la-Canéda, à proximité de nombreux sites préhistoriques de la région, **Le Buisson-de-Cadouin** possède une abbaye classée au patrimoine de l'Unesco. La halle du village, les églises Saint-Barthélémy-de-Salles et Saint-Pierre-ès-Liens de Cabans, les manoirs de Bellerive et de Bourgonie ou encore la bambouseraie du jardin de Planbuisson

LES CONSEILS GEO

● Les plus

Les villages qui bordent la Dordogne sont plus beaux les uns que les autres. La configuration de la vallée, bordée de falaises escarpées, ménage des points de vue sur les cingles, mais aussi sur les châteaux et les maisons des villages.

● Les variantes

Un itinéraire dans la vallée de la Dordogne peut s'entrecouper d'échappées belles, pour partir à la découverte des innombrables sites remarquables de la région. Il est facile de rejoindre Rocamadour ou Sarlat par exemple. Les grottes souterraines peuvent aussi faire l'objet d'un circuit, avec Lascaux II à Montignac, les grottes de Maxange au Buisson-de-Cadouin, le gouffre de Proumeyssac au Bugue ou la grotte du Sorcier de Saint-Cirq – Le Bugue. Aux Eyzies, on ira voir la grotte du Grand Roc, le gisement de Laugerie Basse ou l'abri de Cro-Magnon. Par ailleurs, la rivière poursuit son cours dans le département de la Gironde, parcouru de nombreuses routes des vins, dont celle des Graves (voir p. 108). En amont, la Dordogne traverse le Lot, la Corrèze et le Cantal.

LA ROUTE DES CINGLES

sont à voir. Et sous terre, ce sont les gravures paléo-lithiques de la grotte de Cussac, et les grottes de Maxange dans la carrière de Mestreguiral qui attendent le visiteur.

● Deux cingles symétriques

Quelques kilomètres encore et la Dordogne forme deux cingles remarquables et presque parfaitement symétriques. Les eaux ont sculpté les falaises cal-caires d'une rive, tandis que des terres agricoles occupent l'intérieur des boucles. Au confluent de la Dordogne et de la Vézère, **Limeuil** est le premier d'entre eux. La petite cité médiévale a conservé les trois portes de son ancienne enceinte. Il suffit ensuite de suivre le sentier de la « balade patrimoine ». Les ruelles de la cité mènent à la chapelle romane de Saint-Martin, aux fresques remarquables. Pour admi-rer le cingle, les Jardins panoramiques sont tout indi-qués. Leurs sentiers cheminent du Jardin des couleurs à celui des sorcières en passant par celui des grands-mères, et tous sont animés de nombreux ateliers.

Des milans noirs nichent dans la paroi calcaire de la falaise de **Trémolat**. À ses pieds, la rivière s'étire en un large méandre et forme l'un des plus beaux cingles du parcours. Le village offre un panorama exceptionnel sur ce que l'écrivain André Maurois classait parmi les « merveilles du monde ». On n'ou-bliera pas pour autant d'aller voir l'église Saint-Ni-colas et son cloître ancien, ou encore le patrimoine composé de lavoirs, de puits et de pigeonniers.

● En Périgord pourpre

Traversé par le sentier GR 6, **Mauzac-et-Grand-Castang** est dominé par le clocher de l'église de Grand-Castang, ancienne tour de défense bâtie au XIIe siècle et au XIVe pour sa moitié supérieure. Son « théâtre », un sentier bordé de murailles en forme de gradins, offre une vue remarquable sur la Dor-dogne et son barrage. **Lalinde,** en Périgord pourpre, c'est l'antique Diolindum des Romains. Ce fut aussi la première bastide anglaise du Péri-gord, fondée dès 1267 par Henri III Plantagenêt.

CARNET DE ROUTE

● Les premiers contacts Office de tourisme de la Vallée de la Dordogne Cour du Prieuré – 46110 Carennac – 05.65.33.22.00 – www.vallee-dordogne-rocamadour.com
Comité de tourisme de la Dordogne 25, rue Wilson – 24002 Périgueux Cedex – 05.53.35.50.24 – www.dordogne-perigord-tourisme.fr

● La bonne période Les températures sont douces mais elles varient de façon non négligeable entre le nord et le sud du département, notamment en hiver. L'hiver et le printemps sont très pluvieux. L'été et l'automne semblent les saisons les plus indiquées pour suivre cet itinéraire.

● La durée du voyage Cet itinéraire peut se réaliser sur un simple week-end.

● Les spécialités locales De nombreux potiers exposent et vendent leurs travaux dans les villages de Mayrac, de Lacave, de Meyronne et de Loubressac. À Bretenoux on trouve aussi un souffleur de verre. Les artisans proposent aussi des objets taillés dans les bois du Quercy.

● Les spécialités culinaires – Foie gras, truffe, pain d'épice du Quercy, fraise du Périgord, châtaigne et cèpe.
– L'omniprésente noix des terres cultivables des berges de la Dordogne se transforme en huile, ou se trouve dans le vin, les gâteaux...
– Vins de Cahors et de Bergerac, alcools de la région comme le vin paillé ou le vin de noix.

● Les fêtes
Souillac : Souillac en jazz (juillet).
Bergerac : Jazz en chais (mars), Printemps des bastides, autour de Bergerac (avril à juin), Festival Jazz Pourpre (mai), Été musical en Bergerac (juillet et août), L'assiette de Cyrano (août).
Saint-Céré : festival de musique (juillet-août).
Le Buisson-de-Cadouin : Marchés nocturnes (tous les vendredi soir).
Sarlat-la-Canéda : fête de la Truffe (janvier), Fest'oie (février), festival des Jeux du théâtre (juillet et août), festival du Film (novembre).
Lalinde et ailleurs : Printemps des Bastides (avril, mai, juin).

Dans le Périgord noir, niché entre falaise et rivière, la Roque-Gageac est l'un des villages du Sarladais. Il est aussi classé parmi les Plus Beaux Villages de France.

QUE VOIR, QUE FAIRE
LE LONG DE LA DORDOGNE ?

- Prendre Le Truffadou, qui chemine entre Martel et Saint-Denis-lès-Martel en suivant la ligne de chemin de fer taillée dans la falaise, à 80 m de hauteur
- Descendre la rivière en canoë-kayak au départ de Vayrac
- Naviguer en gabare traditionnelle depuis La Roque-Gageac, Beynac-et-Cazenac ou Bergerac
- Pratiquer le rafting ou l'Hydrospeed sur la Vézère, affluent de la Dordogne
- Se baigner sur les plages des rives ou à Quercyland (Souillac)
- Naviguer au Port Miniature de Bergerac
- Pratiquer le vélo nautique ou le ski nautique sur le bassin de Trémolat
- Visiter l'écomusée de la Noix à Castelnaud-la-Chapelle
- Surfer sur le mascaret de la Dordogne qui remonte jusqu'à Vayres

Lalinde, c'est encore le nom du canal qui longe la Dordogne. Ses coteaux calcaires et ses îlots offrent un petit paradis aux hérons et aux cormorans. Port longtemps dédié à la batellerie fluviale, **Mouleydier** fut incendié durant la Seconde Guerre mondiale. Le village est redevenu paisible, et les pêcheurs savent qu'il devient la capitale de l'alose à chaque printemps. **Creysse** se trouve au cœur du vignoble de Pécharmant. Le village est aussi aux portes de **Bergerac,** la ville qui a adopté Cyrano, déjà évoquée dans la route du foie gras (voir p. 104). Après **Saint-Pierre-d'Eyraud** la rivière quitte le département de la Dordogne, mais rien n'interdit de continuer de suivre son cours… ●

La route des drailles

Des plaines du Languedoc vers les plateaux de l'Aubrac, en passant par les frais alpages de l'Aigoual, les steppes du causse Méjean et le causse de Sauveterre, une randonnée dans les pas des bergers et de leurs troupeaux. En route pour la transhumance...

Il existe huit chemins de grande transhumance, ou drailles (de l'occitan dralha, « piste »), montant des plaines du Languedoc et du Roussillon vers le Massif central. Le GR 60 emprunte celle que l'on appelle communément la draille de la Lusette. Par qui et quand fut tracée cette piste ? Ses origines semblent aussi lointaines que celles de la transhumance même...

Certains affirment que la transhumance n'a pas été « inventée » par les bergers. Elle aurait été naturellement pratiquée par les animaux sauvages, qui quittaient les plaines arides à la belle saison pour monter dans les gras pâturages des hauts plateaux, traçant ainsi les itinéraires plus tard repris par les bergers. La draille de la Lusette aurait donc été dessinée voici plus de 7 000 ans par des moutons sauvages, avant d'être empruntée par les hommes et les bêtes domestiquées.

Vers le mont Aigoual

Le GR débute à Saint-Mathieu-de-Tréviers, un village de l'Hérault situé à 20 km au nord de Montpellier et dominé par les ruines du château de Montferrand. Il grimpe jusqu'au **pic Saint-Loup**, qui, à 658 m d'altitude, forme le point culminant d'une longue arête dominant la plaine languedocienne. Du sommet, le regard balaye les Cévennes, la vallée du Rhône, le Luberon, la Camargue, la Méditerranée. Par temps clair, on devine même au sud-ouest le Canigou et les Corbières. Le pic Saint-Loup doit son nom à une légende. Trois frères amoureux d'une certaine Bertrade partirent en croisade, chacun espérant épouser la belle à son retour. Mais Bertrade décéda entre-temps, au désespoir des trois frères qui décidèrent de vivre en ermite, chacun sur un piton rocheux. On devine où se retira le frère prénommé Loup. Le GR traverse Cazevieille puis Mas-de-Londres pour rejoindre **Saint-Martin-de-Londres**, un village de caractère conservant des vestiges de fortifications et abritant une charmante église romane. Il se poursuit vers le nord en direction de Saint-Bauzille-de-Putois, situé au pied des falaises du plateau de Thaurac, pour atteindre la

LE GR 60 À TRAVERS LES CAUSSES LOZÉRIENS ET L'AUBRAC

- **Départ** : Saint-Mathieu-de-Tréviers
- **Arrivée** : Aubrac
- **Distance** : 180 km

La transhumance de printemps le long d'une draille, dans le Gard

grotte des Demoiselles. Ce lieu grandiose tient lui aussi son nom d'une légende. Un jeune berger s'aventura dans la grotte à la recherche d'un agneau égaré. Parvenu dans la majestueuse salle dite de la Cathédrale, il glissa et fit une chute de 60 m au fond de la salle, qui le laissa étourdi. Il eut alors la vision de demoiselles dansant autour de lui puis il s'évanouit, pour se réveiller sur la terre ferme, son agneau à ses côtés. C'est ensuite la traversée de Laroque, qui étage ses vieilles maisons entre l'Hérault et le plateau du Thaurac, celle de **Ganges**, petite ville industrielle au confluent de l'Hérault et du Rieutord, celle de Pont-d'Hérault. Le chemin grimpe de col en col, offrant de superbes panoramas sur les vallées environnantes et les serres cévenols. Par endroits, on aperçoit le long de la draille des vestiges de murets en pierres qui servaient jadis à contenir les troupeaux. Le village de **L'Espérou**, situé à 1 220 m d'altitude au pied du mont Aigoual, est cerné de bois et d'herbages. Le village est fréquenté en été comme en hiver, époque à laquelle il fait office de station de ski. Passé le col de la Sereyrède, le GR grimpe jusqu'au **mont Aigoual**, bastion du Massif central, situé à 1 565 m d'altitude, célèbre pour sa station météorologique inaugurée en 1894 et pour son observatoire. Du sommet de la tour de l'observatoire, le regard se perd dans l'immensité : les Causses, les Cévennes, les Alpes, les Pyrénées, la Méditerranée… Le spectacle est majestueux.

● À travers les Grands Causses

Au sud du Massif central, les Causses constituent l'un des paysages les plus étonnants de France. De plateaux arides en canyons béants, d'avens en chaos, ils dégagent une impression de rudesse rare. **Le causse Méjean**, le premier que traverse le GR 60, est le plus élevé de tous, le plus austère et le plus saisissant. Ses étés sont torrides, ses hivers,

QUE VOIR, QUE FAIRE SUR LA ROUTE DES DRAILLES ?

- Faire du vol à voile en planeur au-dessus du pic Saint-Loup
- Descendre dans la grotte des Demoiselles
- Monter à la tour de l'observatoire du mont Aigoual
- Parcourir les arboretums de La Foux et de L'Hort de Dieu au mont Aigoual
- Faire du canoë-kayak dans les gorges du Tarn
- Se baigner dans le Tarn
- Se promener à cheval dans les Causses
- Observer les vautours
- Visiter la réserve de chevaux de Przewalski dans le Méjean, au hameau de Hures (le GR passe à proximité)
- Voir le chaos de Nîmes-le-Vieux
- Randonner avec un âne
- Fêter la transhumance, à Aubrac

La longue crête du pic Saint-Loup, son paysage de garrigues et la montagne de l'Hortus qui lui fait face.

extrêmement rigoureux. Très peu peuplé, il est formé à l'est d'immenses étendues désertiques parcourues de « cheveux d'ange » à la belle saison, et à l'ouest de plateaux boisés scindés par de profonds ravins. Ici, les animaux sont rois. Le causse attire près de 20 000 brebis en été ; le cheval de Przewalski, menacé d'extinction, y a été réimplanté, tout comme le vautour, qui se charge de « nettoyer » les cadavres d'ovins. Le GR passe à proximité du **chaos de Nîmes-le-Vieux**, un site ruiniforme, et traverse **Sainte-Énimie**. Implanté au cœur des gorges du Tarn, c'est l'un des plus jolis bourgs du causse Méjean. Au niveau de Champerboux, le sentier se dirige vers l'ouest pour pénétrer dans le **causse de Sauveterre**, qui,

CARNET DE ROUTE

• **Les premiers contacts** Office de tourisme du pic Saint-Loup Place de la Mairie 34380 Saint-Martin-de-Londres 04.67.55.09.59
Hôtel de la Communauté de communes du Grand Pic Saint-Loup 34270 Saint-Mathieu-de-Tréviers – 04.67.55.16.83 – www.tourisme-picsaintloup.fr
Office de tourisme Maison de l'Aigoual Col de la Sereyrède – 30570 L'Espérou – 04.67.82.64.67 – Beaucoup de documentation pratique à télécharger sur leur site : www.causses-aigoual-cevennes.org
• **La bonne période** Le climat est rude en Aubrac et dans les Causses. Il est préférable d'attendre le mois d'avril pour partir afin d'éviter le vent froid et la neige qui persistent sur les hauteurs. Le printemps est idéal, surtout le mois de mai, pour profiter des fêtes dédiées à la transhumance. En cette saison et en été, le causse Méjean se pare de « cheveux d'ange » qui scintillent sous le soleil : un paysage à ne pas manquer.
• **La durée du voyage** Elle varie en fonction de l'entraînement du randonneur. Un bon marcheur, capable de parcourir 25 à 30 km par jour sur un chemin à dénivelé moyen, peut faire la route en 7 jours. Il faut compter le double autrement.
• **La logistique** On peut rejoindre Saint-Mathieu-de-Tréviers depuis Montpellier par le car, il faut

prendre un taxi pour rejoindre la gare d'Aumont-Aubrac située à 30 km (ligne Paris-Béziers) ou la gare de Rodez située à 57 km (ligne Paris-Rodez).
Pour l'hébergement, les bourgs sur la route sont pourvus de petits hôtels ou de chambres d'hôtes. Pour en savoir plus sur les gîtes d'étape, les campings et les autres types d'hébergement hors des bourgs, il est conseillé de se procurer les guides édités par la Fédération française de la randonnée pédestre (le topo-guide du tour des monts d'Aubrac et celui des Causses), de contacter les offices de tourisme et se renseigner sur Internet. Il n'existe aucun guide spécifique du GR 60, ce voyage demande donc une bonne organisation préalable.
• **Les spécialités locales** Le célèbre couteau Laguiole (Aveyron), le bouffadou, tube de bois utilisé pour attiser les braises (Lozère).
• **Les spécialités culinaires** – Laguiole, roquefort, bleu des Causses, fricandeau, saucisse d'herbe, fouace, pâtés, boudins, truffade et aligot.
• **Les fêtes** Sainte-Énimie : festival du Livre et de la Bande dessinée médiévale.
Saint-Chély-d'Aubrac : fête et marché la veille de la transhumance (le samedi le plus proche du 25 mai).
Aubrac : salon du Terroir et fête de la Transhumance (le week-end le plus proche du 25 mai), festival littéraire des rencontres d'Aubrac (fin août).

traversé de forêts, paraît bien moins austère que le précédent. Il passe par La Canourgue, un bourg pittoresque sillonné de canaux, aux ruelles bordées de maisons anciennes, puis par Saint-Germain-du-Teil, d'où l'on aperçoit, enfin, les contreforts de l'Aubrac. La randonnée touche bientôt à sa fin...

● L'Aubrac

Le GR 60 s'avance dans l'Aubrac par le **signal de Mailhebiau**, où il rejoint le GR 6. Situé à 1 469 m d'altitude, ce signal constitue le point culminant du plateau. On est dans la « montagne », qui dessine ici des mamelons couverts d'immenses pâturages çà et là interrompus par les bois, les landes et les étangs. L'Aubrac est aussi dépeuplé que le causse Méjean. Si les ovins du bas Languedoc venaient autrefois y estiver, les herbages sont aujourd'hui totalement occupés par les bovins. L'étape ultime de la randonnée est le **village d'Aubrac**, qui célèbre chaque année à la fin du mois de mai l'arrivée des troupeaux sur le plateau. C'est la grande **fête de la Transhumance** : pour l'occasion, les éleveurs se regroupent avec leur bétail décoré de fleurs, de branchages et de sonnailles. Tandis que les bêtes se repaissent de l'herbe grasse de la montagne, les visiteurs dégustent l'aligot, vadrouillent dans le salon du Terroir, écoutent des chants folkloriques. Pour eux, la fête dure deux jours. Pour les vaches, elle dure cinq mois, passés à l'air libre, loin des étables, qu'elles ne retrouveront que mi-octobre... ●

LES CONSEILS GEO

● Les plus

Des paysages variés et étonnants, des panoramas à couper le souffle, les steppes magiques du causse Méjean, des sentiers marqués par le passage immémorial des troupeaux. Peu peuplée, voire sauvage, marquée par les traditions, la région fera le bonheur des randonneurs en quête d'authenticité. De plus en plus d'éleveurs proposent des ânes à la location. Même si vous ne faites pas l'ensemble de la randonnée accompagné d'un âne bâté, vous pourrez trouver agréable de marcher délesté de vos bagages pendant une journée ou deux.

● Les variantes

Après Saint-Martin-de-Londres, possibilité de suivre le GR 60 par le ravin des Arcs ou de suivre la variante plus facile du GR 60A.

Le ravin des Arcs dans les gorges de l'Hérault, près de Saint-Martin-de-Londres

La via Tolosana

Des plaines du Languedoc à la vallée d'Aspe, par les forêts du Gers et les collines gasconnes, un beau chemin ponctué de sites remarquables. Jadis emprunté par les pèlerins venus d'Italie et du sud de la France, il reste aujourd'hui assez peu fréquenté.

La voie d'Arles est balisée par le GR 653. Si les trois autres grands chemins de Compostelle se rejoignent à Ostabat pour franchir les Pyrénées par le col de Roncevaux, celui d'Arles bifurque plein sud à Oloron-Sainte-Marie pour gagner l'Espagne par le col du Somport, seul passage des Pyrénées centrales accessible en toute saison. Des plaines ensoleillées de la Provence aux vertes montagnes pyrénéennes, ce chemin se signale par la diversité des reliefs et la beauté des paysages. Il présente l'avantage d'être moins fréquenté que le chemin du Puy-en-Velay, mais, étant donné ses forts dénivelés, il est réservé aux marcheurs aguerris.

● D'Arles à Montpellier

Ancienne capitale romaine, ce dont témoignent le théâtre antique et les arènes, Arles fut aussi un berceau du christianisme et un grand centre religieux à l'époque médiévale. Suivant les conseils d'Aimery Picaud, on pourra prendre comme point de départ de l'itinéraire la vaste nécropole des Alyscamps, les « Champs Élysées » en provençal, un cimetière païen puis chrétien renfermant les tombeaux de nombreux martyrs et l'incontournable église Saint-Honorat. Ce site romantique inspira Van Gogh et Gauguin, qui le peignirent de concert en octobre 1888. En Arles, le pèlerin se rend à l'église Saint-Trophime, dédiée au premier évêque de la ville. Dotée d'un magnifique tympan roman, elle jouxte l'un des plus grands cloîtres du Midi. À 20 km d'Arles, Saint-Gilles-du-Gard abrite une vaste abbatiale romane, à la façade richement sculptée représentant notamment des scènes du Nouveau Testament. Puis c'est la traversée de Gallargues-le-Montueux, où l'on peut admirer l'ancien hôpital Saint-Jacques, de Lunel et de Castries, pour parvenir à Montpellier. L'itinéraire jacquaire, matérialisé sur le sol, conduit notamment à l'église Saint-Roch, à la crypte de l'église Notre-Dame-des-Tables et à la massive cathédrale Saint-Pierre.

LE CHEMIN D'ARLES VERS SAINT-JACQUES-DE-COMPOSTELLE

- **Départ** : Arles
- **Arrivée** : col du Somport
- **Distance** : 750 km

Le paysage sauvage encadrant les gorges de l'Hérault, non loin de Saint-Guilhem-le-Désert.

● De Saint-Guilhem-le-Désert à Auch

Le chemin se poursuit vers Grabels, situé au nord de Montpellier. Plat jusqu'ici, il s'élève soudain vers les **plateaux couverts de garrigue** annonçant le Larzac. Cerné par la nature sauvage et accidentée, **Saint-Guilhem-le-Désert** est l'une des étapes les plus mémorables de la route. Se déployant de part et d'autre de l'abbaye, fondée au IXᵉ siècle par Guillaume d'Aquitaine, comte de Toulouse, le village a conservé son charme médiéval et son aspect de bout du monde. Le chemin continue de grimper à travers les plateaux arides pour entrer, à partir de Lodève, dans un haut Languedoc marqué par la forêt. Les beaux villages défilent, que l'on rallie au prix de montées coriaces. À La **Salvetat-sur-Agout,** bordée de charmantes ruelles médiévales, on pourra contempler le pont Saint-Étienne, qui fut construit, dit-on, par les jacquets, et la chapelle de Saint-Étienne de Cavall où l'on continue de vénérer la Vierge noire Notre Dame d'Entraygues. La route quitte le Languedoc-Roussillon pour s'avancer en **Midi-Pyrénées**, à travers un magnifique paysage de forêts, de lacs et de vallons. À **Castres**, de nombreux édifices religieux attendent les marcheurs : la cathédrale Saint-Benoît et les églises Saint-Jacques de Villegoudou et Notre-Dame de-la-Platé, recélant un très ancien carillon qui continue de tinter à heures régulières. Après la traversée d'une vaste plaine, l'itinéraire rejoint **Toulouse**, cité qui donna son nom à la voie jacquaire. Toute vêtue de briques, la lumineuse Ville rose mérite une longue halte tant elle regorge de trésors religieux et culturels. Haut lieu de pèlerinage, la basilique

QUE VOIR, QUE FAIRE
SUR LA VIA TOLOSANA ?

- Admirer les arènes et le théâtre antique d'Arles, et longer les « Champs Élysées »

- Déambuler dans les venelles de Saint-Guilhem-le-Désert, classé parmi les Plus Beaux Villages de France, et visiter l'abbaye de Gellone, superbe exemple du premier art roman

- Consacrer une journée entière à la visite de Toulouse, passionnante Ville rose

- Flâner dans les charmants villages du haut Languedoc et du Gers

- Marcher dans la garrigue et la forêt, et contempler les paysages grandioses défilant le long du parcours

- Découvrir le riche patrimoine religieux des sites traversés

CARNET DE ROUTE

• Les premiers contacts Office de tourisme d'Arles Boulevard des Lices – 13200 Arles – 04.90.18.41.20 – www.arlestourisme.com **Association des Amis de Saint-Jacques en Languedoc-Roussillon** 7, rue du Théron – 34150 Saint-Guilhem-le-Désert – 04.67.57.42.36 – ou 783, rue de Bugarel – 34070 Montpellier – 04.67.27.61.53 – www.chemin-arles-en-lr.com

• La bonne période Le printemps et l'automne sont les saisons idéales si l'on veut éviter les grosses chaleurs estivales.

• La durée du voyage Il faut prévoir au minimum 30 jours, ce qui représente 25 km de marche quotidienne. Attention, le chemin d'Arles présentant des dénivelés importants, il demande une bonne condition physique.

• Le guide de randonnée On pourra se procurer le Guide Lepère de la via Tolosana, ou les deux topo-guides édités par la Fédération française de randonnée pédestre (Arles-Toulouse et Toulouse-Jaca).

• À savoir pour les voies jacquaires : Le coût moyen Le calcul du prix du voyage doit prendre en compte le gîte, le couvert et le trajet retour. L'hébergement en gîte municipal, dans un refuge associatif ou dans un monastère varie de 5 à 15 € la nuitée. Dans les gîtes gratuits, l'usage veut que le pèlerin laisse une contribution de 5 € environ. Les hôtels et chambres d'hôtes sont plus chers ; il faut choisir ceux qui pratiquent des « prix pèlerin ». **La crédential** Avant de partir, il faut se procurer une crédential qui est exigée dans certains gîtes et qui permet d'être hébergé à moindre coût en chambre d'hôtes ou en hôtel. Elle s'achète pour un prix modique auprès des associations jacquaires (sur place ou par Internet).

Le trajet retour Le retour depuis Saint-Jacques-de-Compostelle vers la France se fait en avion ou en train. En train : de Saint-Jacques à Hendaye (12 heures), ou de Saint-Jacques à Burgos, puis train de nuit Elipsos de Burgos à Paris, Orléans, Blois ou Poitiers. Évitez le retour en bus, le trajet étant interminable et éreintant.

• Les spécialités culinaires
– Saucisson d'Arles, bœuf à la gardiane, catigot d'anguilles, broufade (ragoût de bœuf) (Arles).
– Tapenade, soupe de poissons, brandade de morue, grisette de Montpellier (confiserie à base de miel et de réglisse), pavé Saint Roch (friandise à base d'amandes, d'écorces d'oranges confites et d'épices) (Hérault).
– Salade de gésiers, foie gras, cassoulet, frésinat, saucisse de Toulouse, tomme des Pyrénées, nougatine castraise, violette de Toulouse (que l'on déguste sous forme de bonbon, de sirop ou de liqueur), cachou Lajaunie® (Midi-Pyrénées).
– Garbure, trinxat (purée de pommes de terre et de chou mélangée à de la poitrine fumée), palombe en sauce rôtie, sauce béarnaise, ossau-iraty (Béarn).

• Les fêtes
Arles : Feria pascale (avril), Rencontres internationales de la photographie (début juillet), feria du Riz et festival du Cheval (septembre), festival de la Harpe (fin octobre).
Montpellier : Printemps des comédiens (juin), festival des Fanfares (mi-juin), Internationales de la guitare (octobre), festival du Cinéma méditerranéen (fin octobre).
Castres : À portée de rue, festival de musique classique (juillet), Couleurs du monde, ballets folkloriques (août).
Toulouse : Marathon des mots, festival de littérature (juin), Piano aux Jacobins (septembre), Toulouse les Orgues (octobre).
Pau : festival CulturAmérica (mars-avril), festival Hestiv'oc (fin août).

◄◄ Le cloître de l'église Saint-Trophime, dédiée au premier évêque d'Arles, classée au patrimoine mondial de l'Unesco

Saint-Sernin constitue la plus grande église romane d'Occident. Austère et imposante, surmontée d'un majestueux clocher, elle abrite les reliques de saint Saturnin (autre nom de saint Sernin), premier évêque de Toulouse. La basilique de la Daurade, l'hôtel-Dieu Saint-Jacques et sa salle des Pèlerins, le couvent des Jacobins, la cathédrale Saint-Étienne, mi-romane mi-gothique, scandent l'itinéraire jacquaire. Le chemin traverse un paysage de plaine et de forêts jusqu'à **L'Isle-Jourdain**, où l'on pourra voir une statue de l'apôtre pèlerin en bois polychrome datée du XVIIᵉ siècle, à l'emplacement de l'ancien hospice Saint-Jacques. L'itinéraire progresse à travers les champs et les forêts pour grimper jusqu'à **Auch**, dominé par la puissante cathédrale Sainte-Marie, l'une des plus récentes de France. La ville recèle le beau musée des Jacobins, en partie consacré à l'art médiéval.

● À travers les Pyrénées-Atlantiques

L'itinéraire se poursuit à travers les **vallons du Gers** et passe par les beaux villages que sont Montesquiou, Saint-Christaud, dominé par une église originale en brique de Toulouse, et Marciac, avant de descendre dans la plaine de Pau. Ancienne capitale du Béarn, **Morlaàs** abrite l'église Sainte-Foy, un bel édifice roman au portail curieusement orné de canards semblant vouloir monter vers le ciel. Puis c'est la traversée de **Lacommande**, fondée au XIIᵉ siècle, à la même époque que son église Saint-Blaise aux chapiteaux joliment décorés de sculptures animalières. Des tombes discoïdales, dont on ignore l'origine, jonchent le cimetière. Peut-être s'agit-il de monuments cathares ? **Oloron-Sainte-Marie** marque l'entrée dans la vallée d'Aspe et annonce les Pyrénées. On visite ici la cathédrale Sainte-Marie, dotée d'un admirable portail de marbre, et l'église Sainte-Croix, perchée sur une colline offrant une vue superbe sur la montagne, avant de remonter la vallée en direction de **Borce**. Ce charmant village traditionnel, parcouru par une longue rue étroite, conserve un important ensemble de bâtisses et de maisons fortes percées de portails en ogives et de fenêtres à meneaux. Dans l'église Saint-Michel, on notera le bénitier de calcaire noir, agrémenté d'une coquille Saint-Jacques. On pourra visiter l'ancien hospitalet, où est présentée l'histoire du pèlerinage. Le passage du col du Somport signale l'entrée dans le territoire espagnol. ●

L'abbaye Saint-Sauveur à Saint-Guilhem-le-Désert, fondée au IXᵉ siècle, est l'une des étapes majeures du chemin d'Arles.

LES CONSEILS GEO

● Les plus

Un très beau chemin bien balisé, jalonné de nombreux sites jacquaires, traversant des villes et des villages remarquables et des paysages variés.

● Les variantes

La voie du piémont pyrénéen est une variante possible. Parallèle à la voie d'Arles, et un peu plus au sud, elle offre une succession de paysages superbes et des vues splendides sur la chaîne des Pyrénées. Elle passe par de hauts lieux spirituels, comme Lourdes. Au départ de Montpellier, suivre le double balisage du marquage jacquaire et du GR 78 jusqu'à Oloron-Sainte-Marie.

La route d'Or qui traverse le massif du Tanneron justifie son nom chaque hiver, lors de la floraison des mimosas.

La route du mimosa

Fleur de l'hiver, le mimosa ensoleille la Côte d'Azur et parfume ses collines. Entre la Méditerranée et les massifs des Maures, de l'Esterel et du Tanneron, une route épouse le littoral et se couvre d'or lorsque les mimosas sont en fleur.

Fleurie : si une ville de France mérite ce qualificatif, c'est bien celle de **Bormes-les-Mimosas**, toute proche du Lavandou, où débute notre route. Sept cent espèces végétales rares ont été recensées sur son territoire, dont une centaine de variétés de mimosas. L'arbre emblématique y est si présent qu'il a été intégré au nom de la commune. Dans ce vieux village provençal parcouru de petites ruelles, on visite l'église Saint-Trophyme, les chapelles Saint-François-de-Paule et Notre-Dame-de-Constance. Du haut de la tour du château des Seigneurs de Fos, point culmi-

LE TRAJET DE LA ROUTE D'OR

- **Départ** : Bormes-les-Mimosas
- **Arrivée** : Grasse
- **Distance** : 130 km

nant du village, le panorama est splendide. C'est aussi sur le territoire de la commune, bien à l'abri d'une presqu'île, que se cache le célèbre fort de Brégançon.

Les îles d'Or à l'horizon

À 15 km de Bormes-les-Mimosas, **Rayol-Canadel-sur-Mer** est l'étape suivante. Presque inhabitée au début du XXᵉ siècle, la petite ville est devenue indépendante de sa voisine, La Môle, en 1949. Cinq ans plus tôt, en août 1944, les commandos d'Afrique débarquaient sur ses plages avant de libérer la Provence. Une grande stèle en pierre taillée en rappelle le souvenir. Les amateurs de botanique ne pourront pas manquer l'immense jardin du domaine du Rayol et ses 20 ha nichés au pied du massif des Maures, avec les îles d'Or à l'horizon. Le paysagiste Gilles Clément y a conçu une dizaine d'espaces, où le Jardin des Méditerranées côtoie ceux de Nouvelle-Zélande, de Californie ou d'Asie. L'Odyssée des mimosas est au programme des promenades thématiques hivernales, pour en découvrir une trentaine d'espèces.

À l'autre extrémité du golfe de Saint-Tropez, face au célèbre village, **Sainte-Maxime** possède aussi son jardin botanique, dans le parc des Myrtes. Ce parc boisé de 3 ha abrite une soixantaine de végétaux où les pins et les cyprès cohabitent avec d'exotiques palmiers nains et des cocotiers du Chili. Dans la ville, ce sont les moines de l'abbaye de Lérins qui édifièrent la tour Carrée, en 1520, sans penser qu'elle offrirait un cadre idéal pour abriter le musée des Traditions locales et ses collections de costumes et d'objets provençaux.

Arrivé à **Saint-Raphaël**, à côté de Fréjus, on ira sans tarder flâner sur la Promenade des Bains réalisée en 1880. Pas très loin, la basilique Notre-Dame-de-la-Victoire, construite à partir de 1882, rappelle un peu le Sacré-Cœur de Montmartre, par son style romano-byzantin. Les fouilles sous-marines menées au large ont permis d'exhumer le riche passé de la ville. Elles alimentent à présent les collections du musée de Préhistoire et d'Archéologie. Sur les hauteurs de la ville, le jardin Bonaparte accueille régulièrement des concerts et offre en permanence un magnifique point de vue sur la ville et sur la baie. Saint-Raphaël présente aussi le mérite de se trouver aux portes du **massif de l'Esterel**. Avec ses roches rougeoyantes de porphyre couvertes de garrigue, c'est un balcon dominant la Méditerranée. De nombreux sentiers le traversent. Ils permettent d'atteindre le mont Vinaigre à 614 m, mais aussi les pics de l'Ours et du Cap-Roux ou le lac de l'Écureuil.

Mandelieu épouse La Napoule

Entre les massifs de l'Esterel et du Tanneron, la route du mimosa pénètre dans les Alpes-Maritimes en arrivant à **Mandelieu-la-Napoule**. Les deux villes n'en forment plus qu'une depuis 1836. Et l'ancienne forteresse médiévale s'est transformée en château de La Napoule grâce à l'artiste Henry Clews et à son épouse Marie. Tombés amoureux des

QUE VOIR, QUE FAIRE
SUR LA ROUTE DU MIMOSA ?

- Les plaisirs de la plage et les sports nautiques sont possibles à chaque étape de la route

- Dans le village perché de Gourdon, visiter les champs de fleurs utilisés par le parfumeur Galimard

- Suivre à pied ou à VTT l'ancienne voie de chemin de fer à Rayol-Canadel-sur-Mer

- Embarquer sur les coches d'eau pour visiter la cité lacustre de Port-Grimaud

- Visiter le parc Aqualand de Sainte-Maxime

- Fréjus, visiter le Musée archéologique et le musée des Troupes de marine, le zoo-safari et les étangs de Villepey, aux allures de Camargue

LES CONSEILS GEO

● Les plus

La route offre des paysages panoramiques et des villes pleines de charme, mais aussi du soleil, des senteurs et une belle gastronomie.

● Les variantes

La région est parcourue par divers itinéraires de charme, comme la route Napoléon (voir p. 180) ou la route du Baroque nisso-ligure, qui serpente entre 80 monuments édifiés entre le XVIᵉ et le XVIIIᵉ siècle. La route des Jardins de la Riviera propose une soixantaine de sites, entre Mandelieu et Menton. La Route des Brea permet de découvrir les œuvres religieuses des Brea, les plus fameux des « primitifs niçois ». La route du Sacré part à la découverte du patrimoine religieux des Alpes-Maritimes. On y ajoutera les trajets en chemins de fer, comme le train des Merveilles, qui dévoile le patrimoine baroque des vallées de la Roya et de la Bévéra, entre Nice et Tende.

Connu pour ses sentiers forestiers, le massif de l'Esterel possède aussi des plages secrètes d'une grande beauté.

lieux en 1918, ils les ont métamorphosés pour y exposer l'œuvre du sculpteur. Ils ont aussi aménagé des jardins – mauresque, vénitien, romain – qui se succèdent dans le grand parc. Parc également, celui de San Peyre, qui trône sur le cône d'un ancien volcan. Les 8 ha de cet ancien observatoire phénicien (c'est dire si la vue porte loin) sont plantés de pins, de chênes-lièges et des différentes espèces que l'on trouve dans le maquis. **Tanneron** est posée au cœur du massif du même nom. Cultivés ou sauvages, ses environs abritent la plus grande forêt de mimosas d'Europe. La terrasse de sa chapelle médiévale est le point de vue idéal pour l'admirer. Et sur les étals du marché du village, on trouvera les bonbons et le miel que les hommes ont appris à en tirer. Il est aussi possible de visiter les forceries comme celles des familles Vial et Augier, où le mimosa est composé en bouquets avant d'être commercialisé. Dans le massif du Tanneron, les sentiers aménagés serpentent sous des forêts dorées, tout en offrant d'inoubliables points de vue sur le littoral.

● Sur la route d'Or

Le trajet entre Tanneron et **Pégomas** porte le nom de « route d'Or » tant les mimosas colorent le paysage lorsqu'ils sont en fleur. Accroché aux premières collines qui précèdent les hauteurs de Grasse, le village fut bâti par des familles italiennes implantées au XVIᵉ siècle. Le village possède son jardin des Mimosas, en fête le dernier week-end de janvier, à l'apparition des premiers brins. Comme à Tanneron, les mimosistes ouvrent les portes de leurs forceries. Le village est aussi le point de départ du circuit des Mimosas, randonnée facile et enchantée lorsque le sen-

À Tanneron, dans le Var, les préparatifs de la fête du mimosa donnent lieu à de belles décorations, et toute la ville se pare de fleurs jaunes.

tier se couvre d'or. Perchée sur les hauteurs, au-dessus de Cannes, **Grasse** clôt superbement notre route. Dans ce creuset, on sublime le mimosa, mais aussi la lavande, la rose et le jasmin, pour en extraire mille senteurs. Les parfums que l'on en tire sont célébrés au musée international de la Parfumerie et dans les célèbres parfumeries Galimard, Fragonard et Molinard, dont on visite les ateliers. Même abondance du côté des fleurs, avec le domaine de Manon, planté de jasmins et de roses, et le jardin de la Princesse Pauline, où la sœur de Napoléon Ier aimait flâner. Au jardin de la villa Fort de France, on découvre la riche végétation en grimpant les petits escaliers taillés dans les murs. Au jardin de la villa Noailles, le vicomte de Noailles a planté ses collections de camélias et de pivoines à proximité d'une source. Ajoutons le parc de la Corniche et le Jardin des Plantes pour faire le plein de senteurs. ●

CARNET DE ROUTE

• **Les premiers contacts**   Office de tourisme de Bormes-les-Mimosas   1, place Gambetta – 83230 Bormes-les-Mimosas – 04.94.01.38.38 – www.bormes lesmimosas.com

• **La bonne période**   De janvier à mars, la longue floraison hivernale colore et parfume les paysages de la Côte d'Azur. Les fêtes du Mimosa sont organisées aux mois de janvier et de février.

• **La durée du voyage**   Les 130 km du circuit peuvent se parcourir en un week-end, ou en une semaine si l'on souhaite profiter pleinement des étapes.

• **Les spécialités locales**   Les santons de Provence, faits d'argile séchée et peints à la main, mais aussi les poteries, les céramiques de Vallauris ou de Salernes et les faïences de Moustiers. Les pots-pourris et autres mélanges de fleurs et de fruits séchés que l'on retrouve dans de simples sachets ou dans de beaux objets parfumés. Le bois d'olivier, utilisé pour réaliser des ustensiles de cuisine et de belles sculptures.

Les spécialités culinaires

– Le mimosa est utilisé pour confectionner du miel et diverses confiseries.

– Thym, fenouil, sauge, romarin, coriandre, basilic et d'autres herbes encore agrémentent toute la palette des plats provençaux traditionnels.

– Bouillabaisse, escabèche, pissaladière, anchoïade.

– Soupe au pistou, ratatouille, tian, ce gratin de légumes qui porte le nom du plat en terre dans lequel il est cuit.

• **Les fêtes**

Bormes-les-Mimosas : festival Mimosalia (dernier week-end de janvier), grand corso du Mimosa (3e dimanche de février).

Sainte-Maxime : Grand Corso fleuri avec élection de Miss Mimosa (1er ou 2e dimanche de février)

Saint-Raphaël : fêtes de la Lumière (décembre et janvier), le Carnaval avec sa grande parade (février), le festival des Jazz (juillet et août), les soirées musicales des Templiers (juillet).

Mandelieu-La-Napoule : fête du Mimosa au pays de la Riviera (février), l'incontournable fête de la Saint-Fainéant (en mai).

Tanneron : fête du Mimosa (1er dimanche de février).

Pégomas : fête du Mimosa (fin janvier).

Grasse : fête du Jasmin (août), Rencontres des musiques sacrées du monde (avril), Expo Rose (mai).

Le GR 20 en Corse

Le GR 20, qui traverse l'île de Beauté sur ses hauteurs, est le plus célèbre et le plus mythiques des sentiers de randonnée. L'un des plus difficiles aussi. Mais ceux qui se lancent dans l'aventure n'auront pas à le regretter.

Fra li Monti, en Corse, c'est le nom du GR 20 qui circule « à travers la Montagne ». Tracé dans les années 1970 du nord-ouest au sud-est de l'île, le sentier en épouse le relief montagneux. Souvent sportif et réservé aux randonneurs chevronnés, cet itinéraire restera un rêve pour le plus grand nombre. Ceux qui suivront son balisage peint en blanc et rouge sur la roche auront le sentiment de vivre une aventure exceptionnelle.

Calvi et Calenzana

Le 1er jour débute fort. À 12 km de Calvi, le sentier quitte les côtes et la Balagne à **Calenzana** pour traverser le massif de Bonifatu. Sur les 11 km du parcours, les paysages varient sans cesse, toujours plus montagnards au fil de l'ascension. La nuit se passe au **refuge de l'Ortu di u Piobbu**, à 1 520 m d'altitude. Le 2e jour, la première partie du sentier est forestière durant la traversée du bassin de la Melaghia. Le col de la Pisciaghia marque une coupure, et dévoile de sublimes paysages montagneux avant l'arrivée au refuge de Carrozzu. La journée suivante débute par la traversée de la passerelle de Spasimata, qui surplombe un ruisseau à l'entrée des **gorges de la Muvrella**. Puis viennent des dalles rocheuses souvent glissantes, dans le cirque de Bonifatu. Ces efforts sont récompensés : après le passage de la Muvrella, dans un paysage de haute montagne, le panorama fabuleux s'ouvre sur tout l'ouest de la Corse, avec Calvi, Porto et la longue barrière du Cinto en vue. Autre bonheur plus terrestre : l'épicerie de la station de ski d'Asco permet de se ravitailler. Le 4e jour est redoutable, mais aussi riche d'émotions. C'est celui de la traversée du **cirque de la Solitude,** souvent enneigé jusqu'au mois de juillet. Même si les passages les plus vertigineux sont sécurisés par des câbles et des échelles, bien des randonneurs éprouveront quelques frissons, de plaisir ou d'angoisse, en escaladant les éboulis et les parois vertigineuses. Chacun pourra raconter son expérience à l'arrivée aux bergeries de Vallone. Des cols et des vallées sont

RANDONNÉE, SPORT ET NATURE

À TRAVERS
LA MONTAGNE CORSE

- **Départ :** Calenzana
- **Arrivée :** Conca
- **Distance :** 180 km

L'impressionnante passerelle suspendue de Spasimata, sur le chemin qui mène du refuge d'Asco Stagnu à celui de Carrozzu.

zela conduit au refuge de Petra Piana, perché à flanc de montagne. Le 8e jour, après une semaine de marche, le sentier grimpe sur les flancs du Monte Rotondo et mène au lac de Bellebone. Un itinéraire plus court suit les crêtes des Pinzi Corbini, mais il existe une variante plus montagneuse. Dans les deux cas, l'arrivée se fait au refuge de l'Onda, à 1 430 m d'altitude. **Vizzavona** est l'objectif à atteindre le 9e jour. Cette belle étape se fait à l'ombre du Monte d'Oro, en surplombant la vallée de l'Agnone et son torrent. L'arrivée est un moment particulier du GR 20, puisque Vizzavona est le seul village du parcours. C'est aussi un lieu de partage symbolique : les randonneurs qui se contentent du GR nord s'arrêtent ici, ceux qui ont opté pour le GR sud se lancent dans l'aventure.

● Le col de Palmente

Au matin du 10e jour, on quitte Vizzavona pour Capanelle avec un passage par le col de Palmente à 1 650 m. Le départ se fait sous les hêtres, puis la végétation cède la place au maquis avant le franchissement du col de Palmente. La descente mène à Capanelle et aux bergeries d'Alzeta et de Scarpaccegje. L'étape du 11e jour est forestière et plutôt tranquille. Sous une végétation de forêt d'altitude, le sentier est un chemin de ronde qui épouse les flancs du **massif du Renoso.** Il traverse aussi le plateau du Gialgone, comme le faisaient les troupeaux lors des tran-

Le village de Zonza avec en arrière-plan les pics et les murailles rocheuses des aiguilles de Bavella ▶▶

au programme du 5ᵉ jour. Le premier col de Foggiale se franchit en forêt. Il parvient au refuge de Ciuttulo di i Mori, situé au pied de la Paglia Orba, que l'on peut atteindre via le col des Maures. La descente mène dans la vallée du Golo, qui offre d'irrésistibles possibilités de baignade. La soirée se passe dans la station de ski du col de Vergio. Le 6ᵉ jour mène à Manganu et reprend le chemin de la montée à l'estive. Le passage du col Saint-Pierre réserve un panorama immense qui porte la vue jusqu'au col San Bastianu, sur les hauteurs d'Ajaccio. En chemin, on découvre le lac de Nino, entouré d'herbe tendre, que l'on ira aussi admirer depuis son belvédère. C'est dans ce site grandiose que le fleuve Tavignano prend sa source avant de serpenter sur le **plateau du Camputile**. La halte à Manganu permet d'admirer la brèche de Capitello, qui culmine à plus de 2 000 m et surplombe les lacs de Melo et Capitello. La montagne est encore au programme du 7ᵉ jour, avec un trek dans le massif du Rotondo, connu pour ses lacs sauvages et ses névés. La descente de la Bocca Muz-

CARNET DE ROUTE

• **Les premiers contacts** Visit-Corsica - **Agence du tourisme de la Corse** 17, boulevard du Roi-Jérôme – 20090 Ajaccio – 04.95.51.77.77 – www.visit-corsica.com
Parc naturel régional de Corse www.parc-corse.org

• **La bonne période** Le GR est praticable dans de bonnes conditions de juin à mi-octobre. En hiver, les skieurs aguerris peuvent tenter l'Alta Strada dans la neige.

• **La logistique** Le GR 20 est un sentier exigeant. Avant de s'y lancer, il faut impérativement s'équiper du matériel nécessaire à tous les terrains rencontrés, dont la montagne, en utilisant éventuellement les services de portage. Les points techniques les plus difficiles à franchir sont équipés de câbles de sécurité, ce qui n'empêche pas la prudence.

• **La durée du voyage** Une dizaine de jours pour les plus aguerris qui doubleront certaines étapes, notamment dans le Nord. Mais il est plus raisonnable de compter 14 à 15 jours, ce qui permet de mieux profiter des paysages et d'emprunter les variantes du sentier.

• **Les spécialités locales** La terre et le bois sont utilisés par les artisans corses. Le métal est utilisé en ferronnerie, mais aussi pour les lames des fameux couteaux Vendetta. L'œil de Sainte-Lucie est un coquillage, souvent monté en pendentif porte-bonheur.

• **Les spécialités culinaires**
– Charcuterie corse à base de cochons sauvages nourris de glands et de châtaignes.
– Cabri et sanglier
– Rougets grillés, loups au fenouil, sardines farcies et l'aziminu – bouillabaisse corse.
– Soupe paysanne, brocciu – fromage blanc frais, qui accompagne de nombreux plats, comme les omelettes, les beignets, les tartes, les courgettes et les poissons. Fromages de chèvre (Sartène, Niolo, Alta Rocca, Venachese) ou de brebis.
– Bières (Pietra, à la farine de châtaigne), vins locaux (AOC Vins de Corse, Ajaccio...), vin du Cap au quinquina, plus connu sous le nom de Cap Corse et liqueurs à partir de plantes du maquis et de fruits.

• **Les fêtes**
– **Calenzana :** Rencontres de musiques classique et contemporaine (août).
– **Calvi :** Calvi jazz Festival (juin), Calvi Lyrique (fin juillet), Rencontres de chants polyphoniques (septembre), festival du Vent (fin octobre).
– **Porto-Vecchio :** fête de Jean le Baptiste (24 juin), festival de musique sur la plage de Santa-Giulia (fin août).
– **Dans diverses villes de Corse :** la Semaine sainte avec ses processions et ses pénitents en cagoule. Celles de Sartène, Bonifacio, Calvi ou Cargèse sont les plus importantes (Pâques).

humances, en s'arrêtant aux bergeries de Traggette. Le 12ᵉ jour, au départ de Verde, est jour de crêtes et de panoramas sur la montagne et la plaine côtière. Situé à 1 750 m d'altitude, le refuge d'Usciolu marque le terme de l'étape. Sa position à flanc de montagne ménage une vue somptueuse : de là, on voit les aiguilles de Bavella, dont l'ascension est possible en variante, mais aussi l'Incudine, point culminant du sud de la Corse. Le 13ᵉ jour se fait au départ d'Usciolu, pour parvenir à la crête de l'arête des Statues qui domine les villages du haut Taravo. Ensuite, c'est sous les hêtres que se déroule l'étape qui mène à Cuscionu. Une marche vers le col de Bavella occupe l'avant-dernier jour. Elle passe par Bocca di Chiralba et par Bocca a Stazzona en suivant la route de crête de l'Alcudina, pour de nouvelles vues remarquables. Le refuge d'Asinau se trouve au bout du chemin, en passant par les bergeries. Les plus acharnés peuvent s'offrir un supplément en montant jusqu'au sommet des **aiguilles de Bavella**. La dernière étape est également la plus longue du parcours, avec ses 18 km qui mènent sans grand souci au refuge de Paliri. Il suffit ensuite de suivre l'ancien chemin de transhumance qui circule sous les pins. Au terme du parcours, les randonneurs parviennent à Conca, des images merveilleuses plein la tête. ●

QUE VOIR, QUE FAIRE EN CORSE ?

- Visiter Bonifacio, Porto-Vecchio, Corte, les villages perchés de Balagne, les îles Lavezzi...
- Fréquenter les plages d'Arone, de Barcaggio, de Bodri ou de Campomoro
- Assister à un concert de chants corses et à une fête traditionnelle dans un village
- Pratiquer le canyoning dans le massif de Bavella
- Emprunter l'une des quatre Via Ferrata de l'île
- Randonner avec un âne dans la vallée du Niolo

LE GR 20 EN CORSE

La route de la Soufrière

Le volcan de la Soufrière, c'est une « vieille dame », très verte encore, qui domine l'île de la Guadeloupe. Un sentier dans la verdure mène à son dôme rocheux, d'où s'échappent des fumerolles. Le but à atteindre est à 1 467 m d'altitude. La récompense est au sommet.

Au sud de Basse-Terre, dans le parc national, le volcan de la Soufrière domine la Guadeloupe. Sa dernière éruption date de 1976. Le 8 juillet, une éruption phréatique sans montée de magma provoqua coulées de boues et émissions de cendres, entraînant l'évacuation durant 3 mois des résidents du sud de Basse-Terre. Depuis, le volcan est au repos, mais toujours actif, comme en témoignent les fumerolles qui s'en échappent à intervalles réguliers. Rien n'interdit d'aller lui rendre visite. On peut même atteindre son sommet sans trop de difficulté.

● Les flancs du volcan

La conquête de la Soufrière débute à **Saint-Claude,** sur les contreforts du volcan. Proche de Basse-Terre, la ville a conservé quelques monuments de son long passé, comme la stèle de Delgrès qui rappelle la rébellion menée contre le retour de l'esclavage. Elle a aussi su préserver de belles résidences, comme l'habitation Ducharmoy, ou l'habitation Mont-Carmel, qui, datée de 1726, serait le plus vieil édifice encore debout de l'île. À La Joséphine, Saint-John Perse passa une partie de son enfance et trouva l'inspiration pour certains de ses poèmes. Au Morne Houël, la résidence préfectorale a elle aussi fait l'objet d'un classement au patrimoine des monuments historiques. Les environs proposent quelques chutes d'eau aménagées, comme la cascade Vauchelet ou le saut de Matouba. La maison forestière sert de point de départ à la trace Victor-Hugues, sentier historique qui traverse la forêt du sud de Basse-Terre jusqu'à Petit-Bourg. Pour s'approcher de la Soufrière, c'est la petite route D 11 qu'il faut emprunter en sortant de Saint-Claude. Les derniers kilomètres de cette route sinueuse plongent au cœur d'une belle forêt tropicale. Jusqu'au séisme de 2004, qui provoqua l'éboulement d'un flanc du piton Tarade, il était possible de poursuivre en voiture jusqu'à la Savane à Mulets, à 1 140 m. La route est depuis interdite et s'achève aux **Bains Jaunes**, à 5 km de Saint-Claude et à près de 1 000 m d'altitude. Les Bains Jaunes tiennent ce curieux nom des bas-

RANDONNÉE, SPORT ET NATURE

VERS LE SOMMET DE LA SOUFRIÈRE

- **Départ :** Saint-Claude
- **Arrivée :** Bains Jaunes
- **Distance :** 13 km

À 1 467 m d'altitude, le sommet du volcan de la Soufrière offre un étonnant décor hérissé de roches et de pitons.

sins de pierre qui s'y trouvent. Comme le rappelle une stèle, ils furent construits par les militaires de la Coloniale en 1887. Leurs eaux sont alimentées par des sources thermales provenant du volcan, ce qui explique leur chaleur. Elles contiennent du soufre, ce qui donne leur couleur.

● La chute du Galion

À proximité, le parking est utilisé comme point de départ des randonnées. De là, il est possible de rejoindre la chute du Galion, ou de se rendre jusqu'à Armistice, vers la Citerne. Les conquérants de la Soufrière choisiront la trace du **Pas-du-Roy** qui mène à **Savane à Mulets** par un sentier plongé dans une végétation luxuriante. Les pavés qui couvrent une partie du trajet facilitent la marche, mais deviennent glissants les jours de pluie. Les randonneurs poursuivent par le **Chemin des dames**, encombré de blocs d'andésite, la roche volcanique qui compose le dôme. Le passage de la Fente du Nord, à 1 380 m, exige un peu d'escalade, mais après un dernier effort, vous voilà au sommet de la Soufrière, point culminant de la Guadeloupe et de toutes les îles des Petites Antilles. La brume est souvent au rendez-vous, mais si le temps est dégagé, l'arrivée est un émerveillement. Ce n'est pas un hasard si le sommet du volcan porte le nom de La Découverte, comme l'indique un panneau jaune, bien planté sur trois solides poteaux, en rappelant l'altitude : 1 467 m. Le panorama délivre à 360° une vue somptueuse. Le regard embrasse les massifs montagneux de Basse-Terre, le Petit Cul-de-Sac Marin et une bonne partie de Grande-Terre. Sur la mer des Caraïbes, Marie-Galante et l'archipel des Saintes sont visibles à l'horizon. Sans

QUE VOIR, QUE FAIRE
EN GUADELOUPE ?

- Prendre le bateau pour Marie-Galante, Les Saintes ou La Désirade
- Visiter le jardin botanique de Deshaies ou le Parc aux orchidées de Pointe-Noire
- Visiter l'aquarium du Gosier et le musée Schœlcher de Pointe-à-Pitre
- Pratiquer la baignade, le snorkeling ou la plongée dans la baie du Grand Cul-de-Sac Marin qui réunit Basse-Terre et Grande-Terre
- Profiter de l'animation des stations balnéaires de Grande-Terre
- S'inscrire au Volcano Trail, le grand raid qui se déroule autour du massif de la Soufrière Profiter de l'animation des stations balnéaires de Grande-Terre
- S'inscrire au Volcano Trail, le grand raid qui se déroule autour du massif de la Soufrière

perdre de vue ce paysage, il sera temps de partir à la découverte du dôme, divisé en deux zones distinctes, luxuriante au nord, bien plus « lunaire » au sud. Dans ce décor hérissé de roches et de pitons, et malgré les émissions gazeuses, des broméliacées colorées ont su s'adapter, comme les sphaignes et les lycopodes qui s'accrochent aux flancs du volcan. La Soufrière ne possède pas un cratère unique qui se dévoile d'un seul regard, mais une succession d'entailles et de bouches éruptives. Elles se découvrent les unes après les autres, en suivant des pistes balisées. Les cratères se suivent en enfilade. Celui nommé Dupuy n'est pas trop profond, et son fond d'eau boueuse est visible en s'approchant. Au centre du plateau sommital, le gouffre de Tarissan est autrement plus profond. Une pierre jetée dans ses entrailles mettrait de nombreuses secondes avant d'en atteindre le fond. Il est préférable de ne pas se montrer trop curieux, comme le fut ce vétérinaire du XIXe siècle qui a laissé son nom au gouffre… après avoir disparu dans ses entrailles. Indifférent à son sort, le gouffre est actif à chaque éruption phréatique et laisse toujours échapper fumerolles et nuées de vapeur de soufre. L'odeur d'œufs pourris qui règne alentour ne laisse aucun doute à ce

CARNET DE ROUTE

• **Les premiers contacts** Comité du tourisme **des îles de Guadeloupe** Comité du tourisme de Pointe-à-Pitre : 5, square de la Banque – 97166 Pointe-à-Pitre Cedex – 05.90.82.09.30 – www.lesilesde guadeloupe.com
Parc national de la Guadeloupe 05.90.80.86.00 – www.guadeloupe-parcnational.fr – www.la-soufriere. com

• **La bonne période** Le climat est tropical, humide, mais avec des températures agréables tout au long de l'année. Les îles de la Guadeloupe connaissent deux saisons. L'une, plus sèche, s'étale de mi-février à mi-août, avec des températures un peu plus fraîches. La saison humide – l'Hivernage – s'étend de mi-août à mi-février, avec de plus fortes chaleurs en juillet et août, heureusement atténuées par les alizés. La saison sèche est un peu plus indiquée pour un voyage.

La logistique Avant d'entreprendre l'ascension, il est recommandé d'appeler la météo (08.92.68.08.08) et de se procurer l'état des traces, disponible sur le site Internet du parc national de la Guadeloupe (www.guadeloupe-parcnational.fr). Les randonnées s'effectuent le matin, d'autant plus que la nuit tombe vite. L'équipement traditionnel des randonneurs (chaussures fermées, vêtements chauds et imperméables) est nécessaire. La pluie rend le terrain glissant. Le recours à un guide est recommandé.

• **Les spécialités locales** Articles en madras, bijoux créoles et broderies, vanneries et objets variés fabriqués avec de la fibre de coco, des feuilles de bananier ou de latanier, des coquillages. Sculptures, poteries et peintures… avec des variantes sur chaque île de l'archipel. Les fleurs locales peuvent être mises en boîte et expédiées en métropole.

• **Les spécialités culinaires**
– Coco, goyave, fruit de la Passion, banane, vanille, cannelle, sucre de canne.
– Piments, safran, cumin, poivre, clous de girofle, gingembre.
– Les écrevisses s'appellent ici des ouassous.
– Cacao et café locaux, rhum venu des distilleries de Basse-Terre ou de Marie-Galante.

• **Les fêtes**
– **Pointe-à-Pitre :** carnaval de Guadeloupe (janvier-février).
– **Saint-François :** fête de la Mer et du Poisson (début avril).
– **Morne-à-l'Eau :** fête du Crabe (mi-avril).
– **Dans l'île :** le festival de la Guadeloupe met en valeur la gastronomie et la musique lors de fêtes traditionnelles (juillet- août).

À Anse-Bertrand, les eaux du lagon de la Porte-d'Enfer sont toujours agitées.

sujet. Le cratère sud se dévoile après que l'on a passé le pic Napoléon. Ce n'est pas le plus fréquentable, car ses deux failles crachent en permanence des gaz toxiques. Il suffit de l'entendre bouillonner pour avoir une idée de la puissance du volcan. Un peu plus loin, le sentier ménage un point de vue sur le cône de la Citerne. Le sentier permet aussi de franchir la porte d'Enfer en passant devant le rocher de la Guenon, avant d'atteindre le piton Dolomieu, second sommet des Antilles avec ses 1 464 m d'altitude.

● Le Souffleur a disparu

Pour le chemin du retour, plutôt qu'un simple demi-tour, il est préférable d'emprunter le chemin du **col de l'Échelle,** qui épouse le flanc est du volcan et dévoile d'autres paysages en surplombant les sources du Carbet. Célèbre pour ses jets de vapeur, le Souffleur a disparu, mais le Rocher Fendu et le gouffre Breislack sont toujours là, comme la Faille du 30 Août, qui porte le nom du jour où elle est apparue, lors de l'éruption de 1976. Au terme de la descente, on se retrouve aux Bains Jaunes, dont les eaux chaudes et soufrées sont idéales pour reposer des muscles fatigués. ●

Loin de Montmartre, en pleine nature tropicale, Balata possède aussi son Sacré-Cœur.

 # La route de la Trace

Entre Fort-de-France et Le Morne-Rouge, sous le regard de la montagne Pelée et du Carbet, la route de la Trace est l'un des plus beaux itinéraires touristiques de la Martinique. Une superbe balade en vert, agrémentée de notes bleues.

AU CŒUR DE LA MARTINIQUE

- **Départ :** Fort-de-France
- **Arrivée :** Fort-de-France via Le Morne-Rouge
- **Distance :** 30 km

C'est une route sauvage, qui débute pourtant à Fort-de-France, le chef-lieu de la Martinique. À la sortie de la ville, elle monte en lacets étroits et s'enfonce dans la forêt, avant de traverser le cœur vert de l'île, qui a été classé en parc naturel régional. C'est officiellement la nationale 3, mais tout le monde l'appelle la route de la Trace. Elle n'est guère nouvelle, puisqu'elle a été ouverte dès le XVIIIᵉ siècle, par les jésuites, pour contourner les pitons du Carbet. Longue d'une trentaine de kilomètres, elle rejoint le bourg du Morne-Rouge, au pied de la montagne Pelée. Très vite, la route atteint

le village de Balata, devenu le Montmartre local depuis que l'architecte français Wulffleff y a construit en 1915 une réplique en miniature de la célèbre basilique du Sacré-Cœur. Celle-ci est nichée en pleine verdure, et son parvis comme sa corniche offrent une vue magnifique sur la baie de Fort-de-France. À 3 km au nord de l'église, le jardin de Balata est un arrêt indispensable, même si l'entrée est payante. Lovée entre la baie de Fort-de-France et les pentes boisées des pitons du Carbet, cette petite merveille végétale est l'œuvre d'un homme, Jean-Philippe Thoze, qui a consacré plus de 20 ans de sa vie à collecter 3 000 espèces de plantes tropicales et plus de 200 essences d'arbres. Autour de la maison créole de sa grand-mère, toujours meublée à l'ancienne, les végétaux du jardin se dévoilent au fil des allées. Le promeneur découvre des bambous géants, plus de 100 espèces de palmiers, mais aussi des anthuriums et des hibiscus, des nymphéas et des roses de porcelaine… Les amateurs d'altitude pourront visiter le jardin en compagnie des oiseaux-mouches, en suivant le parcours des ponts suspendus aux mahoganys géants, à 15 m de hauteur. Plus loin sur la route, au détour d'un virage, le pont de l'Alma surplombe la rivière du même nom. Entouré de forêt tropicale, parfois nimbé de brouillard, l'endroit est charmant et souvent fréquenté, d'autant plus qu'il est possible de suivre le cours de la rivière, agrémenté d'une série de bassins naturels, pour remonter jusqu'aux gorges situées en amont. D'ici partent les randonnées pour les pitons du Carbet.

● Le Morne-Rouge et Deux-Choux

De retour sur la N 3, avant d'amorcer la descente vers Le Morne-Rouge, un panneau indique le village au nom charmant de Deux-Choux. Avant d'y parvenir, en prenant la D 1 en direction de Fonds-Saint-Denis, on rejoint la cascade du Saut du Gendarme. Après 5 minutes de marche au cœur de la forêt tropicale, touristes et Martiniquais s'y retrouvent. Dans cette cascade haute d'une dizaine de mètres, l'eau tombe dans une vasque artificielle qui facilite la baignade. Divers sentiers de randonnée partent de la route de la Trace. Le plus fameux porte le nom de Trace des Jésuites, et il est possible de le rejoindre depuis la N 3, après Deux-Choux, mais avant Le Morne-Rouge, en repérant le parking orné d'un panneau posé par l'ONF. Ce dernier indique que le sentier pédestre n° 15 demande 3 heures pour un itinéraire de 5 km destiné aux marcheurs de niveau 1, c'est-à-dire tout public. Entre hautes fougères arborescentes et gommiers blancs, dans une atmosphère saturée d'humidité, le sentier descend jusqu'à la Croix Dubuc, croise la rivière du Lorrain. Au lieu dit le Trou d'eau, une baignade est bienvenue avant l'effort de la remontée à travers la forêt du Morne du Lorrain, jusqu'à la route RD 1 qui permet de reprendre la route de la Trace.

QUE VOIR, QUE FAIRE EN MARTINIQUE ?

- À Fort-de-France, visiter la bibliothèque Schœlcher et le grand marché couvert, tous deux signés Pierre-Henri Picq. Dans un autre genre, la case de Jyf et Jaf est une authentique habitation créole joliment décorée

- Visiter le musée des Arts et Traditions populaires de Saint-Esprit

- Visiter le Centre de découverte des sciences de la Terre de Saint-Pierre

- Déguster les produits du musée du Rhum Saint-James de Sainte-Marie

- Découvrir la mangrove des Trois-Îlets en kayak

LA ROUTE DE LA TRACE

● La mer des Caraïbes à l'horizon

À 450 m d'altitude, Le Morne-Rouge est la commune la plus élevée de Martinique. Posé sur un plateau comme dans un écrin, le bourg est entouré par la montagne Pelée, les pitons du Carbet et le Morne Jacob. La mer des Caraïbes à l'horizon complète ce cadre grandiose. C'est là que s'achève notre route, mais pas les plaisirs qu'elle peut offrir. Sa Maison du Volcan, ouverte en souvenir de l'éruption meurtrière de la montagne Pelée en 1902, permet de comprendre les mouvements sismiques et les phénomènes volcaniques qui y sont liés. On peut aussi y trouver des accompagnateurs pour des randonnées sur le redoutable volcan, en empruntant le chemin dit de l'Aileron. Mais tout le monde n'aura pas envie de se lancer à l'assaut des 1 397 m du plus haut sommet de la Martinique. À défaut, Le Morne-Rouge propose tout ce qu'il faut pour combler les amateurs de botanique. Les 5 ha du Centre d'éco-interprétation du jardin de la Pelée permettent des visites thématiques, sur les plantes médicinales de la Caraïbe par exemple. La Maison de la Nature du parc naturel régional de la Martinique offre une autre occasion de se mettre au vert, avec ses 3 km de sentiers botaniques et sa centaine d'espèces végétales. Les plantations Mac Intosh et Beau-

CARNET DE ROUTE

● **Les premiers contacts** Office de tourisme de la Martinique 01.44.77.86.00 – www.martinique tourisme.com
Parc naturel régional de la Martinique Maison du Parc – Annexe Monsigny - Sainte-Catherine – BP 437 – 97205 Fort-de-France Cedex – 05.96.64.42.59 – www.pnr-martinique.com
Comité de la randonnée pédestre de la Martinique Maison du Tourisme Vert – 9, bd du Général-de-Gaulle – B.P. 1003 – 97247 Fort-de-France – 05.96.70.54.88 – http://martinique.ffrandonnee.fr

● **La bonne période** Le temps est presque toujours beau, mais les hauteurs de l'île sont très humides, notamment pendant la saison des pluies, qui dure de juin à décembre. La route comme les sentiers sont alors glissants. Un vêtement chaud est indispensable pour les randonnées en montagne. Une crème contre les moustiques évite les piqûres.

● **Les spécialités locales** Les poupées créoles vêtues de madras, un chapo bakoua, chapeau tressé traditionnel, le corail travaillé en bijou, les poteries, les objets en bambou, les vanneries et des sculptures sur bois sont les souvenirs traditionnels. On trouve tout cela et bien d'autres choses encore au grand marché de Fort-de-France, au marché artisanal de la Savane, ou au village de la poterie aux Trois-Îlets. Les fleurs exotiques des jardins botaniques peuvent être expédiées en France sans souci.

● **Les spécialités culinaires**
– Crabe farci, lambi (un gros coquillage), langouste accompagnée de sa « sauce chien », acras de morue.
– Colombo venu des Indes, piments plus ou moins incendiaires.
– Noix de coco, mangue, carambole, goyave, pomme cannelle.
– Rhum.

● **Les fêtes**
– **Fort-de-France** et toute la Martinique : le carnaval et ses « vidés » est l'un des plus festifs de la Caraïbe (janvier à mars).
– **Fort-de-France** : festival culturel avec Les Voies de la tradition (avril).
– **Le Lamentin :** Semaine de la poésie (mars).
– **Le Vauclin :** fête du Cochon (décembre).
– **Grand'Rivière :** le matoutou au crabe est roi lors de la Pince d'Or organisée sur les berges de la rivière du village (chaque lundi de Pâques).
– **Le Lorrain :** festival de la Banane, avec danse, musique et dégustation (tous les deux ans, les années paires, le 1er week-end de juillet).

Plus petits que les fleurs tropicales, les oiseaux-mouches sont presque aussi colorés.

vallon (ex domaine des Alpinias) ont aussi de grands jardins qui se visitent. Le Morne-Rouge est en outre un carrefour qui implique de faire des choix, d'ailleurs pas nécessairement incompatibles entre eux. La petite route D 39 mène à un panorama superbe sur la montagne Pelée. En poursuivant le cours de la N 3, la route bordée de bambous et de fougères mène à L'Ajoupa-Bouillon, réputé pour ses sites sauvages : le saut Babin n'est pas facile à trouver, et son accès parfois interdit ; la remontée des gorges de la Falaise tient plus du canyoning que de la marche, et la présence d'un guide est indispensable. Plus tranquille, le retour à Fort-de-France se fait par la RN 2, en direction de la mer des Antilles. À partir de Saint-Pierre, elle devient route littorale. La ville fut la capitale économique de l'île jusqu'à la nuée ardente de 1902, et divers vestiges rappellent l'éruption. Toujours en bord de mer, la route traverse Le Carbet, qui vit débarquer Christophe Colomb en 1502, puis Bellefontaine. Vient ensuite Case-Pilote, l'une des plus anciennes communes de l'île. L'arrivée à Schœlcher, dans la banlieue de Fort-de-France, marque la fin du trajet. ●

LES CONSEILS GEO

● Les plus

Des plages de sable blanc bordées de cocotiers au sud, des montagnes couvertes d'une végétation luxuriante au nord : la Martinique permet de combiner farniente et activités sportives, repos et découverte culturelle. Longtemps considérée uniquement comme une destination plage et soleil, la Martinique, comme sa voisine la Guadeloupe, est de plus en plus connue pour sa diversité naturelle. La palette des activités et des visites n'en est que plus variée.

● Variante

D'autres routes traversent l'île. Celle du Sud traverse les champs de canne de la plaine du Lamentin et se dirige vers Les Trois-Îlets, avant Rivière-Pilote, Sainte-Anne, et Le François. Celle du Nord Atlantique passe par Le Robert, Basse-Pointe jusqu'à Grand'Rivière.

LA ROUTE DE LA TRACE

Les trois cirques de La Réunion

Cilaos, Mafate et Salazie : dans les « Hauts » de l'île, en son cœur, La Réunion possède trois joyaux sertis autour du piton des Neiges. Décors grandioses pour randonnées d'exception !

Cernés de remparts rocheux, couverts de végétation, les trois cirques de l'île de La Réunion sont nés des forces vives du volcan et de la longue patience du travail d'érosion. Longtemps inhabités, ils servirent d'abord de refuge aux « Marrons », ces esclaves en fuite, avant d'accueillir les « petits Blancs » en quête d'indépendance. Leurs paysages spectaculaires, classés depuis 2010 au patrimoine de l'Unesco, font aujourd'hui le bonheur des randonneurs.

● Le Voile de la Mariée

Salazie se rejoint depuis Saint-Denis en prenant la N 2, puis la D 48, pour un trajet de 50 km. Sur le parcours, les eaux tombent en cascade le long des flancs vertigineux qui bordent la route, comme le Voile de la Mariée, l'une des chutes les plus spectaculaires de l'île. À l'intérieur du cirque, le chouchou est roi. Cette plante grimpante prend ses aises partout. Les Réunionnais en font des chapeaux, des paniers et des plats délicieux. Posé dans ce cadre grandiose, à 930 m d'altitude, le village de Hell-Bourg est la « capitale » de Salazie. Il figure parmi les Plus Beaux Villages de France, notamment pour avoir su préserver son héritage créole. Les eaux thermales découvertes dans les années 1830 changèrent pour un temps son destin : le village devint une station fréquentée par la bonne société réunionnaise. Le cyclone de 1948, qui fit disparaître les sources, ramena le bourg à l'ordinaire. Hell-Bourg mérite une visite complète, pour parcourir son circuit des cases créoles ou visiter les vestiges des thermes. La maison Folio, demeure créole du XIXᵉ siècle, est aussi séduisante que son jardin. Hell-Bourg propose aussi un choix de circuits accessibles au plus grand nombre en 3 à 4 heures de marche. Ils

RANDONNÉE, SPORT ET NATURE

LA RÉUNION DE CIRQUE EN CIRQUE

- **Départ :** Salazie
- **Arrivée :** Cilaos
- **Distance :** 150 km

Coupé du reste de l'île, le cirque de Mafate offre à chaque lever de soleil un spectacle majestueux.

mènent au Cap-Anglais, à Terre-Plate ou à la source Manouilh. Le piton d'Anchaing, qui domine le village, s'atteint en 4 à 5 heures de marche, puis un autre sentier permet d'en faire le tour. À 15 km de Salazie, sur l'une des arrêtes du cirque, Grand-Îlet est labellisé Village créole. Son église Saint-Martin est en bardeaux de bois, et c'est l'une des dernières de l'île. Son belvédère de la Mare offre un panorama sur le piton Fougères. Le village permet de partir en randonnée jusqu'à Grand Sable, village enseveli par un effondrement du Gros Morne en 1875. Sa route forestière est l'une des voies possibles pour accéder au cirque voisin.

● Le cirque le plus mystérieux

Mafate est le plus mystérieux des trois cirques, le plus isolé, le plus sauvage. Plus encore que les autres, il se trouve au bout du monde et hors du temps. Pour une raison simple : aucune route ne le relie à la côte. On s'y rend à pied... ou en hélicoptère. L'option pédestre étant la plus probable, il ne reste plus qu'à choisir son point d'entrée. Depuis Salazie, il faut franchir le col des Bœufs pour rejoindre La Nouvelle. Depuis Cilaos, c'est le col du Taibit, à plus de 2 000 m, qui débouche sur Marla. En venant par l'ouest, l'arrivée par le mont Maïdo, sur le versant opposé du col des Bœufs, offre un superbe panorama... et une belle descente jusqu'à **Roche Plate**. On peut aussi entrer à Mafate en remontant le lit de la rivière des Galets, ou encore depuis Sans-Soucis, ou Dos-d'Âne. Quel que soit son trajet, le visiteur sera frappé à l'arrivée par la vie recluse des Mafatais. Ils mènent une vie tranquille, dispersés entre une dizaine d'îlets dont les plus peuplés comptent quelques

- S'inscrire au grand raid de la Diagonale des fous... réservée aux plus fous !

- S'offrir un tour en hélicoptère pour survoler le littoral, les cirques et le volcan

- Visiter la maison Zafer Lontan à Cilaos pour y voir notamment une chaise à porteurs d'autrefois

- Visiter la Saga du Rhum, musée et distillerie de Saint-Pierre dans le Sud

- Visiter la Maison du Volcan de Bourg-Murat

- Visiter le Conservatoire botanique de Mascarin à Saint-Leu

- Pratiquer le canyoning en glissant dans les toboggans naturels de la montagne

- Pour le plaisir du farniente, ne pas oublier les plages de sable blanc à Boucan-Canot, l'Ermitage, Saint-Leu...

LES TROIS CIRQUES DE LA RÉUNION

LES CONSEILS GEO

● Les plus

L'île de La Réunion dispose d'un climat ensoleillé et de fabuleux paysages. C'est aussi un riche mélange où se mélangent influences africaines, indiennes, malgaches et chinoises. Ce brassage se retrouve dans la gastronomie et les fêtes locales.

● Les variantes

La Réunion est propice à toutes les randonnées. L'une d'elle permet de faire le tour de l'île en une semaine, sans monter dans les cirques, mais en restant au plus près de l'océan. L'île propose aussi une centaine de sentiers Marmailles, qui, comme leur nom l'indique, peuvent se parcourir en famille.

centaines d'habitants. Ils se visitent en suivant le réseau de sentiers qui court de l'un à l'autre. Inutile d'y chercher des monuments, mais les amateurs de botanique seront aux anges. Le cirque est planté de forêts de tamarins centenaires et d'espèces plus rares, comme le poivrier mal aux dents ou le bois d'éponge. Il s'y trouve même quelques plantes que l'on croyait disparues. Les randonneurs qui ne se contentent pas d'une balade dans les îlets emprunteront le GR R3. En cinq jours, il permet de faire le tour complet du cirque en partant de Marla pour arriver à Îlet à Malheur.

● La route aux 400 virages

Cilaos se trouve à moins de 40 km de Saint-Louis en empruntant la N 5, au terme de la fameuse « route aux 400 virages » ouverte dans les années 1930. Avant cette date, les plus riches s'offraient une montée en chaise à porteurs. Les autres marchaient pour parvenir à Cilaos, bourg principal du cirque éponyme. Blanche et bleue, lumineuse et Art déco, son église Notre-Dame-des-Neiges offre un bon point de départ pour visiter le village et découvrir ses spécialités locales : son vin possède le double titre de vignoble le plus élevé de France et celui

CARNET DE ROUTE

● **Les premiers contacts** Comité régional île de La Réunion Tourisme (IRT) www.reunion.fr À Paris 90, rue de la Boétie – 75008 Paris – 01.40.75.02.79 Sur l'île IRT, Immeuble La Balance – 4 rue Jules Thirel, Bâtiment B – 97460 Saint-Paul – N° Azur : 08.10.16.00.00 Office de tourisme de l'Est - Salazie 47, rue du Général-de-Gaulle – 97433 Salazie – 02.62.47.89.89 – http://est.reunion.fr

● **La durée du voyage** Avec 12 heures de vol pour rejoindre l'île, il semble impossible de ne pas rester au moins une semaine. Dix jours serait idéal, mais attention : « Avan l'èr i sava pa » (Avant l'heure on ne s'en va pas) dit un proverbe créole, et la tentation de rester sera bien grande !

● **Les spécialités locales** Broderie de Cilaos et objets créoles (sacs tressés, lampes, bijoux...), réalisés avec du coco, du chouchou, du choca, du vacoa, du rotin, des coquillages...

● **Les spécialités culinaires** Créole, chinoise, indienne et arabe, la gastronomie réunionnaise est aussi mélangée que la population de l'île, et le riz y est omniprésent.
– Samoussas et piments farcis, carris aux variations infinies, achards, rougail de saucisses, gratin de chouchou.

– Lentilles de Cilaos, cou noir de Cimendef (poulet élevé à Grand-Îlet).
– Vanille locale, qui parfume les desserts mais aussi les plats salés. Les fruits tropicaux sont à déguster frais ou en confitures.
– Rhum, vin de Cilaos, café Bourbon.

● **Les fêtes**
– **Cilaos :** la course de haute montagne du Cross du piton des Neiges (mai).
– **Sainte-Marie :** pèlerinage de la Vierge noire (1er mai).
– **Plaine des Palmistes :** fête du Goyavier, avec musique, défilés et concours culinaires (juin).
– **Saint-Gilles :** Grand Boucan, carnaval créole (juin).
– **Bras-Panon :** Rando Vanille, qui associe VTT et promotion des produits du terroir. Fête des Bichiques (Octobre).
– **Saint-Leu :** tournoi de Pelote basque (octobre).
– **Saint-Paul :** Semaine Créole. Lire en fête. Fête de Grand-Mère Kal (octobre).
– **Saint-Paul, Saint-André ou Saint-Pierre :** Dipavali, fête tamoule (novembre).
– **Dans toute l'île :** on célèbre l'abolition de l'esclavage lors de la fête des Cafres (Fêt kaf en créole) le 20 décembre.

RANDONNÉE, SPORT ET NATURE

du plus tôt vendangé, ses lentilles sont réputées pour leur finesse, comme les Jours de Cilaos, qui occupent encore bien des brodeuses et se découvrent à la Maison de la Broderie. Plus d'une quinzaine de randonnées peuvent s'effectuer au départ du village. Facile et plaisant, le Sentier botanique permet de découvrir l'essentiel de la flore locale et se parcourt en une boucle de 1 h 30. Il emprunte la route de Bras-Sec et monte jusqu'au belvédère de la Roche Merveilleuse, réputé pour son panorama. Nettement plus physique et plus longue, une randonnée mène au piton des Neiges, le sommet le plus élevé de l'océan Indien. Le premier sentier débute dans une forêt de cryptomerias, le sapin créole, au dessus de Bras-Sec. Très vite la végétation s'épaissit, tandis que le dénivelé s'accentue. À mi-chemin, sur le plateau du petit Matarum, la verdure se fait rare et l'altitude est suffisante pour offrir une vue d'ensemble sur Cilaos. Planté au milieu d'un paysage grandiose, le gîte de la caverne Dufour est conseillé pour passer la nuit. Cette halte permet d'atteindre le sommet avant le lever du jour. La marche des derniers kilomètres s'effectue dans un décor minéral, mélange de roches et de scories volcaniques. Depuis le sommet, cirques, pitons, océan : toute l'île s'offre au regard ! ●

Dans le cirque de Salazie, la façade de l'église Notre-Dame-de-l'Assomption serait inspirée de celle de la cathédrale de Reims.

La route de la province sud en Nouvelle-Calédonie

À l'autre bout du monde, un « caillou » s'est donné des airs de paradis. Son lagon est le plus grand du monde, ses plages parmi les plus belles. Ajoutez une population qui a conservé ses traditions et une biodiversité unique : aux antipodes, la Nouvelle-Calédonie est vraiment renversante !

Il faut un jour et une nuit de voyage pour rejoindre la Nouvelle-Calédonie, au cœur du Pacifique sud, à l'autre bout du monde. La récompense est au bout de ce périple, car avec ses lagons inscrits au patrimoine de l'Unesco, ses terres rouges et ses eaux bleues, sa biodiversité et ses rites ancestraux préservés, l'archipel est riche de bien des merveilles.

● La capitale du « caillou »

Les attraits de la province sud se découvrent au départ de **Nouméa**, la capitale du « caillou », le surnom de Grande Terre. Vaste, arborée, animée, la place des Cocotiers se trouve près de la cathédrale Saint-Joseph qui domine le centre-ville. Les rues des environs sont bordées de belles maisons coloniales et d'un marché municipal aux étals odorants et colorés. Dans les hauteurs, le parc zoologique et forestier permet de s'initier à la faune et à la flore de l'île. Les musées disséminés dans la ville ont de passionnantes histoires à raconter : celui de la Ville de Nouméa fait revivre le bagne dans un bâtiment colonial entouré d'un vaste jardin, le Musée maritime rappelle l'expédition de La Pérouse, tandis que le Centre culturel Tjibaou, superbement dressé face à la baie de Magenta, est une belle introduction à la culture kanake. Autre aspect de la vie de l'île : l'Aquarium des lagons recrée les écosystèmes de l'île face à la baie de l'Anse Vata, mangrove et lagons, zone côtière et mer profonde. Dans le **Grand Nouméa** la nature prend vite le dessus. De nombreuses balades permettent de découvrir la mangrove d'Ouémo, la réserve marine du phare Amédée, le sentier tracé dans la forêt sèche de Fort Téréka, ou encore le sentier sous-marin du récif corallien de l'île aux Canards...

RANDONNÉE, SPORT ET NATURE

À TRAVERS LA PROVINCE SUD

- **Départ :** Nouméa
- **Arrivée :** Nouméa via le mont Mou
- **Distance :** circuit en boucle de 300 km environ

Sur l'île des Pins, le sommet du pic N'Ga (262 m) permet de jouir d'un magnifique panorama sur les îlots et les plages.

● L'île la plus proche du paradis

De retour dans la capitale, c'est sur le quai des ferrys que débute l'étape suivante. Une traversée en catamaran, parfois houleuse, mène en 2 h 30 à l'île des Pins. On dit qu'elle est « l'île la plus proche du Paradis », même si les insurgés de la Commune de Paris furent nombreux à y purger leur peine. Aujourd'hui dirigée par les tribus Kuniés, elle est incluse dans le Grand Lagon sud. Depuis le village de Vao, sa découverte peut débuter par l'ascension facile du pic N'Ga. Du haut de ses 262 m, on admire les pirogues à balanciers qui glissent dans les différentes baies aux eaux cristallines.

● De l'or sur le Mont-Dore

De retour à Nouméa, la route qui part en direction du sud mène au **Mont-Dore,** autrefois Mont d'Or lorsque des Mélanésiens y trouvèrent de l'or, puis transformé par des Auvergnats expatriés. Aux environs, intégrée dans les terres coutumières des clans du Sud, la réserve naturelle du **cap N'Dua** occupe plus de 800 ha. Dans l'intérieur des terres, le paysage est composé de forêts humides et de maquis miniers, mélange d'herbes et d'arbustes qui poussent sur le sol rouge de latérite si typique des montagnes du Grand Sud. La route traverse de nombreux creeks, nom local des cours d'eaux. Dans le ciel planent des balbuzards, et des notous, ces pigeons qui n'existent qu'en Nouvelle-Calédonie. Sur le littoral, la baie de Prony est parsemée d'îles et d'îlots et se divise en nombreuses baies secrètes. Posé au sommet d'un cône de terre rouge, le phare du **cap N'Dua** surplombe le canal de la Havannah. Construit

QUE VOIR, QUE FAIRE
EN NOUVELLE-
CALÉDONIE ?

- Assister à une fête traditionnelle de village
- Pratiquer la randonnée palmée ou la plongée pour découvrir les merveilles du lagon
- Découvrir la culture kanake au Centre culturel Tjibaou imaginé par Renzo Piano
- Visiter le fort Teremba, haut lieu de l'histoire du bagne et des révoltes kanakes, dans la région de la Foa-Moindou
- Participer au trail des Cagous dans le parc de la Rivière bleue, version familiale (7 km) ou sportive (80 km)
- Naviguer en catamaran, aller voir les baleines

NOUVELLE-CALÉDONIE

LES CONSEILS GEO

● Les plus

La France au bout du monde ! C'est ce que propose la Nouvelle-Calédonie. Tout en restant sur le territoire national, mais après un long vol, les visiteurs de Grande Terre et des îles Loyauté découvriront des paysages, une flore et une faune introuvables en métropole.

● Les variantes

Cet itinéraire est axé sur la province sud, mais celle du Nord possède aussi bien des charmes. Le Cœur de Voh, rendu célèbre par une photo de Yann Arthus-Bertrand pourrait en être le symbole. On s'y promène entre montagne et océan, dans les forêts exubérantes de la côte est et dans les longues plaines de savane sur la côte ouest. Dans cette province se trouve la zone du Grand Lagon nord et ses récifs. On peut aussi visiter les grottes d'Adio et de Koumac, les roches de Hienghene, ou admirer de nombreuses cascades à Colnette, Tao ou Bâ. La traversée de l'île mène jusqu'à la pointe de Poum, à l'extrémité de Grande Terre. Au large de la côte, les îles Loyauté, comme Maré, Lifou et Ouvéa, sont attirantes elles aussi. Grâce au label « Accueil en tribu des îles », on y découvrira une population plus authentique encore.

pour faciliter la navigation, il sert aussi d'observatoire pour suivre les pérégrinations des baleines à bosse, qui passent au large entre juillet et octobre. À défaut de cétacés, la vue sur le lagon, sur la baie de Prony et sur l'île Ouen suffisent à combler les amateurs de grands horizons. En suivant la côte, on se retrouve à **Port-Boisé** à l'extrémité de Grande Terre, en face de l'île des Pins. Son anse est une parfaite carte postale : plage bordée de cocotiers, eaux translucides protégées par une petite barrière de corail. Les routes de Goro puis de Touaourou mènent à **Yaté**. La piste qui pénètre à l'intérieur des terres révèle des étendues sauvages couvertes d'une végétation plantée dans un sol de poussière rouge. L'arrivée dans la plaine dévoile le lac artificiel de Yaté, dont une partie du lac se trouve dans le **parc de la Rivière Bleue,** qui couvre près de 10 000 ha. Dans la Maison du parc, des scientifiques du monde entier côtoient les visiteurs venus s'informer sur les pistes et les sentiers qui traversent les forêts de chênes-gommes, de kaoris et d'araucarias, les vestiges du passé minier, où apparaît le kagou huppé, oiseau emblématique de l'île dont le cri ressemble à un aboiement. Les voyageurs partent ensuite à la découverte du parc, séparé en deux secteurs. Une piste de 18 km accessible aux voitures traverse celui de la Rivière Blanche, au sud. Celui de la Rivière Bleue, au nord, se visite en empruntant la navette qui longe la rivière et mène au départ des divers sentiers, comme la Randonnée de la Grande Cascade ou celle

Des berges de terres rouges, des eaux bleues, le vert de la végétation : les paysages du lac Yaté présentent des contrastes frappants.

du sentier du Mois de mai. La balade du Sentier du Grand Kaori se perd dans la forêt noyée, jusqu'au grand arbre, le fameux kaori, haut de 40 m et probablement millénaire.

● Le lagon et sa barrière de corail

En se rapprochant de la côte est, la réserve botanique du **mont Mou** offre une nouvelle possibilité de randonner. Sur ses flancs, un sentier grimpe dur au milieu d'une forêt puis cède la place à un maquis minier qui découvre la vue sur une grande partie de la plaine de Païta, sur Dumbéa et jusqu'à Nouméa. En toile de fond, le lagon et sa barrière de corail se dessinent également. Plus haut, la végétation de fougères cède la place à une forêt de mousse, de grands arbres et de lianes. Le sommet, à 1 219 m, n'est pas le point le plus spectaculaire, car recouvert par la végétation. Il vaut mieux poursuivre son chemin sur l'autre versant, pour découvrir des traces d'exploitation minière avant de parvenir à l'épave du bombardier américain qui gît là depuis la Seconde Guerre mondiale. Une vue nouvelle s'offre au randonneur sur la chaîne de montagnes où sont visibles les monts Ouin et Humboldt. Le retour à Nouméa permet ensuite de boucler la boucle. ●

CARNET DE ROUTE

● **Les premiers contacts** Office de tourisme de Nouvelle-Calédonie 14, rue Jean-Jaurès – Place des Cocotiers – 98 800 Nouméa – (687)28.75.80 – N° Vert : 05.75.80 (appel local uniquement) – www.office-tourisme.nc

Destination province sud
www.destinationprovincesud.nc

● **La bonne période** Le climat océanique tropical est tempéré et très ensoleillé. La saison chaude s'étale de novembre à avril, avec une moyenne de 25 °C. Risque de précipitations, voire de cyclones. La saison sèche, de mai à septembre, est un peu plus fraîche et ressemble à notre printemps. Août est le mois le plus froid.

● **Les spécialités locales** Objets en vannerie, statuettes en bois et copies de masques mélanésiens, paréos traditionnels, bijoux et objets en corail noir... La stéatite, ou pierre à savon, est utilisée pour tailler des coffrets et d'autres objets. La Maison des Artisans de Nouméa donne un bon aperçu du savoir-faire local.

● **Les spécialités culinaires** La cuisine de Nouvelle-Calédonie est métissée, avec des influences françaises, indonésiennes, vietnamiennes et chinoises.

– Bougna, ragoût cuit dans des feuilles de bananier, qui mêle viande ou poisson avec du lait de coco, des ignames et des patates douces.
– Bœuf et cerf en civet ou en brochettes.
– Ragoût de roussette, chauve-souris locale.
– Poissons, crabes, langoustes, crevettes et coquillages.
– Papaye, ananas, mangue, fruit de la Passion... les fruits abondent et se transforment en confitures et en confiseries.
– Bière locale Number One, kawa-kawa – à base de racines de poivrier sauvage.

● **Les fêtes**
– **Nouméa :** la capitale fête le Mardi gras avec un défilé de personnages géants (fin février).
– **Boulouparis :** fête du Cerf et de la Crevette avec dépeçage de l'un, décorticage de l'autre et compétition d'imitation de brame (mai).
– **Farino :** marché du ver de Bancoule, ce gros ver blanc qui peut mesurer jusqu'à 10 cm (deuxième dimanche de septembre).
– **Païta :** fête du Bœuf avec rodéo et dégustations de viandes et de brochettes (14 novembre).
– **Sarraméa :** fête du Café, la spécialité locale (fin août).
– **Province sud :** Le Mois du patrimoine met en valeur l'histoire calédonienne (septembre).

NOUVELLE-CALÉDONIE

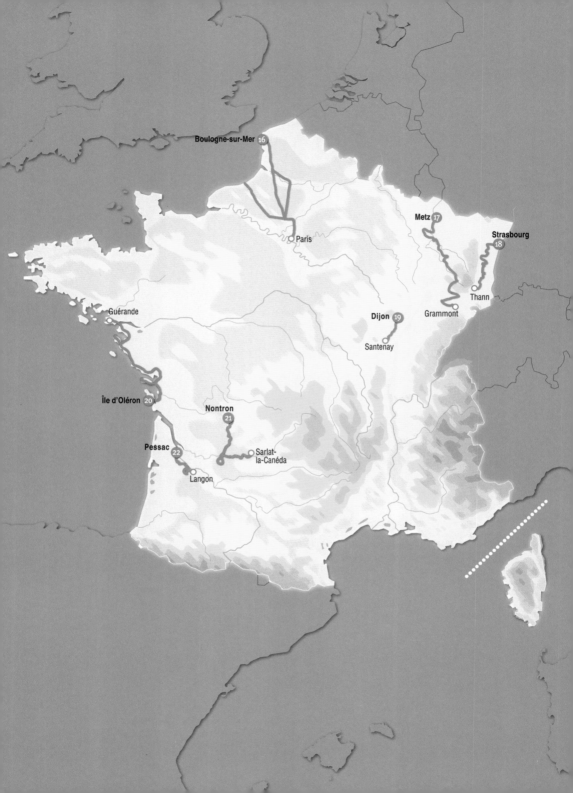

Boulogne-sur-Mer 16

Paris

Metz 17

Strasbourg 18

Thann

Grammont

Guérande

Dijon 19

Santenay

Île d'Oléron 20

Nontron 21

Sarlat-la-Canéda

Pessac 22

Langon

Gastronomie

La route des chasse-marée

Le poisson n'attend pas ! Pendant des siècles, des mareyeurs – les chasse-marée – ont roulé à tombeau ouvert sur les petites routes de France pour que leur cargaison partie des ports de la baie de Somme ou de Picardie parvienne au plus vite à Paris.

Le pas lourd des sabots d'un cheval, le fracas des roues sur les pavés, un fort fumet d'algues et de poissons : le chasse-marée vient de prendre la route. Direction Paris, à rejoindre aussi rapidement que possible ! Depuis le Moyen Âge et jusqu'à ce que le chemin de fer les remplace, des mareyeurs ont approvisionné la capitale et les autres villes de France en poissons de mer. On les appelait « chasse-marée », « voituriers de poissons de mer » ou « marchands de pescaille de mer ». Pour ce transport d'un genre particulier, ils utilisaient des voitures à deux roues, appelées ballons, tractées par des chevaux du Boulonnais. Des peintures anciennes montrent que les femmes, voire les enfants, avançaient dans les vagues pour décharger le plus rapidement possible la cargaison des bateaux. Ensuite, il fallait rouler à tombeau ouvert, malgré les dangers de la route et les arrêts aux octrois.

Les eaux de la mer du Nord

Boulogne-sur-Mer était souvent la ville de départ du chasse-marée. En effet, dans le détroit du pas de Calais, la ville profite des eaux poissonneuses de la mer du Nord et de la Manche. C'est aujourd'hui encore le premier port de pêche du pays. Les étals de poissons sont faciles à trouver, près de la passerelle Marguet et sur les planches de la promenade Jean-Muselet qui mène au jardin de Nausicaá, l'extraordinaire aquarium de la ville. Et si les chasse-marée n'arpentent plus les rues de la ville, le mareyage se pratique plus que jamais, dans la zone Capécure, l'immense centre de distribution des produits de la mer. Une visite de la criée s'impose. Ensuite, dans l'enceinte du port de pêche, les bars permettent de côtoyer les marins qui s'y donnent rendez-vous.

À l'embouchure de la Somme

Plus bas sur la côte, **Saint-Valery-sur-Somme** est aussi l'un de ces ports qui approvisionnaient Paris. À l'embouchure de la Somme, la petite ville en a conservé de nombreux souvenirs. On visite son massif entrepôt des sels construit en 1736, ses quais bordés par les belles

LA ROUTE DE LA MARÉE

- **Départ :** Boulogne-sur-Mer
- **Arrivée :** Paris
- **Distance :** 260 km

Une plage immense relie Ault et Cayeux-sur-Mer et le marais du hâble d'Ault.

demeures des familles d'armateurs et les rues parallèles du Courtgain, le quartier des marins. Dans la cité médiévale, dominée par le château, on admire les tours Guillaume et la tour Harold, avant de grimper jusqu'à l'abbaye de la ville haute, l'une des plus anciennes de Picardie. Comme Saint-Valery, **Cayeux-sur-Mer** a vu partir bien des chasse-marée. Outre son activité de pêche, le village est réputé pour ces beaux galets bleus du littoral, issus du silex des hautes falaises de craie de la région. Dans le village, on visite l'étonnante vieille église, probablement construite dès le XIIIe siècle, en briques et en galets. La chapelle des Marins, construite à la fin des années 1850, rappelle le riche passé maritime du quartier, lorsque les pêcheurs débarquaient directement leurs poissons sur la grève. En suivant le chemin de planches bordé de cabines de plage, il faut marcher longtemps sur l'infinie plage de Cayeux-sur-Mer avant de parvenir à la pointe du Hourdel, qui abrite depuis plusieurs siècles une colonie de phoques.

● Les étals de la capitale

Parmi tous les ports du littoral atlantique, celui de **Dieppe** dispose d'un atout majeur : il est situé à seulement 150 km de Paris, ce qui permettait de livrer plus rapidement les étals de la capitale. Dès le XIIe siècle, les pêcheurs dieppois ont profité de cet avantage, jusqu'en 1848, lorsque la ligne de chemin de fer mit Paris à 4 heures de transport. Si les chasse-marée ont disparu, les pêcheurs sont toujours là, faciles à trouver tant le port est

La faune

- Manier un cerf-volant ou piloter un char à voile sur les larges plages du Nord et de la Somme

- Visiter l'aquarium Nausicaá, Centre national de la mer à Boulogne-sur-Mer et le château-musée

- Visiter Aréna, le centre d'interprétation de l'environnement en banlieue de Boulogne, et profiter de ses randonnées d'été

- S'offrir le plaisir de se perdre dans le labyrinthe planté de 5 000 hêtres et charmes d'Artmazia à Massy, dans les environs de Dieppe

- Randonner en baie de Somme

LES CONSEILS GEO

● Les plus

Voir le ballet des chalutiers qui entrent et sortent des ports, fréquenter les marchés aux poissons, assister aux ventes à la criée et apprendre ainsi à mieux connaître le monde marin. Des amoureux des chevaux de trait ont ressuscité la route du Poisson sous la forme d'une course longue de près de 300 km qui relie Boulogne à Paris en 24 heures. L'organisation est irrégulière, mais des éditions sont organisées tous les deux ou trois ans.

● Les variantes

Le littoral méditerranéen est lui aussi ponctué d'agréables ports de pêche, comme ceux de Sète, de Sanary-sur-Mer, de Cassis, ou encore ceux du Grau-du-Roi et de Mèze. En Corse, les ports de Centuri et de Bonifacio sont aussi pleins de charme.

Plus proche de la capitale, le port de Dieppe permettait de livrer plus rapidement le poisson à Paris.

imbriqué dans la ville. La coquille Saint-Jacques est leur spécialité, mais aussi le hareng et d'autres espèces encore. Depuis 2011, le quai Trudaine accueille le nouveau marché aux poissons, ouvert au grand public tous les jours. Outre les activités liées à la pêche, la ville mérite une visite pour

CARNET DE ROUTE

● Les premiers contacts
Tourisme Côte d'Opale www.cote-dopale.com
Tourisme baie de Somme www.baiedesomme.fr
Office de tourisme de Boulogne-sur-Mer Parvis de Nausicaá, boulevard Sainte-Beuve – www.tourisme-boulognesurmer.com
Office de tourisme Dieppe-Maritime Pont Jehan-Ango – quai Carénage – BP 152 – 76204 Dieppe Cedex – 02.32.14.40.60 – www.dieppetourisme.com
Domaine de Chantilly www.domainedechantilly.com

● La bonne période
La météo n'est pas toujours clémente dans cette partie du territoire, et l'été semble préférable. Le voyage peut aussi suivre le rythme du calendrier des pêches pour profiter des arrivées de crevettes et de civelles entre février et juin, des poissons plats (limandes, soles, carrelets...) en juillet et août, des harengs d'octobre à décembre.

● La durée du voyage
Le touriste est moins pressé que le chasse-marée, et rien ne l'oblige à se dépêcher. Il prendra le temps de visiter les ports et les sites de la Côte d'Opale et de la baie de Somme avant de prendre la route de Paris.

● Les spécialités culinaires
– Soles, turbots, bars, limandes, grondins, carrelets, harengs, marinés ou grillés.

– Moules de bouchot, coquilles Saint-Jacques, coques (surnommées hénons en baie de Somme), crevettes grises (ou sauterelles).

– Caudière de pichons, ragoût de poissons que dégustent les pêcheurs lorsqu'ils sont en mer à bord de leurs chalutiers, papillotes de poisson au pesto, anguille fumée à la bière picarde, aumônière de poissons, turbot rôti à la bière, raie gratinée à la moutarde picarde, profiteroles aux coques.

– Sole aux parfums de pomme, cabillaud aux pointes de houblon, roulé de merlan sauce moutarde. À déguster de préférence dans un restaurant de bord de mer !

● Les fêtes
– **Boulogne-sur-Mer :** fête de la Mer (tous les 2 ans) et fête du Poisson (fin juillet à début août).

– **Berck-sur-Mer :** Rassemblement mondial de cerfs-volants (mi-septembre).

– **Saint-Valery-sur-Somme :** fête de la Vapeur (fin avril) et fête de la Mer dans le quartier des pêcheurs, avec deux jours de festivités en hommage aux marins disparus (août).

– **Dieppe :** la fête de la Mer (15 août), la foire aux Harengs et à la Coquille St-Jacques (novembre) et la Rue des Vikings (début juin) mettent la ville en fête.

GASTRONOMIE

C'est dans le cadre somptueux du château de Chantilly que s'est déroulé le drame du suicide de François Vatel.

son château construit en silex et en grès. Devenu un musée, il expose une collection d'ivoires sculptés et des toiles de Renoir, Braque ou Pissarro. En complément, une visite de l'Estran, la Cité de la mer, initie les visiteurs à la construction navale, à la pêche en mer et la découverte de l'environnement du littoral.

● Abbeville

Après ces escapades marines, il est temps d'entrer dans les terres, comme le faisait le chasse-marée. Abbeville était un passage presque obligatoire depuis les ports du Nord. Certaines livraisons passaient par Granvilliers, d'autres par Amiens avant de se diriger vers Paris. La route depuis Dieppe était plus brève, passant par Gisors, Méru et Gouvieux. Avant d'entrer dans la capitale, un arrêt s'impose au célèbre château de Chantilly. C'est le lieu du plus célèbre drame lié à la livraison de la marée, avec l'affaire du suicide de François Vatel, le 24 avril 1671. Après avoir servi Fouquet, il était au service du prince de Condé en son château de Chantilly. Et ce jour-là, son maître reçut Louis XIV. Par précaution, Vatel avait commandé son poisson à Dieppe, mais sa commande n'arrivait pas ! À bout de nerfs, il fixa son épée contre la porte de sa chambre et s'en transperça le corps. Cruauté de l'histoire : le chasse-marée arriva quelques heures plus tard. En sa mémoire, on visitera le domaine de Chantilly et son musée du Cheval, pour rendre hommage au boulonnais, le plus racé des chevaux de trait. Sans la solidité de ce cheval qui porte le nom de sa région d'origine, les convois ne seraient jamais arrivés à temps à Paris, étape ultime. C'est par le faubourg Poissonnière qu'ils pénétraient dans la capitale, par une rue dont le nom a conservé le souvenir. Les poissons étaient livrés aux Halles, jusqu'à leur déménagement à Rungis en 1969. Odorante et pleine de vie, la Halle à la marée occupait près d'un cinquième de la surface totale de ce « ventre de Paris » décrit par Émile Zola. Le chasse-marée avait achevé son travail. Les célèbres forts des Halles prenaient alors le relais. ●

Mirabelliers en fleur dans une vallée verdoyante de la région de Nancy, une image printanière typiquement lorraine

 # La route de la mirabelle

Reine de la Lorraine, la mirabelle a aussi sa terre d'accueil en Franche-Comté. Du Pays messin à la frontière du Doubs et de la Haute-Saône, en suivant les boucles de la Moselle, faites une escapade nature, culturelle et gourmande au pays de la perle jaune...

DU PAYS MESSIN AU PAYS DE VILLERSEXEL

- **Départ :** Metz
- **Arrivée :** Grammont
- **Distance :** 375 km

Un sol argilo-calcaire riche en fer, des températures n'excédant pas 25 °C, une alternance de nuits fraîches et de journées chaudes en été : voilà de quoi le mirabellier a besoin pour s'épanouir et livrer des fruits dorés à point et bien sucrés. La Lorraine, qui réunit ces conditions, est sa terre d'élection. Elle fournit aujourd'hui plus de 70 % de la production mondiale, soit environ 15 000 t de fruits par an. On y distingue deux grandes variétés, la mirabelle de Metz, la plus réputée, petite et jaune orangé, et celle de Nancy, plus grosse, à la peau tachetée de rouge. Plus au sud, le pays de Villersexel, l'autre pays de la mirabelle, regroupe 13 communes productrices réparties entre la Haute-Saône et le Doubs. Le fruit est ici petit, doré, et, d'après les Francs-Comtois, bien plus parfumé que son voisin lorrain !

De Metz à Nancy

L'itinéraire débute à Metz, où, chaque année à la fin du mois d'août, depuis 1947, se tient la plus grande fête lorraine consacrée à la mirabelle. Baignée par la **Moselle** et la **Seille**, élevée sur trois îles reliées entre elles par de nombreux ponts, la capitale de la Lorraine se découvre idéalement au fil de l'eau et de ses quais. Elle recèle un patrimoine architectural exceptionnel, le point d'orgue étant la cathédrale Saint-Étienne, surnommée « lanterne du bon Dieu » en raison de ses immenses ver-

rières. Autre emblème du Vieux Metz, la place Saint-Louis et ses maisons médiévales à arcades. Plus récent, le quartier impérial séduit par ses édifices néoromans et Art déco, tandis que le centre Pompidou impose sa silhouette avant-gardiste, évoquant un chapeau chinois tressé, dans le nouveau quartier de l'Amphithéâtre.

L'itinéraire se poursuit vers le sud, par la D 657. Cette route champêtre, qui permet d'observer le parcours tortueux de la Moselle, file jusqu'à **Pont-à-Mousson**, une cité de charme bâtie de part et d'autre de la rivière. La ville accueillit, en 1572, la première université de Lorraine, et acquit une réputation internationale au XIXe siècle grâce à ses fonderies. La tradition est restée : les canalisations en fonte qui équipent la plupart des réseaux d'eau en France et les plaques d'égout qui émaillent les routes sortent des usines Saint-Gobain implantées ici. Une promenade s'impose rive gauche, où se trouve la place Duroc, qui forme un vaste triangle bordé de demeures Renaissance à arcades. À deux pas, l'insolite musée **Au fil du papier** abrite une collection unique d'objets et de meubles Napoléon III, laqués et dorés, ornés de chinoiseries, le tout en papier mâché. La route quitte provisoirement le lit de la Moselle pour rejoindre à l'ouest le plus grand lac de Lorraine, **le lac de Madine**. Pêche de nuit ou de jour, sports nautiques, promenades à vélo, baignade : le lieu est propice à la détente et aux loisirs. Fin août, se tient ici le joyeux **Raid de la mirabelle**, qui associe les plaisirs de la bouche aux challenges sportifs et intellectuels. De retour vers l'est, l'itinéraire passe par **Liverdun**, charmante cité médiévale nichée dans un coude de la Moselle, au cœur d'un magnifique paysage de forêt, pour se diriger vers **Nancy,** la capitale de l'Art nouveau, où l'on ne peut manquer, outre la célèbre place Stanislas, le musée de l'école de Nancy, le quartier Art nouveau abritant la villa Majorelle, et le musée des Beaux-Arts renfermant, entre autres trésors, les collections Daum et Jean Prouvé.

● Vers la haute vallée de la Moselle

Au sud de Nancy, la D 570 mène à **Flavigny-sur-Moselle**, un village s'étendant le long d'un méandre du fleuve. Bordé par la forêt et les étangs,

QUE VOIR, QUE FAIRE SUR LA ROUTE DE LA MIRABELLE ?

- Profiter de la mirabelle : la déguster, en boire (sans excès), en visiter la maison, suivre son sentier, participer à son raid
- Faire le tour de Metz en bateau
- Visiter le musée Au fil du papier à Pont-à-Mousson, le musée de l'Image à Épinal et le château de Villersexel
- Se baigner dans le lac de Madine
- Admirer la place Stanislas à Nancy et les hauts lieux de l'Art nouveau
- Faire du vélo le long du canal de l'Est
- Se détendre dans les thermes de Plombières ou de Luxeuil
- Monter sur la colline Notre-Dame-du-Haut
- Flâner dans le Vieux-Vesoul
- Faire une promenade équestre dans le pays de Villersexel
- Pêcher et faire du canoë-kayak dans l'Ognon

LA ROUTE DE LA MIRABELLE

LES CONSEILS GEO

● Les plus

Le circuit permet d'allier les promenades dans la nature, le sport, les loisirs, les visites culturelles et les plaisirs gustatifs. La campagne est belle et vallonnée. Parsemée d'étangs, traversée par les cours d'eau et marquée par la forêt, elle recèle des villages de caractère où il fait bon déambuler.

● Les variantes

À partir de la colline Notre-Dame-du-Haut, il est possible d'éviter Vesoul pour suivre la route des villages fleuris au sud de Lure, via Frotey-lès-Lure, Lyoffans, Vouhenans, Moffans-et-Vacheresse, etc. (se renseigner à l'office du tourisme de Lure) puis poursuivre vers Villersexel par Oricourt pour visiter le château médiéval.

le canal de l'Est permet à ce niveau d'agréables promenades pédestres ou à vélo. L'itinéraire rejoint ensuite **Rozelieures**. Entouré de vergers de mirabelliers, le village abrite la **Maison de la mirabelle**, où sont proposés des parcours pédagogiques, la visite d'une distillerie et des dégustations. Direction Charmes, site de la célèbre bataille de la « trouée de Charmes » en 1914, puis **Épinal**. Bâtie sur les deux rives de la Moselle, la ville honore sa tradition imagière au **musée de l'Image**, l'un des sites les plus visités de Lorraine. À 27 km au sud, la ville de **Remiremont** est joliment située dans la haute vallée de la Moselle. C'est l'une des portes du parc naturel des Ballons des Vosges. Traversée par la rue Charles-De-Gaulle, pittoresque avec ses maisons à arcades fleuries, elle est le siège d'une célèbre abbatiale et abrite de beaux monuments. Au sud de la ville, la promenade du Calvaire offre un joli panorama sur la vallée de la Moselle. **Plombières-les-Bains,** qui s'étend dans la riante vallée de l'Augronne, est la dernière étape en Lorraine. Il s'agit du plus ancien site thermal des Vosges. Ses sources chaudes, découvertes par les Romains, sont notamment indiquées dans le traitement des rhumatismes. Le roi Stanislas, Montaigne, Voltaire ou encore Napoléon III ont fréquenté la station, qui concentre plusieurs établissements thermaux, dont les thermes Napoléon, édifice fastueux rappelant les splendeurs du Second Empire.

La chapelle Notre-Dame-du-Haut à Ronchamp, conçue par Le Corbusier

GASTRONOMIE

● En Franche-Comté

La route quitte la Lorraine pour la Franche-Comté, direction **Luxeuil-les-Bains**, par Fougerolles, le « pays de la cerise », célèbre pour son kirsch et ses griottines. De Luxeuil, ville thermale renfermant de beaux thermes en grès rose des Vosges, direction Ronchamp par la D 74 à travers les vallées boisées, pour se rendre sur la **colline Notre-Dame-du-Haut**, dominée par un ensemble d'édifices religieux contemporains signés Le Corbusier, Jean Prouvé et Renzo Piano, au cœur d'un site offrant des vues spectaculaires sur les ballons des Vosges. Immortalisée par Jacques Brel, **Vesoul** est l'étape suivante. On déambule dans le quartier historique, qui s'étire au pied de la colline de la Motte, dans ses rues et venelles bordées de façades élégantes. Direction **Villersexel**, une cité de caractère traversée par l'Ognon, dominée par un château de style Louis XIII. Nous sommes arrivés au pays de la mirabelle, cultivée ici depuis le xixe siècle, en remplacement des vignes atteintes par le phylloxéra. Autour de **Fallon et Grammont**, deux des 13 communes appartenant au pays de la Mirabelle, un sentier balisé sur le thème de la petite prune jaune offre une promenade agréable au milieu des vergers et à travers les bois. ●

CARNET DE ROUTE

• **Premiers contacts**   Office de tourisme de Metz – 2, place d'Armes – 57007 Metz – 03.87.55.53.76 – www.tourisme.metz.fr

• **La maison de la Mirabelle**   16, rue Capitaine-Durand – 54290 Rozelieures – 03.83.72.32.26 – www.maisondelamirabelle.com

• **Office de tourisme du pays de Villersexel**   33, rue des Cités – 70110 Villersexel – 03.84.20.59.59 – www.ot-villersexel.fr

• **La bonne période**   Le printemps est une belle saison. Les mirabelliers sont alors couverts de fleurs blanches tandis que le bois de Fallon, dans le pays de Villersexel, est tapissé de jonquilles. La fin août, saison de la mirabelle et des fêtes qui lui sont dédiées, est bien sûr indiquée. En décembre, l'air est frais, mais l'atmosphère est agréable. On profite de la fête de la Saint-Nicolas et des marchés de Noël qui donnent à la Lorraine une ambiance conviviale.

• **La durée du voyage**   Pour profiter des attractions qu'offrent la Lorraine et la Haute-Saône, il faut compter au minimum 5 jours.

• **Le coût moyen**   Selon l'hébergement choisi (camping ou hôtel), la nuitée peut varier de 20 à 100 €.

• **La logistique**   Le circuit se fait de préférence en voiture. La logistique ne pose alors aucun problème, les villes et bourgs traversés étant bien dotés en hébergements (hôtels, chambres d'hôtes et campings). Sur 5 jours, on peut faire étape à Nancy, Épinal, Luxeuil-les-Bains ou Plombières-les-Bains, puis Villersexel.

• **Les spécialités locales**   La cristallerie, la verrerie, l'ébénisterie à Nancy, la dentelle de Remiremont.

• **Les spécialités culinaires**
– Quiche lorraine, potée lorraine, baba au rhum, eau-de-vie à la mirabelle, kirsch, bergamote de Nancy, madeleine de Commercy et de Liverdun, caramel à la mirabelle du Père Grasmuck (Lorraine).
– Jambon de Luxeuil, gandeuillot, croûte aux champignons, saucisse de Morteau, saucisse de Montbéliard, cancoillotte, comté, vin jaune, miel, Griottines®, chiquand'li, un chocolat fourré à la pâte de fruit de mirabelle (Franche-Comté).

• **Les fêtes**
– Dans toute la Lorraine : la Saint-Nicolas (6 décembre).
– Metz : les Mongolfiades (fin août).
– Metz, Nancy, Bayon : fêtes de la Mirabelle (fin août).
– Heudicourt-sous-les-Côtes : Raid de la mirabelle (fin août).
– Nancy : foire de Nancy (avril), Nancyphonies (juillet-août).
– Épinal : les Champs golots (samedi des Rameaux), le festival des Mondes imaginaires (mai).
– Remiremont : carnaval vénitien (dernier week-end de mars).
– Plombière-les-Bains : festival international d'Orgue de Barbarie (août).
– Vesoul : festival international des Cinémas d'Asie (février), festival Jazz en Franche-Comté (juin), foire de la Sainte-Catherine (25 novembre).

La route des vins d'Alsace

Inaugurée en 1953, la route des vins d'Alsace est l'une des plus anciennes routes touristiques de France. Jalonnée de superbes cités viticoles et de forteresses, elle serpente à travers un idyllique paysage vallonné, au pied des monts vosgiens.

Le vignoble alsacien s'étend sur une centaine de kilomètres, le long d'un étroit terroir délimité au nord par Marlenheim, et au sud par Thann. Au cœur d'un paysage de carte postale, les vignes en terrasses, toujours remarquablement alignées, s'étagent sur les flancs des collines descendant des monts boisés des Vosges. Ça et là, les coteaux se hérissent de donjons et de châteaux abandonnés, tandis que les bourgs viticoles, protégés derrière leurs remparts, déroulent d'étroites ruelles bordées de maisons colorées et fleuries. Fait inhabituel, c'est dans les caves des villages, et non au cœur du vignoble, que s'élaborent les vins en Alsace. Provenant de sept cépages principaux – sylvaner, gewurztraminer, riesling, pinot gris, muscat, pinot blanc et pinot noir, seul cépage rouge ou rosé de la région –, ils sont présentés dans une bouteille typique et élancée, la flûte.

À travers le Bas-Rhin

Les premières dégustations auront lieu dans les winstubs traditionnelles de **Strasbourg**, point de départ de l'itinéraire. Entourée par deux bras de rivière, la Grande Île est le quartier historique de la ville. La cathédrale Notre-Dame, ciselée dans le grès rose des Vosges, domine cette enclave médiévale regorgeant de monuments, bordée à l'ouest par la pittoresque Petite France : arborant de coquettes maisons à colombage se reflétant dans les canaux, le site était jadis occupé par les tanneurs, les meuniers et les pêcheurs. La route emprunte la D 1004 pour rejoindre la ville de **Marlenheim**, la porte nord de la route des vins. De Wangen, gardé par deux portes médiévales, à Avolsheim, abritant un curieux baptistère en forme de trèfle à quatre feuilles et peut-être la plus vieille église d'Alsace, les bourgs charmants se succèdent. **Molsheim** est une étape incontournable. Bastion de la Contre-Réforme à

GASTRONOMIE

LES CONSEILS GEO

● Les plus

Cette route magnifique permet d'allier les plaisirs de la bouche, les promenades à pied ou à vélo au cœur d'une nature saisissante et la visite des joyaux de l'Alsace comme Strasbourg, Colmar, le château du Haut-Kœnigsbourg, et maints villages de caractère.

● Les variantes

Thann, dernière étape de la route des vins, est situé au départ de la route des Crêtes, qui remonte, sur quelque 80 km, jusqu'au col du Bonhomme. On pourra l'emprunter pour admirer les paysages de la chaîne des Vosges, avec ses ballons, ses cols, ses lacs et ses pâturages.

Une winstub traditionnel et sa façade de bois, dans le Vieux Strasbourg

la Renaissance, il a hérité de son prestigieux passé un important patrimoine civil et religieux. C'est aussi le terroir du célèbre bruderthal, classé alsace grand cru. Son vignoble bénéficie d'un microclimat et d'une situation idéale à 300 m d'altitude ; un sentier jalonné de panneaux explicatifs permet de le découvrir. L'itinéraire se poursuit en direction de **Rosheim**. Au carrefour de la route romane d'Alsace et de la route des vins, la cité médiévale conserve de ses deux enceintes des portes massives. Elle renferme une église typique de l'architecture rhénane et la plus ancienne demeure de la région, dite « maison païenne » et remontant au XIIe siècle. À partir de Rosheim, la route prend de l'altitude et domine la plaine. De loin en loin, perchés sur des éperons, surgiront régulièrement des châteaux en ruine : ceux de Landsberg, d'Ottrot, de l'Ortenbourg, etc. Ottrot, qui peut se targuer d'en abriter deux, se situe dans un vignoble produisant les rares vins rouges de l'Alsace. **Obernai**, ville natale de sainte Odile, Saint-patron de l'Alsace, possède un centre ancien contenu dans ses remparts. La Halle aux blés, remarquable avec son pignon pointu, le beffroi, l'hôtel de ville

L'ALSACE DU NORD AU SUD PAR LES CITÉS VITICOLES

- **Départ :** Strasbourg
- **Arrivée :** Thann
- **Distance :** 160 km

gothique, les belles maisons à colombage sont quelques-uns des édifices médiévaux ou Renaissance qui donnent à la ville son cachet.

● De Barr à Riquewihr

Direction le superbe village de **Barr**, où sont produits des vins de choix, notamment le gewurztraminer. Puis c'est le bourg pittoresque de **Mittlebergheim**, avec ses maisons accrochées à flanc de coteau, le vieux village d'**Andlau** dominé par un puissant château fort, et **Dambach-la-Ville**, cité viticole de renom offrant, depuis la chapelle Saint-Sébastien et le château de Bernstein, de vastes panoramas sur la plaine d'Alsace et le vignoble. Un détour à **Sélestat**, située à l'écart de la route des vins, s'impose : cette ville influente au Moyen Âge possède la seule Bibliothèque

humaniste de France. Elle conserve de précieux manuscrits, les plus anciens datant de l'époque mérovingienne. De Sélestat, l'itinéraire emprunte la D 159, direction l'un des monuments les plus visités d'Alsace : le château médiéval du **Haut-Kœnigsbourg** qui, perché à 757 m au sommet d'un piton, domine la plaine rhénane. L'itinéraire rejoint la route des vins pour traverser, jusqu'à Colmar, les vignobles les plus réputés d'Alsace. Après Saint-Hippolyte, elle gagne **Ribeauvillé**. Dominé par trois châteaux, arborant des maisons colorées à pans de bois et un patrimoine d'exception, il doit sa célébrité à ses vins fameux, le traminer et le riesling. Une fontaine ornée d'une statue de vigneron rappelle le long passé viticole de la cité. La route gagne **Riquewihr**, la « perle du vignoble », classée parmi les Plus Beaux Villages de

CARNET DE ROUTE

● **Les premiers contacts**   Office de tourisme de Strasbourg et sa région   17, place de la Cathédrale – BP 70020 – 67082 Strasbourg Cedex – 03.88.52.28.28 – www.otstrasbourg.fr

● **La bonne période**   Entre mai et octobre, le vignoble alsacien est resplendissant. C'est la meilleure période pour le parcourir. La région s'anime alors de nombreux festivals, foires et fêtes du vin.

● **La durée du voyage**   Le trajet n'est pas long, mais il faut prévoir 3 jours au minimum tant il y a de choses à découvrir.

● **La logistique**   La route des vins d'Alsace étant un itinéraire touristique, les hébergements (hôtels, chambres d'hôtes et campings) et restaurants sont nombreux sur tout le parcours. Accès à Strasbourg en voiture par l'A 4 depuis Paris (4 h 45), par l'A 36 depuis Lyon (5 heures), par le TGV depuis toutes les grandes villes, ou par avion. Pour le retour, depuis Thann, rejoindre l'autoroute ou prendre le TGV à Mulhouse. Pour les amateurs de cyclisme, une véloroute est aménagée de Molsheim à Thann.

● **Les spécialités locales**   La facture d'orgues, la poterie, la verrerie, l'imagerie populaire, les indiennes.

● **Les spécialités culinaires**
– Bretzels, fromage de tête.
– Choucroute, baeckeoffe, civet de lapin, flammekueche, matelote, spätzle, tourte vigneronne, quenelles de foie.

– Munster, bibeleskäs (fromage blanc fermier).
– Kougelhopf (gâteau brioché), petits gâteaux de Noël appelés bredele.
– Bière, vin chaud à Noël, schnaps.

● **Les fêtes**
– **Strasbourg :** Le Printemps des bretelles, festival d'accordéon (mars), festival Nouvelles Danses Performance (mai), Strasbulles, festival de la Bande dessinée (début juin), festival de Musique classique (juin), festival de Jazz (juillet), festival Strasbourg-Méditerranée (décembre).
– **Molsheim :** fête du Raisin (2e week-end d'octobre).
– **Obernai :** festival « Pisteurs d'Étoiles » (fin avril-début mai), festival d'Orgue (juillet-août), Les Estivales d'Obernai, concerts gratuits (juillet-août), soirées Folklore et Tartines (juillet-août), festival de Musique de chambre (fin juillet), foire aux Vins (août), fête d'Automne (septembre ou octobre).
– **Barr :** foire aux Vins (juillet), fête des Vendanges (début octobre).
– **Sélestat :** Corso fleuri (août).
– **Ribeauvillé :** fête des Ménétriers (tous les dimanches de septembre).
– **Colmar :** festival international de Musique classique (juillet), festival et foire aux Vins d'Alsace (août), festival de Jazz (septembre), festival du Film (octobre).
– **Thann :** Crémation des trois sapins (30 juin).
– **Dans toute l'Alsace :** les marchés de Noël.

GASTRONOMIE

Parmi les merveilles du musée Unterlinden de Colmar, la cave à vin et ses gigantesques tonneaux sculptés d'époque Louis XV

France. Blotti à l'intérieur de remparts assiégés par la vigne, renfermant plusieurs musées, il déroule une suite infinie de demeures à colombage sculptées, élevées entre les XIIIᵉ et XVIIIᵉ siècles autour de cours intérieures fleuries, ornées de puits et de fontaines.

Vers le sud de l'Alsace

La route se poursuit jusqu'à **Colmar**, ville typiquement alsacienne, où le colombage règne en maître. On se plaira à flâner dans la ville ancienne, dotée de demeures Renaissance, dans le quartier de la Petite Venise érigé de part et d'autre de la Lauch, abritant une fontaine du Vigneron signée Bartholdi, et dans l'ancien quartier des Tanneurs remarquablement restauré. Le musée Unterlinden, qui occupe un ancien couvent, doit sa renommée internationale à ses tableaux primitifs, notamment au retable d'Issenheim, chef-d'œuvre de Matthias Grünewald. La route traverse **Wettolsheim**, terre natale du vignoble alsacien, **Eguisheim**, patrie de plusieurs grands crus et l'un des Plus Beaux Villages de France, **Husseren**, point culminant du vignoble et point de départ du circuit pédestre dit « des cinq châteaux », puis **Soultzmatt**, connue pour ses vins comme pour ses eaux thermales. S'étendant le long de la Lauch, **Guebwiller** séduit par sa situation, au pied du Grand Ballon des Vosges et au cœur de la riante « vallée des fleurs ». La route des vins prend fin à quelque 20 km de là, à **Thann**, réputé pour sa riche église gothique et son grand cru rangen.

- Découvrir Strasbourg en bateau, visiter ses musées et son centre ancien

- Déguster les grands crus alsaciens, visiter les caves, se promener sur les sentiers viticoles

- Voir la collection de manuscrits et d'incunables à la Bibliothèque humaniste de Sélestat

- Partir à l'assaut des châteaux forts qui scandent la route, visiter celui du Haut-Kœnigsbourg

- Flâner dans quelques uns des Plus Beaux Villages de France, comme Riquewihr et Husseren

- Visiter Colmar, ses quartiers typiques et le musée Unterlinden abritant le fameux retable d'Issenheim

LA ROUTE DES VINS D'ALSACE

La route des grands crus de Bourgogne

De bourgs opulents en domaines mondialement réputés, par de douces collines plantées de vignes, une route prestigieuse, offrant, sur 70 km à peine, de découvrir le célèbre vignoble de la Côte d'Or. Bienvenue sur les « Champs-Élysées de la Bourgogne »...

Jalonnée de panneaux à fond marron portant le dessin d'une grappe de raisin, la route des grands crus traverse les plus nobles vignobles de Bourgogne. Celui de la **Côte de Nuits,** exposée à l'est, s'étend sur une bande relativement étroite du sud de Dijon à Corgoloin. Il livre de prestigieux vins rouges, puissants et corsés, issus du cépage pinot noir. Parmi les plus fameux : le musigny, le chambertin, le clos-vougeot et la romanée-conti. Le vignoble de la Côte de Beaune, orientée au sud-est, s'étend de Ladoix-Serrigny à Santenay. Ici sont produits d'excellents vins rouges, plus souples et vieillissant plus vite que ceux de la Côte de Nuits, et les plus grands vins blancs du monde, issus du cépage chardonnay, tels le meursault ou le montrachet.

● À travers la Côte de Nuits

L'itinéraire débute à **Dijon.** Rayonnant sous l'influence des ducs de Valois, aux XIVe et XVe siècles, puis au Siècle des lumières suite à la fondation de l'université et de l'académie, la capitale de la Bourgogne conserve les traces de sa brillante histoire. En témoigne le palais des ducs de Bourgogne, qui abrite le passionnant musée des Beaux-Arts, et le quartier qui l'entoure, bordé de riches hôtels particuliers. Commençant au sud de Dijon, la route des grands crus emprunte **la D 122,** qui conduit à **Chenôve,** où l'on ne manquera pas d'admirer, au Clos du Roi, deux énormes pressoirs du XIIIe siècle. Elle se poursuit vers **Marsannay-la-Côte,** où sont produits les seuls vins rosés de la côte. Au sud de Couchey, le hameau de **Fixey** renferme une belle église dédiée à saint Antoine, à la toiture en pierre de lave surmontée d'un clocher en tuile vernissée. Claude Noisot, un vétéran des campagnes de l'Empire, habita le village voisin de **Fixin.** Fervent admirateur de Napoléon, il fit élever dans le parc de sa propriété

GASTRONOMIE

LA TRAVERSÉE DE LA CÔTE DE NUITS ET LA CÔTE DE BEAUNE

● **Départ :** Dijon
● **Arrivée :** Santenay
● **Distance :** 69 km

Les parcelles de vignes le long de la route menant à Chambolle-Musigny, situé au nord de Vougeot, réputé pour ses grands crus

100 marches, pour rappeler les Cent-Jours, ainsi qu'un musée consacré à l'Empereur ; il commanda également au sculpteur dijonnais François Rude une statue représentant *Napoléon s'éveillant à l'Immortalité*. La D 122 passe devant le **château de Brochon**, un édifice néo-Renaissance abritant un lycée, pour conduire à **Gevrey-Chambertin**, dont le célèbre vignoble, qui s'étend sur 300 ha environ, produit 9 des 33 grands crus AOC de Bourgogne. Le bourg est dominé par une forteresse médiévale flanquée de tours carrées, qui dépendait jadis de l'abbaye de Cluny. Il est bordé, à l'ouest, par la **réserve naturelle de la Combe Lavaux-Jean Roland**, qui offre de belles randonnées dans un paysage de falaises et de roches. Direction Vougeot et son vénérable **château du clos de Vougeot**. Élevé au Moyen Âge par les moines de l'abbaye de Cîteaux au milieu des vignes, ce superbe édifice fut complété au XVIᵉ siècle. Le domaine appartient aujourd'hui à la Confrérie des chevaliers du Tastevin, fondée dans l'entre-deux-guerres afin de défendre et de faire connaître la Bourgogne, son folklore, ses traditions, sa gastronomie et ses vins. D'une renommée désormais internationale, la puissante confrérie organise dans le château 16 banquets

QUE VOIR, QUE FAIRE SUR LA ROUTE DES GRANDS CRUS DE BOURGOGNE ?

- Se promener dans le quartier du palais des ducs de Bourgogne à Dijon
- Faire quelques dégustations dans les domaines émaillant la Côte d'Or
- Goûter au fromage fabriqué par les moines de l'abbaye de Cîteaux
- Visiter Beaune, flâner le long des remparts et dans ses rues anciennes bordées de monuments classés, voir son musée du Vin
- Sillonner la région à vélo
- Randonner dans l'arrière-Côte de Nuits, marquée par un paysage de combes

LES CONSEILS GEO

● Les plus

La traversée de l'un des vignobles les plus renommés du monde, le long d'un itinéraire praticable en voiture comme à vélo. La route plaira aux amateurs de terroir et de bonne chère, et aux amoureux de patrimoine.

● Les variantes

Il est possible de prolonger cette route gourmande par le nord et/ou par le sud. Par le nord : la route des vins de l'Yonne, au départ de Joigny, traverse Tonnerre, Chablis, Auxerre et Vézelay. Par le sud : à partir de Santenay, la route des grands crus laisse place à celle des grands vins, qui longe la côte chalonnaise jusqu'à Saint-Gengoux-le-National. La route des vins du Mâconnais poursuit vers le sud jusqu'à Mâcon.

par an, réunissant plusieurs centaines de convives. À l'issue de ces chapitres, les nouveaux membres sont intronisés, suivant un rituel bien établi. Le château se visite. On y découvre entre autres une cuverie aux pressoirs monumentaux, un grand cellier du XIIe siècle, où se tiennent les cérémonies de la confrérie, et une cuisine du XVIe siècle dotée d'une gigantesque cheminée. La route des grands crus, qui emprunte à partir de Vougeot **la D 974**, se poursuit vers **Vosne-Romanée** puis **Nuits-Saint-Georges**, une petite ville cossue qui donna son nom à la côte. Bien qu'aucun ne soit classé grand cru, ses vins charpentés sont réputés dans le monde entier. Emblème de Nuits, le beffroi d'inspiration flamande renferme un carillon qui continue de rythmer la vie de la cité. Autre édifice remarquable : l'église Saint-Symphorien, dans laquelle on admirera le buffet d'orgue, l'escalier tournant en bois du XVIe siècle et des fresques Renaissance. Avant de pénétrer dans la Côte de Beaune, on pourra faire un léger crochet pour visiter **l'abbaye de Cîteaux**. Chassés sous la Révolution, les moines ne reprirent possession des lieux qu'en 1898. Suivant la règle de saint Benoît, qui encourage le travail manuel, ils vivent de la fabrication d'un savoureux fromage de lait de vache, en vente à l'abbaye.

CARNET DE ROUTE

● **Les premiers contacts** Office de tourisme de Dijon   15, cour de la Gare – ou 11, rue des Forges – 21000 Dijon – 08.92.70.05.58 – www.visitdijon.com

● **La bonne période** Il est conseillé de partir entre mai et octobre, la saison idéale se situant au début de l'automne, quand la nature se pare de teintes ocre et dorées, qui auraient valu son nom à la Côte d'Or. À cette période, le soleil est encore bien présent.

● **La durée du voyage** En voiture, l'itinéraire peut se faire en 2 jours.

● **La logistique** Pour venir à Dijon en voiture, il faut 3 heures depuis Paris (par l'A 6 puis l'A 38) et 1 h 45 depuis Lyon (par l'A 6). En TGV, comptez 1 h 40 au départ de Paris et 1 h 30 au départ de Lyon. Par la ligne TGV Rhin-Rhône : 30 min depuis Besançon, 1 h 15 depuis Mulhouse, 2 h 15 depuis Strasbourg. Très nombreuses chambres d'hôtes tout au long du parcours et plusieurs campings bien aménagés (à Dijon, Premeaux-Prissey, Beaune, Meursault et Santenay).

● **Spécial cyclistes** L'itinéraire se prête parfaitement au cyclisme. Comptez 3 jours (avec par exemple des étapes à Nuits-Saint-Georges puis à Beaune). À l'office du tourisme de Dijon (antenne rue des Forges), possibilité de louer des vélos et d'obtenir des conseils d'itinéraires. Entre Beaune et Santenay, suivre la véloroute appelée voie des vignes.

● **Les spécialités culinaires**
– Moutarde de Dijon, escargots de Bourgogne, époisses, kir, pain d'épice.
– Bœuf bourguignon, coq au vin, jambon persillé, poulet Gaston-Gérard (du nom du gastronome, humoriste et maire de Dijon de 1919 à 1935), pochouse, lapin à la moutarde, œufs en meurette, potée bourguignonne.

● **Les fêtes**
– **Dans une commune du vignoble changeant tous les ans :** Saint-Vincent tournante (fin janvier-début février).
– **Dijon et diverses communes de Bourgogne :** Art Danse Bourgogne, festival de danse contemporaine (fin janvier).
– **Dijon :** Estivade (juin-juillet), Foire internationale et gastronomique (début novembre), fête du Pain d'épice (début décembre).
– **Vougeot, Beaune et Meursault :** les « Trois Glorieuses », chapitre au clos de Vougeot, vente des Hospices de Beaune et Paulée de Meursault (sur 3 jours le 3e week-end de novembre).
– **Nuits-Saint-Georges :** vente des Hospices de Nuits-Saint-Georges (mars), fête du Vin bourru (fin octobre).
– **Beaune :** festival international du Film policier (début avril), festival international de Musique baroque (juillet).

GASTRONOMIE

À travers la Côte de Beaune

Ceinturée de remparts, **Beaune** est une cité d'art et d'histoire au patrimoine d'exception. Elle concentre pas moins de 34 édifices classés monuments historiques, parmi lesquels l'hôtel-Dieu, chef-d'œuvre de l'art burgondo-flamand, qui servit d'hôpital du xve siècle jusqu'au début des années 1970. Les amateurs de vieilles pierres flâneront le long des remparts et dans les rues bordées d'hôtels particuliers, de demeures anciennes et d'églises. Capitale des vins de Bourgogne, Beaune regroupe un grand nombre de caves ouvertes à la visite et un musée du Vin de Bourgogne sis dans le magnifique hôtel des ducs de Bourgogne. À l'étage, la salle dite de l'Ambassade des vins de France est ornée de deux grandes tapisseries, dont l'une, intitulée *Le Vin, source de vie*, est signée Jean Lurçat. À 3 km au sud de Beaune, **Pommard** produit de grands crus à la renommée séculaire. Henri IV, Louis XV, Victor Hugo ou Flaubert les appréciaient. Le château

Les caves de l'hôtel-Dieu de Beaune, avec son toit de tuiles vernissées typique de l'architecture bourguignonne, abritent la réserve des vins des Hospices.

de Pommard, édifice élégant de style classique, se visite. Dans ses caves immenses du XVIIIe siècle reposent environ 300 000 bouteilles et 600 fûts… À partir de Meursault, la route quitte le temple du vin rouge pour entrer au royaume des grands vins blancs. Fleuron de la Côte de Beaune, **le château de Meursault**, élevé au XIe siècle, est associé à un domaine vinicole de 60 ha. C'est ici que se déroule la fameuse Paulée de Meursault. Jadis, ce grand festin destiné à célébrer la fin des vendanges réunissait patrons et ouvriers agricoles. De nos jours, le banquet rassemble vignerons, négociants, clients et amis du château. La règle veut que chaque convive apporte une bouteille de vin, d'un grand cru bien entendu. À l'issue de la fête, un prix est décerné à un écrivain amateur de bourgogne et de la Bourgogne, qui reçoit en récompense 100 bouteilles de meursault. La route des grands crus se poursuit vers **Chassagne-Montrachet** et se termine à **Santenay**, une cité attrayante, réputée pour son vin, mais aussi pour ses eaux thermales fortement salines. ●

La route du sel

D'Oléron à Guérande, les marais salants dessinent une partie du paysage de la côte atlantique. Avec quelques outils ancestraux, sauniers et paludiers y font naître le sel, toujours prêts à partager l'art de la paluderie avec leurs visiteurs.

Du soleil et du vent. De l'eau de mer amenée par les marées. Et puis des hommes, ingénieux et passionnés, paludiers ou sauniers selon les régions, qui exploitent les marais salants selon des principes inchangés depuis le Moyen Âge. De l'île d'Oléron à la cité de Guérande, leurs œillets, les bassins de récolte du sel, composent d'admirables paysages qui ponctuent la côte atlantique.

● Les parcs à huîtres d'Oléron

En Charente-Maritime, l'île d'Oléron avait un peu oublié le patrimoine salin qui avait pourtant assuré sa richesse. Après une longue exploitation, les marais salants furent remplacés par les parcs à huîtres qui ont fait sa renommée. L'île a eu la bonne idée de renouer avec son passé en recréant un marais salant, le Port des Salines, sur la commune de Grand-Village-Plage. Son écomusée occupe un ponton de bois qui surplombe les marais. L'univers du sel se découvre en passant de cabane en cabane. On y découvre le fonctionnement d'un marais salant, les étapes de la récolte du sel, le simoussi, la lousse, le rouable et la boguette – les outils indispensables au travail du saunier – et bien d'autres choses encore. Des barques en location permettent d'apprécier les lieux sous un autre angle, en glissant sur les chenaux qui traversent les paysages du marais.Plus au nord sur la côte, l'or blanc assura aussi la richesse de l'île de Ré. Dès le Moyen Âge, les moines de l'abbaye de Saint-Michel-en-l'Herm furent probablement les premiers à exploiter ces terres gagnées sur la mer. Au fil des siècles, les salins prirent en importance, jusqu'à occuper près de 20 % de la surface de l'île au XIXᵉ siècle, modelant le paysage, mais aussi la faune et la flore. Le déclin débuta au milieu du siècle, et les marais auraient pu disparaître, si de nouveaux exploitants n'avaient pris le relais. Comme Oléron, l'île de Ré possède son écomusée, situé à Loix. Sa visite précède celle des « aires saunantes ». Elle s'effectue en compagnie d'un guide qui explique l'activité du saunier, mais décrit aussi la flore spécifique et les nombreuses espèces d'oiseaux qui nichent en ces lieux.

● Les villages de sauniers

Au pays d'Olonne, le sel est exploité depuis l'époque gallo-romaine. Au Moyen Âge, son commerce donna naissance aux villages de sauniers que sont Île-d'Olonne ou Les Sables-d'Olonne. Comme ailleurs, le déclin suivit l'apogée, avec des marais convertis à la pisciculture : dans les bassins, la fleur de sel céda la place aux anguilles et aux mulets.

VOYAGE AU PAYS DU SEL

● **Départ :** île d'Oléron
● **Arrivée :** Guérande
● **Distance :** 400 km

GASTRONOMIE

Bateaux à fond plat dans la baie de Saint-Trojan-les-Bains, sur l'île d'Oléron

Quelques marais survécurent cependant, comme les Salines du marais de l'Aubraie, près des Sables-d'Olonne. Le Jardin des Salines raconte cette histoire, mais aussi celles de l'épopée morutière, et de l'impôt appelé gabelle… La promenade au fil de l'eau se fait à bord d'une barge qui navigue entre marais et forêt. On peut aussi louer des canoës. Un peu plus au nord, du côté d'Île-d'Olonne, le marais aux Fèves, celui des Avocettes et le marais Rivolia, exploité par la famille Raffin depuis de nombreuses générations, sont ouverts à la visite. Libres d'accès, ils se découvrent toute l'année, en suivant les sentiers de randonnées et les pistes cyclables. En Vendée, sur la côte est de **l'île de Noirmoutier,** la réserve naturelle de Müllenbourg se partage en deux aires. Le Grand Müllenbourg est le domaine des oiseaux et de toute une faune qui y vit protégée. Séparé par un chenal, le Petit Müllenbourg occupe la partie ouest et accueille les marais salants. Comme dans les autres zones salines de la côte atlantique, ils sont exploités par de jeunes sauniers qui se sont installés pour faire revivre les exploitations d'autrefois. Bien entendu, des visites guidées et commentées sont organisées. Au marais les Angibauds, par exemple, un Hippobus promène ses passagers dans le dédale des bassins du marais, entre lagune côtière et prés-salés.

QUE VOIR, QUE FAIRE
SUR LA ROUTE DU SEL ?

- Aller voir fort Boyard lors d'une promenade en mer depuis Ré ou Oléron

- Sur l'île d'Oléron, aller voir les Jardins du phare de Chassiron, la citadelle de Château-d'Oléron, la place forte de Brouage, la tour de Broue…

- Suivre la Route des Métiers d'art sur l'île de Ré, visiter les fortifications de Vauban, grimper au sommet du phare des Baleines

- Pratiquer la pêche à pied sur l'île de Noirmoutier, visiter les musées du Château et celui des Traditions

- Visiter la cité médiévale de Guérande et les marais de Brière

LA ROUTE DU SEL

● Le royaume du sel

En breton, *Gwen Rann* désigne le Pays blanc, et a donné **Guérande,** sans doute le plus célèbre royaume de sel de toute la côte océane. Sa fleur de sel bénéficie même d'un Label rouge. Sur cette terre de sel et de granit, on ira visiter la Maison des Paludiers, dans le village de Saillé, pour apprendre le fonctionnement d'une saline. Autre lieu d'exposition, Terre de Sel occupe une position idéale, au pied de la cité médiévale, et sa terrasse panoramique offre une vue à 180° sur le bassin de Guérande. À Batz-sur-Mer, c'est un musée des Marais salants rénové qui accueille les visiteurs, dans les espaces de travail d'une ancienne entreprise de négoce de sel. Quant aux marais de Guérande, ils occupent près de 2 000 ha. Répartis en deux zones, ils sont exploités par 300 paludiers, dont bon nombre de femmes. Les plus étendus sont situés sur les communes de Guérande, Batz-sur-Mer, Le Croisic et La Turballe. Au-delà du coteau guérandais, ceux du Mès se trouvent sur les communes de Mesquer, Saint-Molf et Assérac. Autant dire que le choix est vaste, au Mulon de Pen Bron ou ailleurs. Au départ de Batz-sur-Mer, il est même possible de partir à leur découverte en calèche, accompagné d'un paludier. À Guérande comme ailleurs, l'or blanc fit l'objet

CARNET DE ROUTE

● Les premiers contacts Maison du tourisme de l'île d'Oléron et du bassin de Marennes Place Gambetta – 17310 Saint-Pierre-d'Oléron – 05.46.47.60.51 – www.ile-oleron-marennes.com **Office de tourisme île de Ré** 05.46.09.00.55 – www.iledere.com

● La meilleure période La magie des marais opère en toutes saisons, mais la période qui va de juin à septembre, moment de la récolte du sel, est assurément la meilleure pour découvrir ces régions.

● Cuisine au sel Chaque type de sel trouve son usage. Le gros sel est idéal pour la cuisson en croûte de sel qui permet de préparer le canard, le poulet ou les filets d'agneau, mais aussi les poissons comme la daurade, le bar, le cabillaud ou les sardines. Les gambas, les betteraves, les pommes de terre, voire le reblochon se prêtent aussi à ce type de cuisson. Les sels fins aromatisés aux herbes, aux algues ou aux légumes relèvent l'ensemble des plats. Le « must » des marais, la fleur de sel, pénètre facilement les aliments et s'utilise de préférence saupoudrée sur les aliments crus ou après cuisson. C'est le meilleur moyen d'apprécier son goût fin et délicat. Les caramels à la fleur de sel sont faits pour les gourmands. On ajoutera

à ces délices la salicorne, cette plante sauvage des marais qui peut se consommer comme légume de bien des façons différentes.

● Les fêtes
– **Île d'Oléron et Bassin de Marennes :** Festival Oléron Surfkite (octobre), Musiques au Pays de Pierre Loti (mai), festival des Cultures francophones (novembre), festival des Arts de Dire (mai).
– **Île de Ré :** Musique en Ré (juillet), festival Printemps Musical en Ré (avril-mai), festival d'Arts Actuels de Saint-Martin-de-Ré (juin).
– **Les Sables-d'Olonne :** festival de la Magie (février à Olonne-sur-Mer), festival Nouvelle Chanson (avril), course des 10 km des Sables-d'Olonne (avril), course de Pirogues polynésiennes (mai).
– **Noirmoutier :** fête de la Bonnotte qui célèbre la pomme de terre emblématique de l'île (mai), course de voiliers en bois lors des régates du Bois de la Chaize (août), festival de théâtre en plein air (août), festival de musiques et arts de la rue La Déferlante (mai-juin puis juillet-août).
– **Guérande :** Printemps Théâtral (avril-mai), Fête médiévale (mai), Journée de l'Art (juillet), Festi'cités (juillet et août), Les Celtiques de Guérande (août), Saveurs d'octobre (octobre).

GASTRONOMIE

Avec leurs teintes et leurs motifs qui varient à l'infini, les marais de Guérande ne sont jamais aussi beaux que vus du ciel.

LES CONSEILS GEO

● Les plus

Le sel est un bon prétexte pour parcourir cette portion du littoral atlantique. Les marais salants servent de fil conducteur pour découvrir les richesses des îles et les villes rencontrées sur le parcours.

● Les variantes

La côte méditerranéenne est l'autre région productrice de sel en France. Les étangs salins se trouvent en Camargue, sur le littoral du Roussillon et en Provence. On pourra débuter par les Salins d'Hyères avant de rejoindre l'impressionnante camelle de sel de Salin-de-Giraud, près du Rhône et à 40 km d'Arles. La route se poursuite vers les Salins d'Aigues-Mortes, en Camargue gardoise, en partie sur la commune des Saintes-Maries-de-la-Mer. Elle parvient, en dessous de Narbonne, aux Salins de l'île Saint-Martin, dans l'étang de Bages-Sigean. On rejoindra ensuite l'étang de Salses, entre Saint-Laurent-de-la-Salanque et Salses-le-Château, avant de terminer à l'étang de Canet, à proximité Perpignan et de Canet-en-Roussillon, pas très loin de la frontière espagnole.

d'un commerce florissant. Amassé en mulons, il quittait les tasseliers, lieux de stockage du sel, pour être dispersé partout où on en avait besoin. Des bateaux venaient d'Europe du Nord, pour approvisionner leurs flottes de pêche qui en faisaient une grande consommation. Sur le territoire français, l'affaire était plus complexe. Pour des raisons fiscales, le sel empruntait des routes variées, selon que les provinces étaient de petite gabelle ou de grande gabelle, pays de salins ou zones franches. Chargée sur des gabares, surveillée par des gabelous, la précieuse cargaison quittait les marais pour remonter les rivières. On l'entreposait un temps dans des greniers à sel comme on en trouve encore à Honfleur, Laon, Compiègne ou La Charité-sur-Loire, avant de le retrouver dans toutes les cuisines de France. ●

LA ROUTE DU SEL

Un élevage d'oies devant le château de Belcastel qui domine la vallée de la Dordogne.

Le Périgord se décline en quatre couleurs. Il est vert autour de Nontron, blanc près de Périgueux, pourpre à Bergerac, noir enfin du côté de Sarlat-la-Canéda. Partout, les gourmets amoureux du foie gras vont en voir de toutes les couleurs !

La route du foie gras en Périgord

Le foie gras est le produit phare des fêtes de fin d'année, l'un des mets favoris des Français et des touristes étrangers qui viennent visiter notre pays. Parmi les régions productrices, le sud-ouest de la France tient le haut du pavé, notamment le département de la Dordogne, dans ce Périgord divisé en quatre couleurs.

● À travers le Périgord vert

Nontron, au nord du département de la Dordogne, est le cœur du Périgord vert, celui des forêts qui forment le parc naturel Périgord-Limousin.

LA ROUTE DES QUATRE COULEURS DU PÉRIGORD

- **Départ :** Nontron
- **Arrivée :** Sarlat-la-Canéda
- **Distance :** 180 km via Périgueux et Bergerac

Depuis le Moyen Âge, le village est réputé pour les couteaux que l'on y fabrique. Sa Tour carrée, aux allures médiévales, ne date pourtant que du siècle dernier. Plus ancien, son château abrite le Pôle expérimental des métiers d'art, où les techniques d'autrefois trouvent de nouveaux usages grâce au travail des designers d'aujourd'hui. Le jardin des Arts est un autre intérêt du village. On y cultive des végétaux venus des cinq continents. Près de Nontron, **Villars** mérite une escapade pour sa grotte ornée de peintures préhistoriques et pour son **château de Puyguilhem,** dont l'architecture rappelle celle des châteaux de la Loire. Une autre échappée mène à **Brantôme,** surnommée la « Venise du Périgord », à cause de sa rivière, la Dronne, qui cerne son centre-ville pour en faire une île. Les gourmands s'arrêteront chez Vincent Bouffier, rue Puyjoli, pour découvrir ses foies gras, ses confits et bien d'autres délices.

● Escale dans le Périgord blanc

Au sortir de Brantôme, la D 939 mène à **Périgueux,** capitale du Périgord blanc, pour la teinte de son sol calcaire. Les rues laissent deviner la richesse acquise par les marchands de l'époque médiévale et de la Renaissance. La ville en a conservé de belles maisons à pans de bois, des demeures dotées de tours et des hôtels particuliers. Périgueux a

QUE VOIR, QUE FAIRE
EN PÉRIGORD ?

- Visiter la Maison du foie gras à Thiviers
- Découvrir l'écomusée de la Maison des villages truffiers à Sorges
- Visiter le parc animalier Le Touron à Campsegret
- Participer aux Jeux à travers l'histoire au château de Bridoire
- Emprunter le Vélorail du Périgord vert pour une balade sur une ancienne voie ferrée
- S'offrir un inoubliable vol en montgolfière au-dessus de la région
- Découvrir Insectorama à Groléjac

CARNET DE ROUTE

● Les premiers contacts CIFOG (Comité interprofessionnel des palmipèdes à foie gras) www.lefoiegras.fr
Association Foie gras du Périgord Boulevard des Saveurs – Cré@vallée Nord – Coulounix-Chamiers – 24060 Périgueux Cedex – 05.53.45.47.60 – www.route-foiegras-perigord.com
Office municipal de tourisme 3, avenue du Général-Leclerc – 24300 Nontron – 05.53.56.25.50 ou 09.71.57.76.84 – www.nontron.fr
● La bonne période « À la Saint-Martin, le foie gras revient », dit un dicton. À cette date du début de l'hiver (le 11 novembre), les premiers foies apparaissent sur les marchés au gras de la région.
● Durée du voyage Une semaine semble un minimum pour bien profiter des richesses de la région.
● Les spécialités culinaires
– De canard pour un goût plus affirmé, ou d'oie à la saveur plus délicate, les foies gras se présentent sous des formes diverses (entier, en bloc avec ou sans morceaux...), et se prêtent à de nombreux usages. On l'utilise par exemple pour préparer le figuigers, ce canard du Gers engraissé aux figues et farci de son

foie gras. On l'associe à d'autres mets d'exception, comme la truffe, le homard ou le chapon.
– Truffe noire, cèpes, châtaignes, noix.
– Enchauds à base de viande de porc, pommes de terre sarladaises, omelette aux truffes noires, tourain périgourdin, salade périgourdine, gâteau aux noix, grillons de canard et mique sarladaise (pain local qui accompagne très bien ces plats ou le fromage cabécou).
– Vins de Bergerac en rouges, blancs et rosés avec un choix de 13 AOC, dont le liquoreux monbazillac, le pécharmant, les côtes-de-bergerac... Le floc de Gascogne ouvre le repas à l'apéritif, l'armagnac le conclut en beauté.
● Les fêtes
– **Nontron :** fête du Couteau (août).
– **Périgueux :** Mimos, festival international des arts du mime et du geste (août).
– **Bergerac :** Jazz en chai (mars), festival Jazz pourpre (mai), Printemps des bastides, autour de Bergerac (avril à juin), Été musical en Bergerac (juillet et août), L'Assiette de Cyrano (août).
– **Sarlat :** festival du Film (novembre), fête de la Truffe (janvier), Festoie (février), festival des Jeux du théâtre (juillet et août).

LES CONSEILS GEO

• Les plus

Un produit gastronomique d'exception dans une région d'exception ! Préparer soi-même son foie gras est bien plus gratifiant que de l'acheter tout fait. Les offres de stages se multiplient dans les exploitations. Vous y apprendrez par exemple le dénervage et la préparation du foie gras mi-cuit, la cuisson des confits et des pâtés, la découpe du canard, la mise en bocal du foie gras... Le tout est agrémenté de nombreuses dégustations. Les tarifs sont relativement élevés, mais vous ne repartez pas les mains vides, puisque vous emportez les produits que vous avez concoctés.

• Les variantes

Autres bonheurs des environs de cette route : les villages du Sarladais, les châteaux et les sites préhistoriques de Lascaux et de Roque Saint-Christophe, tous situés à moins de 30 km de Sarlat, et dont il serait dommage de se priver.

également su tirer le meilleur parti de sa rivière, l'Isle, aménagée d'une Voie verte et d'une Voie bleue, à parcourir au choix à pied ou en canoë. Plantée au sommet d'une petite colline, dans le quartier historique, la cathédrale au plan en croix grecque est dédiée à saint Front, qui évangélisa le Périgord au Moyen Âge. Ses coupoles rappellent celles du Sacré-Cœur, ce qui s'explique aisément, puisque c'est l'architecte de la basilique de Montmartre, Paul Abadie, qui en assura la restauration. Le sommet de la tour Mataguerre permet de les admirer. Plus loin, un petit périmètre abrite l'église romane Saint-Étienne de la Cité, l'amphithéâtre romain du jardin des Arènes et les ruines du château Barrière. La ville possède aussi d'intéressants musées. Celui d'Art et d'Archéologie du Périgord présente des collections variées qui courent de la préhistoire à l'époque contemporaine. Au musée Vesunna, l'architecte Jean Nouvel a magnifié les vestiges de la demeure gallo-romaine, visible depuis les mezzanines et de larges parois vitrées. Côté gourmandise, il faut se rendre dans les exploitations agricoles des environs pour découvrir les poussinières et les canards élevés en plein air. On en trouve notamment dans le joli village de La Douze, à l'*Auberge de la Colline Gourmande*, et au domaine de la Peyrouse, qui abrite le lycée agricole où se forment les producteurs de demain.

• Le Périgord pourpre

Depuis Périgueux, la N 21 se dirige vers **Bergerac,** et les vignes qui couvrent les environs l'ont désigné comme Périgord pourpre. Savinien de Cyrano, son célèbre cadet immortalisé par Edmond Rostand, y est honoré par deux statues, à découvrir en se promenant entre l'église Notre-Dame et la Dordogne, dans le cœur Renaissance de la ville. Le cloître des Récollets, fondé par les Franciscains en 1630, abrite de nos jours la Maison des vins de Bergerac. Autre ville, autre vin : **Monbazillac** se trouve à quelques kilomètres au sud, et il serait dommage de ne pas partir à la découverte de son vin liquoreux, issu de vendanges tardives. Un peu plus au sud encore, à Sigoulès, le maître artisan Jean-Claude Chirol élabore les foies, magrets et confits Edmond de la Closerie. Toujours dans la proximité de Monbazillac, à Ribagnac, le **château de Bridoire** est une splendeur médiévale que le xixe siècle a profondément modifiée.

• Les saveurs du Périgord noir

Divers itinéraires permettent de rejoindre **Sarlat-la-Canéda** depuis Bergerac, mais une chose est sûre, il faut s'orienter vers l'est, en suivant éventuellement la route qui épouse les cingles de la Dordogne (voir p. 46). En chemin, prévoir des arrêts gourmands chez *Arvouet*, dans le village du Buisson-de-Cadouin, ou à *La Ferme de la Rivière*, à Saint-Agne dans le pays des Bastides. Arrivé au sud-est du département, voici Sarlat, cœur du Périgord noir, celui de la truffe, l'autre atout gastronomique de la région. On en trouve sur les étals du marché de la place de la Liberté, à côté de toutes les spécialités régionales. La place est aussi idéalement située pour partir à la découverte de la ville. De ruelles en placettes, l'émerveillement est permanent. Les cinéastes en quête de décors médiévaux ne s'y sont pas trompés, et les maisons aux toits de lauze, la maison de La Boétie, l'hôtel du Barry ou l'hôtel de Savignac apparaissent régulièrement dans leurs films. Pour avoir une idée du mode de vie des riches Sarladais des temps passés, il faut se rendre sur la place des Oies, dans le secteur sauvegardé de la vieille ville. Dans les deux corps de bâtiment du manoir de Gisson, les appartements reconstitués font revivre une ambiance médiévale. La visite se poursuit dans les caves voûtées, qui abritent un magnifique cabinet de curiosités. Dans les environs de la ville, les bonnes adresses gourmandes abondent. Pas moins d'une douzaine de producteurs y dévoilent leurs trésors, dont les foies gras Teyssier, Sourbé, Crouzel, les Maisons Lembert, Jouve et Pelegris, la Conserverie du Manoire, les Délices de Turnac… ●

À Périgueux, la Voie verte traverse la ville en longeant l'Isle. Elle permet d'admirer la cathédrale Saint-Front.

La route des Graves

La carte géographique du Bordelais pose le même problème qu'une carte des vins : quel cru choisir ? En rouge comme en blanc, avec un itinéraire qui épouse le cours de la Gironde entre Bordeaux et Langon, celui des Graves devrait satisfaire tous les palais.

Le terroir des Graves débute aux portes de Bordeaux, pour s'étendre sur un territoire de 55 km de long et de 10 km de large. Enserré entre la forêt des Landes et la rive gauche de la Garonne, son sol, composé de galets roulés et de graviers, a donné son nom à des vins réputés pour leur élégance, en rouges comme en blancs.

● Le fleuron Haut-Brion

L'itinéraire s'ouvre en beauté, à **Pessac,** connu pour son appellation pessac-léognan. Le château Haut-Brion en est le fleuron, mais son prestige ne doit pas éclipser les autres domaines viticoles, ni les charmes de Pessac : ses nombreux parcs aménagés, son Historial du château de Camponac, ou sa Cité Frugès, conçue par Le Corbusier. **Léognan** vient ensuite, avec son église romane, sa belle chartreuse du château Belin, et son pigeonnier cylindrique construit en bois et en pierre près de la mairie. Dans les vignes, les domaines du Château Olivier, du Château la Louvière et du Château Haut-Bailly font l'honneur de l'appellation. **Martillac** est traversé par l'aqueduc de Budos et marqué par le souvenir de Montesquieu, que l'on retrouvera à l'étape suivante. L'auteur des *Lettres persanes* séjournait au château de Rochemorin. Dans les champs, les bornes gravées à son nom marquaient les limites de ses terres. Le vignoble voisin propose des rouges et des blancs, toujours classés en AOC Pessac-Léognan, dont ceux du Château Smith Haut-Lafitte, ou celui du Château Latour-Martillac, dont le nom provient d'une tour ronde au toit pointu située au château de La Brède. À **La Brède,** on entre dans la région des AOC de Graves proprement dit. Et revoilà Montesquieu, puisque Charles Louis de Secondat, baron de Montesquieu, y a vu le jour en 1689. Son château, forteresse polygonale entourée de douves, est ouvert à la visite. Les livres et manuscrits qui garnissaient sa bibliothèque ont été cédés à celle de Bordeaux, mais la grande salle où il écrivait, sous son imposante voûte haute de 8 m, impressionne toujours le visiteur.

● Les gabares sur la Garonne

Entre La Brède et Saint-Morillon, le vignoble cède le pas à la forêt, pour réapparaître à l'approche de **Castres-Gironde.** Son port fut longtemps

GASTRONOMIE

À TRAVERS LE TERROIR DES GRAVES

- **Départ :** Pessac
- **Arrivée :** Langon
- **Distance :** 100 km

À Pessac, dans l'AOC Pessac-Léognan, le Château Haut-Brion est le domaine viticole le plus réputé du vignoble des Graves.

animé par les gabares qui transportaient les marchandises sur la Garonne. De son passé, la village a conservé une église dédiée à saint Martin, dont l'abside remonte au XIᵉ siècle, et de beaux domaines, comme le Château Haut-Pommarède, ou le Château de Castres, installé dans une chartreuse du XVIIIᵉ siècle. **Portets** possédait aussi un port sur la Garonne, mais le village s'est détourné du fleuve pour se consacrer à ses vignes. Ses châteaux ont souvent d'autres attraits que leur vignoble : celui de Mongenan possède un musée consacré au XVIIIᵉ siècle et un jardin botanique, celui de Lagueloup des vestiges de l'époque paléochrétienne. Le château des Portets comme celui de l'Hospital sont de véritables monuments historiques. **Podensac** est un peu la capitale de l'appellation, puisque c'est ici que se trouve la Maison des Vins de Graves. Logée dans une belle demeure au cœur des vignes, elle abrite un centre de dégustation, une vinothèque, et dispense de précieuses informations touristiques. La ville abrite aussi le musée Lillet, consacré au célèbre apéritif bordelais. L'eau est également à l'honneur, avec le remarquable parcours aquatique du parc du château Chavat, au bord de la Garonne, ou dans un autre style, avec l'original château d'eau imaginé par Le Corbusier. Changement d'AOC en parvenant à **Cérons,** petit vignoble enclavé dans les Graves et exclusivement composé de vins blancs. Ce vin se déguste au château de Cérons, qui occupe une belle chartreuse sur une terrasse dominant la Garonne. **Barsac** possède

QUE VOIR, QUE FAIRE
EN GIRONDE ?

- Naviguer à bord d'un vieux gréement, d'une gabare ou d'une pinasse sur la Garonne
- S'offrir une balade en calèche dans le parc et les vignes du château de Léognan
- Profiter des huit parcours et des grimpes d'arbres du parc aventure Au Fil du Ciron
- Pratiquer le ski nautique et d'autres activités nautiques (wakeskate, wakesurf...) sur le spot de Wakelagoona, à Virelade
- Profiter des structures du complexe aquatique Spadium Zen à Langon
- Concilier amour du vin avec celui de l'équitation au centre équestre du château de Beau-Site, à Portets

LA ROUTE DES GRAVES

un port à l'embouchure du Ciron et une AOC spécifique, à découvrir dans la Maison du Vin de Barsac. Dans les vignes, les parcelles sont ceinturées de murs où les «cagouilles», ces escargots petits-gris, prennent leurs aises.

• À la frontière du Sauternais

Comme son nom le laisse deviner, on se rapproche de la lande girondine en parvenant à **Landiras**. Son terroir est propice au vignoble puisque c'est ici que l'on produit le plus grand volume de graves supérieurs. **Pujols-sur-Ciron**, à la frontière du Sauternais, se visite pour son vignoble, mais aussi pour le site naturel du coteau de Marac qui possède des espèces végétales remarquables, dont une quinzaine de sortes d'orchidées. Le promeneur chanceux pourra voir voler l'azuré du serpolet, un papillon rare et protégé. Faut-il encore présenter **Sauternes**? Difficile pourtant d'imaginer que ce petit village produit les vins blancs liquoreux les plus fameux du monde, notamment le Château-d'Yquem, son chef-d'œuvre. Aujourd'hui, les vendanges se font toujours grain à grain, en sélectionnant les raisins atteints de pourriture noble, comme on l'apprendra à La Maison du Sauternais. Dans la vallée du Ciron, **Bommes**

CARNET DE ROUTE

• **Les premiers contacts**   Syndicat viticole des **Graves**   61, cours du Maréchal-Foch – 33720 Podensac – 05.56.27.09.25 – www.vinsdegraves.com **Office de tourisme de Sauternes et Graves**   11, allée Jean-Jaurès – 33210 Langon – 05.56.63.68.00 – www.tourisme-sauternes-graves.com

• **La bonne période**   Les vendanges se déroulent généralement mi-septembre, voire en octobre, selon la météo. Les autres périodes sont également intéressantes, pour suivre le cycle de vie de la vigne et le travail du vigneron.

• **La durée du voyage**   Long de 100 km, l'itinéraire des Graves peut s'effectuer en 1 ou 2 jours en prenant son temps. À prolonger par un séjour sur le littoral de l'océan Atlantique, les rives du bassin d'Arcachon, la dune du Pilat, une visite approfondie de Bordeaux, ou d'autres routes des vins.

• **Les vins de Graves**   Les vins rouges se servent entre 16 °C et 18 °C. Ils accompagnent les volailles, les viandes blanches et rouges, mais aussi les fromages. Les vins blancs secs se dégustent plus frais, à 10 °C, pour accompagner les poissons, les fruits de mer ou les viandes blanches. Ils s'associent très bien aux fromages de chèvre. Les liquoreux graves supérieurs sont servis entre 8 °C et 10 °C. Ils s'accordent avec les poissons, les viandes blanches et les volailles,

mais aussi avec le foie gras et les desserts sucrés. Ils peuvent se servir à l'apéritif.

• **Les spécialités culinaires**
– Foie gras du Sud-Ouest, caviar de Gironde et huîtres du bassin d'Arcachon.
– Poêlée de cèpes de Bordeaux, alose grillée sur des sarments de vignes, pibales et anguilles, palombes et bœuf de Bazas.
– Cannelés de Bordeaux, sarments du Médoc et macarons de Saint-Émilion.

• **Les fêtes**
– **Bordeaux :** Bordeaux Fête le Vin, avec dégustations, expositions, concerts et feux d'artifice (fin juin), Novart, biennale des Arts de la scène (novembre).
– **Podensac :** fête de l'Orange (mars), Week-end Portes Ouvertes dans les Graves (octobre), Festival Côté Jardin (juin).
– **Portets :** fête du Port (juin), fête du Terroir (août), Boucle vigneronne (septembre).
– **Sauternes :** Repas des vendanges (octobre), Week-end Portes Ouvertes Sauternes-Barsac (novembre), Sauternes fête le vin (juin).
– **Langon :** festival International Danses et Rythmes du Monde (juillet), Les Nuits Atypiques (juillet), 2e Saveurs Gourmandes (août), Ferme en Fête (mars).
– Fêtes des Vendanges un peu partout en Gironde en septembre et octobre.

GASTRONOMIE

Insérée dans le vignoble des Graves, l'AOC Barsac fait partie du Sauternais. On y produit des vins liquoreux, comme ici, dans le chai à barriques du château de Myrat.

LES CONSEILS GEO

● Les plus

Connaître le vin permet de mieux l'apprécier. Pour apprendre à bien déguster les différents crus, les cours dispensés dans les châteaux sont tout indiqués.

● Les variantes

La Gironde est parcourue par divers itinéraires qui circulent à travers ses vignobles. La route des châteaux part de Bordeaux et mène à la pointe de Grave en traversant le Médoc. La route des coteaux visite le Blayais et le Bourgeais en longeant l'estuaire de la Gironde. Outre les crus, elle permet de découvrir la citadelle construite par Vauban, des villages troglodytes, et des vestiges de villas gallo-romaines. La route du patrimoine passe par Saint-Émilion, où sont élevés des vins de réputation internationale. La route des bastides passe par l'Entre-deux-Mers, entre Dordogne et Garonne. On y découvre des bastides, des abbayes et des églises romanes.

ompte de nombreux domaines toujours classés en vins de Sauternes. On ira voir le château Lafaurie-Peyraguey, à l'étonnante architecture ispano-byzantine ou le château de Rayne-Vigneau, inscrit aux monuments historiques. Aux alentours du village, les bois de la vallée sont ménagés en parcours d'aventure, tandis que la Ciron peut se descendre n canoë-kayak. Un clocher couvert d'un dôme en cuivre signale de loin église Saint-Vincent de **Preignac**, sur la Garonne. Son domaine Château Suduiraut produit un vin excellent et peut se targuer de posséder n parc dessiné par Le Nôtre. Le château de Malle expose sa riche collection de tableaux, qui raconte aussi bien l'histoire d'une famille que elle de la région. La route des Graves s'achève à **Langon,** qui a conservé u Moyen Âge les ruines d'un mur d'enceinte près de la rivière et de elles maisons disséminées dans les rues. Parmi les châteaux viticoles e la commune, celui de Mauriac possède un musée de l'Étiquette du in. De là, il suffit de passer sur l'autre rive de la Garonne pour découvrir d'autres vignobles, ceux de l'Entre-Deux-Mers. ●

LA ROUTE DES GRAVES

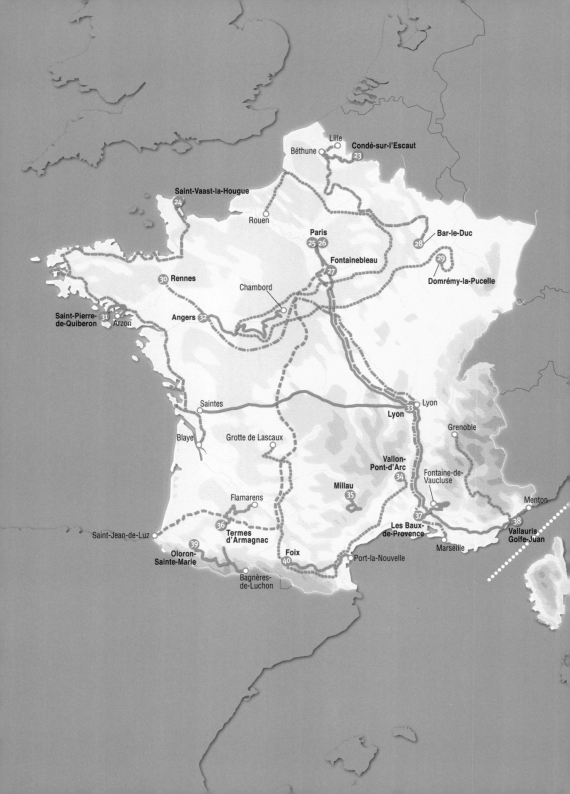

Lille

Condé-sur-l'Escaut

Béthune

23

Saint-Vaast-la-Hougue

24

Rouen

Paris

25 26

Bar-le-Duc

28

Fontainebleau

27

Domrémy-la-Pucelle

29

Rennes

30

Chambord

Angers

32

Saint-Pierre-
de-Quiberon

31

Arzon

Saintes

Lyon

33

Lyon

Blaye

Grotte de Lascaux

Grenoble

Vallon-
Pont-d'Arc

34

Fontaine-de-
Vaucluse

Millau

35

Menton

Flamarens

Saint-Jean-de-Luz

36

Termes
d'Armagnac

Les Baux-
de-Provence

37

Vallauris
Golfe-Juan

38

Oloron-
Sainte-Marie

39

Foix

40

Port-la-Nouvelle

Marseille

Bagnères-
de-Luchon

Histoire et traditions

La verrière des machines, dans le Centre historique minier de Lewarde, plus grand musée de la Mine en France

La route du Pays noir

De corons en cités-jardins, de fosses en chevalements, de terrils en sentiers cavaliers, la traversée d'une région étonnante et attachante, façonnée par deux siècles et demi d'histoire minière. En route pour le Pays noir, classé au patrimoine mondial de l'Unesco.

LA TRAVERSÉE DU BASSIN MINIER DU NORD-PAS-DE CALAIS

- **Départ :** Condé-sur-l'Escault
- **Arrivée :** Béthune
- **Distance :** 130 km

S'étendant du nord de Valenciennes à la région de Béthune, **le bassin minier du Nord-Pas-de-Calais** dessine un arc de cercle de 120 km de long sur 12 km de large. Six cents puits foncés, 100 000 km de galeries creusées, près de 2,5 milliards de tonnes de charbon extrait, une myriade de cités minières bâties pour loger les ouvriers… On ne vécut longtemps ici que pour et par la houille, dont l'exploitation marqua profondément le paysage. En juin 2012, ce site unique fut en totalité classé au patrimoine mondial de l'Unesco : c'était la première fois qu'un bassin industriel de cette ampleur faisait l'objet d'une telle inscription. Le parcourir, c'est découvrir un patrimoine bâti d'exception et des paysages modelés par l'activité humaine, où la nature reprend peu à peu ses droits. C'est aussi visiter la mémoire de la mine, revivre *Germinal* et l'épopée, courageuse, parfois tragique, des « gueules noires »…

● À travers le Nord

La route débute dans le Valenciennois, berceau de l'exploitation du bassin minier. À **Condé-sur-l'Escaut**, commune située à la frontière belge, le **château de l'Hermitage** se signale par sa silhouette impo-

sante percée de plus de 200 fenêtres. C'est entre ses murs que fut décidée, en 1757, la création de la Compagnie des mines d'Anzin, première société minière du bassin. Dans la commune voisine de **Fresnes-sur-Escaut**, une stèle commémorative consacre la découverte du charbon en 1720 par le verrier Jacques Desandrouin, qui vécut à proximité au château dit des Douaniers. Son petit-fils, administrateur de la Compagnie des mines d'Anzin, fit élever vers 1770 un nouveau château de style néoclassique grâce aux profits tirés de l'exploitation charbonnière. Aux alentours subsistent plusieurs vestiges de l'industrie minière : la pompe à feu de la fosse du Sarteau aux allures de donjon, les ateliers de la fosse Soult, la gare des Houillères, située sur un sentier cavalier transformé en promenade, et la cité Soult ancienne, érigée à la fin du XIXᵉ siècle. Composée de maisons de brique coiffées d'ardoise regroupant quatre logements chacune, elle fait la transition entre les premiers logements pour mineurs, en alignement de corons, et les cités pavillonnaires plus confortables du XXᵉ siècle.

La route poursuit vers **Raismes**. À l'orée de la forêt domaniale, la cité du Pinson ancienne est un bel exemple de cité pavillonnaire. Elle accueillit dans les années 1920 des mineurs polonais, qui bâtirent eux-mêmes la curieuse église de la cité, classée monument historique, et son presbytère. Plusieurs terrils sont disséminés dans la forêt, parmi lesquels le **terril Sabatier nord**, qui est entièrement boisé et offre un large panorama sur le Valenciennois. Au total, on en recense 339 dans le bassin. Constitués des déblais issus de l'extraction du charbon, ils sont plats ou coniques, noirs ou verdoyants, selon qu'ils ont été ou non réinvestis par la nature. À l'ouest de la forêt, située au pied d'un vaste terril plat, la **mare à Goriaux** provient d'un affaissement minier. Peu à peu colonisé par l'avifaune et la végétation, le site, véritable paradis pour les ornithologues, est classé réserve biologique domaniale depuis 1982. La route redescend vers **Anzin**, où trône le **château Dampierre,** bâti à la fin du XIXᵉ siècle pour héberger les directeurs de la compagnie minière. La Cité de corons des 120, toute de blanc vêtue, a l'air bien modeste à côté de cet édifice néo-Renaissance. Ici plane le souvenir d'Émile Zola, qui arpenta la ville et ses corons en 1884 pendant une longue grève de mineurs. À

QUE VOIR, QUE FAIRE SUR LA ROUTE DU PAYS NOIR ?

- Parcourir les villes minières pour découvrir l'évolution de l'habitat ouvrier et le patrimoine industriel
- Observer les oiseaux à la mare à Goriaux ou au terril de Pinchonvalles
- Suivre les traces d'Émile Zola à Anzin et Denain
- Tout connaître sur les terrils grâce à la Maison du terril et au CPIE de la chaîne des Terrils
- Visiter le Centre historique minier de Lewarde, et déguster une flamiche au maroilles dans le restaurant du centre *Le Briquet*
- Grimper en haut des beffrois de Douai et de Béthune
- Arpenter le Louvre-Lens, inauguré en 2012, symbole de la reconversion et du renouveau du bassin minier
- Gravir le terril Sabatier nord pour le panorama sur le Valenciennois et les terrils jumeaux de Loos-en-Gohelle, les plus hauts d'Europe
- Faire du ski à Nœux-les-Mines
- Flâner dans les jolies rues de Béthune

LA ROUTE DU PAYS NOIR

Denain, étape suivante de l'itinéraire, Zola descendit dans la fosse Renard, dont subsiste le terril du même nom, et visita le coron Jean-Bart, dont l'un des bâtiments est conservé. De ce voyage, l'écrivain tira ses *Notes sur Anzin*, prélude à *Germinal*. Direction **Rieulay**, où le plus vaste terril plat d'Europe a été reconverti en base de loisirs, et où l'on pourra visiter l'écomusée de la **Maison du terril**, puis **Lewarde** et son extraordinaire **Centre historique minier**, situé sur le carreau d'une fosse exploitée de 1931 à 1971. Il s'agit du plus grand musée consacré à la mine en France. Expositions sur le charbon et la vie quotidienne des mineurs, visite de bains-douches et d'une lampisterie, montée dans un train minier, descente dans les galeries, rencontres avec d'anciens mineurs : l'immersion au pays de la mine est garantie. La route se poursuit vers **Douai**, belle ville flamande dont on pourra admirer les richesses du sommet du beffroi et à l'occasion d'une promenade en bateau. Au nord de Douai, la commune de **Waziers** abrite la magnifique **église Notre-Dame des Mineurs**, dont la nef évoque la galerie d'une mine. Elle fut construite par la Compagnie des mines d'Aniche pour les immigrés polonais. Elle s'entoure de maisons et d'équipements collectifs bâtis pour les mineurs et leurs familles, témoins du système paternaliste mis en place par les sociétés minières.

● À travers le Pas-de-Calais

La route se poursuit vers **Oignies** et son ensemble minier composé par la fosse 9/9bis, ses nombreux bâtiments, ses chevalements, ses machines que d'anciens mineurs entretiennent minutieusement, des

CARNET DE ROUTE

● Les premiers contacts
Office du tourisme du Valenciennois
Le Beffroi, place Pierre-Delcourt
59153 Condé-sur-l'Escaut
03.27.28.89.10 www.tourismevalenciennes.fr
La Maison du terril
42 bis, rue Syzanne-Lanoy 59870 Rieulay
03.27.86.03.64 http://rieulay.fr/maison_du_terril.html
Le CPIE de la chaîne des Terrils
Base 11/19 rue de Bourgogne
62750 Loos-en-Gohelle
03.21.28.17.28 www.chainedesterrils.eu
Cette association, implantée sur un ancien carreau de fosse, propose entre autres activités des visites guidées de terrils et du patrimoine bâti lié à la mine.

● La bonne période Chaque saison a son charme. Bien entendu, la nature est plus riante au printemps et en été, et le temps plus clément, mais l'hiver, avec ses paysages désolés et mélancoliques, et l'automne, où le sol noir charbon offre un contraste saisissant avec la couleur des feuilles, sont deux saisons à ne pas négliger.

● La durée du voyage Il faut prévoir 3 jours si l'on veut se promener sur un ou deux terrils et visiter les hauts lieux de l'histoire minière, et 4 si l'on veut prendre le temps de découvrir les jolies villes que sont Douai et Béthune.

● Le coût moyen Le coût du voyage n'est pas élevé. Pour les petits budgets, on trouve des hôtels à bas prix à Douai, Lens et Béthune et plusieurs campings dans le parc naturel Scarpe-Escaut. Les tarifs des hôtels de charme sont tout à fait abordables.

● La logistique La voiture est recommandée, la route sillonnant maints sites éloignés des villes et non desservis par les transports.

● Les spécialités locales La fabrication de géants et de marionnettes

● Les spécialités culinaires
– Pomme de terre, chicon, maroilles, fort de Béthune (un fromage au lait de vache proche du munster), bière, saindoux, chicorée.
– Carbonnade, flamiche au maroilles, andouillette, potjevlesch, hochepot, coq à la bière, lapin aux pruneaux.
– Gaufres, gayantine de Douai et... la pastille du mineur, noire comme du charbon !

● Les fêtes
– Raismes : course des Terrils (fin septembre).
– Denain : grand carnaval de printemps (lundi de Pâques).
– Douai : fête de la Batellerie (1er mai), fête des Gayants (début juillet).
– Béthune : foire de printemps et carnaval (mars), bénédiction des motards (mi-mai), procession à naviaux (fin septembre).

Anciennes bâtisses et chevalement du site minier de Loos-en-Gohelle, qui abrite les plus hauts terrils d'Europe.

terrils et des cités. Un site remarquable d'un point de vue architectural et très émouvant : c'est de cette fosse que, le 21 décembre 1990, fut remontée la toute dernière berline du bassin minier du Nord-Pas-de-Calais. Non loin, la fosse 2 a été convertie en musée de la Mine et du Chemin de fer. Direction **Lens**, qui devint le site le plus productif du bassin après le milieu du XIXe siècle. Malheureusement meurtrie par les deux guerres mondiales, la ville conserve de son passé industriel ses corons, la Maison syndicale des mineurs et les grands bureaux de la Compagnie des mines de Lens. On ne manquera pas de contempler sa gare Art déco, évoquant une locomotive à vapeur, ni de visiter le Louvre-Lens implanté sur un ancien carreau de fosse. À proximité de Lens, on pourra se promener le long du **terril de Pinchonvalles**, l'un des plus riches en matière de biotope, ou gravir les **terrils jumeaux de Loos-en-Gohelle**, qui, culminant à près de 185 m, sont les plus hauts d'Europe. La route traverse Nœux-les-Mines, où un terril a été métamorphosé en piste de ski synthétique, pour se diriger vers **Béthune**, une ville animée, réputée pour sa scène théâtrale et ses belles façades Art déco. ●

LES CONSEILS GEO

● Les plus

La visite d'un site singulier, marqué par l'histoire passionnante de la mine, récemment consacré par l'Unesco. Une région gagnant à être connue, chaleureuse et en plein renouveau, tant d'un point de vue paysager que culturel.

● Les tendances

L'itinéraire s'arrête à Béthune, à 30 km de la limite ouest du bassin minier. Les « puristes » pourront poursuivre jusqu'à Estrée-Blanche, qui marque la fin du bassin, en passant par Bruay-la-Buissière (musée de la Mine, plus ancienne cité de la partie ouest du bassin, belle piscine Art déco avec son stade et son parc construits par la ville, témoins de la concurrence entre les municipalités et les compagnies minières privées), Marles-les-Mines et Auchel (également dotés de musées consacrés à la mine).

LA ROUTE DU PAYS NOIR

Une route jalonnée de citadelles et de forts élevés par l'un des plus grands ingénieurs militaires de l'Europe, invitant aux promenades en bateau et à la découverte de quatre régions pleines de richesses.

La route des forteresses Vauban

Sébastien Le Prestre de Vauban (1633-1707) employa sa vie et ses multiples talents à servir la cause royale, dans un contexte de conflits permanents. Homme de guerre et fin stratège, il participa à quelque 130 actions militaires et inventa une méthode de siège qui resta en usage deux siècles durant. Ingénieur et bâtisseur, il entoura le royaume d'une « ceinture de fer », élevant ou perfectionnant les fortifications de 160 places fortes, tout en s'intéressant à l'architecture civile. Cet homme infatigable parcourait entre 2 000 et 4 000 km par an ; il rédigea plusieurs traités militaires et plus de 10 000 lettres, dans lesquelles il rendit compte de ses travaux. On oublie souvent que Vauban fut aussi un grand humaniste. Celui qui préférait « dépenser de la poudre que du sang » était très affecté par la misère qui régnait dans le royaume ; c'est dans cet esprit qu'il rédigea un ambitieux projet de réforme fiscale, dont Louis XIV interdit aussitôt la publication… En 2008, l'Unesco a classé 12 « sites majeurs Vauban ». Notre itinéraire en recense quatre : Saint-Vaast-la-Hougue, Camaret, Saint-Martin-de-Ré et Blaye.

● Dans le Cotentin

L'itinéraire débute sur la côte est du Nord-Cotentin, à **Saint-Vaast-la-Hougue**, agréable port de pêche et de plaisance. Ses fortifications comprennent **les forts de la Hougue et de l'île de Tatihou**, située en face de Saint-Vaast. Lors d'une inspection du littoral en 1686, Vauban nota la position stratégique de la baie de la Hougue, tout en relevant la faiblesse de ses défenses. Il opta pour la construction de deux tours observatoires, du haut desquelles les tirs croisés devaient empêcher tout débarquement. Depuis Saint-Vaast, on se rend sur l'île de Tatihou à pied, à marée basse, ou à bord d'un curieux bateau amphibie à roulettes. La route traverse le village voisin de Quettehou puis file vers le sud en passant par Montebourg, jadis siège d'une abbaye fondée par Guillaume le Conquérant, par le parc naturel régional des Marais du Cotentin, puis par Saint-Lô, élevée sur un éperon ceint de remparts. Elle contourne Avranches et quitte la Manche pour entrer en **Ille-et-Vilaine**, direction Saint-Malo.

● La côte nord bretonne

Les remparts qui enserrent **Saint-Malo** furent par chance épargnés par les bombardements alliés, qui détruisirent la ville à 80 %. Leur ori-

LES CONSEILS GEO

● Les plus

Un itinéraire passionnant, qui permettra de mieux connaître Vauban, personnage-clé du siècle de Louis XIV. Il est côtier et donc propice aux baignades, aux activités nautiques et aux excursions en bateau, et traverse des paysages variés.

● Les variantes

La route étant longue, il est possible de n'en faire qu'une partie en choisissant soit l'itinéraire Normandie-Bretagne, du Cotentin à Belle-Île-en-Mer (630 km), soit l'itinéraire Charente-Maritime-Gironde, de Saint-Martin-de-Ré à Blaye (220 km).

Le fort Louvois, édifié sur un rocher immergé à marée haute, protège la baie du Chapus.

gine remonte au XIIᵉ siècle. En 1689, Vauban, pour améliorer le plan de défense de la cité, entreprit de les agrandir et de remplacer les tours par des bastions. Il modernisa également le château, intégré aux remparts, et protégea la baie d'une ceinture défensive : il fit élever le **fort de l'île Harbour**, le **fort royal sur le rocher de l'Islet** (aujourd'hui Fort national), qui offre une vue superbe sur la côte et ses îles, le **fort du Petit Bé**, qu'il décrivit comme « le meilleur de nos forts, et celui qui voit le mieux sur les passes », et le **fort de la Conchée**, aux allures de puissant vaisseau. Ce bouclier prouva son efficacité dès 1695, en empêchant le débarquement d'une escadre anglo-hollandaise au cours de la guerre de la Ligue d'Augsbourg. Dans les Côtes-d'Armor, à 46 km à l'ouest de Saint-Malo, le **cap Fréhel** est l'un des sites les plus grandioses du littoral breton. Les falaises déchiquetées de grès rose, parsemées de bruyères et d'ajoncs, tombent à pic dans la mer du haut de leurs 70 m. Elles sont dominées par deux phares, dont l'un, cylindrique, fut élevé par Vauban en 1701.

LA ROUTE LITTORALE DE LA MANCHE À LA GIRONDE

- **Départ :** Saint-Vaast-la-Hougue
- **Arrivée :** Blaye
- **Distance :** 1 210 km

Le Fort national, au large de Saint-Malo, fut construit sur les plans de Vauban en même temps que les remparts de la cité.

CARNET DE ROUTE

• Les premiers contacts **Office de tourisme de la pointe de Saire** 1, place du Général-De-Gaulle – 50550 Saint-Vaast-la-Hougue – 02.33.23.19.32 – www.ot-pointedesaire.com

Saint-Martin-de-Ré Tourisme 2, avenue Victor-Bouthillier - B.P. 41 – 17410 Saint-Martin-de-Ré – 05.46.09.20.06 – www.saint-martin-de-re.net

• La bonne période Il est conseillé de partir l'été pour profiter des plages et des activités nautiques. Éviter la fin de l'automne et l'hiver : à partir de novembre, les vents peuvent être redoutables sur les côtes bretonnes et les îles charentaises.

• La durée du voyage Il faut prévoir au minimum 10 jours.

• La logistique L'itinéraire étant jalonné de villes littorales mal desservies par les transports, la voiture s'impose. Les villes traversées offrent des solutions d'hébergement variées (hôtel, chambres d'hôtes, camping). Les îles de Ré et d'Oléron sont très fréquentées l'été, penser à réserver un hébergement plusieurs mois à l'avance si l'on part en cette saison.

• Les spécialités locales La charpenterie navale (du Cotentin à la Charente-Maritime) ; le tissage, la peinture décorative sur faïence, la broderie, la dentelle (Bretagne).

• Les spécialités culinaires
– Homard, huîtres, fruits de mer et spécialités de poissons.
– Jambon fumé, beurré normand (gâteau aux pommes), gâche normande, une sorte de pain brioché (Cotentin).
– Andouille, pintade aux pommes, crêpes, far breton, kouign-amann, quatre-quarts, caramel au beurre salé (Bretagne).
– Melon charentais au pineau des Charentes, mouclade, cagouilles (escargots farcis), caillebotte d'Aunis, mottin charentais (Charente-Maritime).
– Cèpes farcis à la bordelaise, lamproie à la bordelaise, cannelés, praslines de Blaye (Gironde).

• Les fêtes
– **Saint-Vaast-la-Hougue :** festival du Livre Ancres & Encres (juillet), festival des Traversées Tatihou, festival des Musiques du large (août).
– **Saint-Malo :** festival Étonnants Voyageurs, festival du Livre et du Film (juin), festival Folklores du monde (juillet), festival Quai des Bulles, festival de Bande dessinée et de l'Image projetée (octobre).
– **Ouessant :** foire aux Moutons, marquant la rentrée des troupeaux dans les enclos, après 4 mois passés en liberté (1er mercredi de février), Salon du livre insulaire (août).
– **Belle-Île-en-Mer :** Festival lyrique en mer (juillet-août).
– **Île de Ré :** fête de la Mer (15 août).
– **Blaye :** Printemps des vins (avril).

Du Finistère au Morbihan

L'itinéraire se poursuit dans le Finistère, avec une première étape à **Carantec**, station balnéaire de la baie de Morlaix bordée de belles plages de sable. Du bourg, on accède à pied à l'île Callot, propice à d'agréables promenades dans les dunes et les massifs granitiques, et par bateau à **l'île du château du Taureau**. Ici, Vauban reconstruisit un fort élevé en 1542, « extraordinairement petit, bas, peu contenant, et très mal assorti ». La route traverse les monts d'Arrée pour rejoindre le port de **Camaret-sur-Mer**. Érigé en 1689, son fort résista vaillamment aux assauts anglo-hollandais, en 1694, ce qui valut à la cité d'être exemptée de la taxe de fouage perçue sur chaque foyer. De Camaret, on accède par bateau à **l'île d'Ouessant** qui, cernée de récifs, fut le lieu d'innombrables naufrages. « Qui voit Molène voit sa peine, qui voit Ouessant voit son sang », disaient les marins… Sur cette île du bout du monde, sauvage et charismatique, Vauban éleva le phare du Stiff, l'un des plus anciens encore en activité. L'itinéraire se poursuit en direction du **Morbihan**. Commandant l'entrée de la **rade de Lorient,** la **citadelle de Port-Louis**, élevée à la Renaissance, fut remaniée par Vauban. En l'honneur du Roi-Soleil, elle se para d'échauguettes en forme de lys. La route se poursuit vers Quiberon, où une escapade à **Belle-Île** s'impose. La **citadelle du Palais**, élevée sous Henri II, fut renforcée par notre ingénieur grâce à une double enceinte et à de puissants bastions d'angle.

La côte atlantique

La route quitte la Bretagne en passant par Vannes, qui abrite un pittoresque centre ancien, puis par Nantes, réputé pour son patrimoine et son animation, pour rejoindre en Charente-Maritime l'**île de Ré**. Entièrement fortifiée par Vauban, **Saint-Martin-de-Ré** possède une citadelle unique par ses dimensions. Conçue pour abriter toute la population de l'île en cas d'invasion, elle s'entoure de 14 km de remparts. À la pointe ouest de l'île, le phare des Baleines jouxte l'ancienne tour des Baleines voulue par Vauban. La route longe la côte en direction de **Rochefort**. Cette remarquable cité fluviale, nichée dans une boucle de la Charente, fut bâtie ex nihilo sur ordre de Louis XIV, qui voulait en faire le plus beau port de guerre d'Europe. Si Vauban participa à peine à sa construction, son empreinte en revanche se lit dans la rade, notamment dans la ville voisine de **Fouras**, où le donjon médiéval s'entoure de fortifications érigées à son initiative, et dans l'**Île d'Aix**, au large de cette cité. La route poursuit vers le sud en direction de **Boucefranc-le-Chapus**, protégé par le **fort Louvois**, avant de gagner **l'île d'Oléron** et sa puissante citadelle. À 130 km au sud, par Marennes et Saintes, elle gagne **Blaye** et son immense citadelle de 38 ha dominant majestueusement l'estuaire de la Gironde. ●

QUE VOIR, QUE FAIRE SUR LA ROUTE DE VAUBAN ?

- Faire des escapades en bateau vers les îles
- Se baigner, faire de la voile, pêcher à pied ou en mer
- Faire du vélo dans l'arrière-pays de Saint-Vaast, en Bretagne et dans les îles charentaises
- Se promener dans la réserve ornithologique et les jardins botaniques de l'île de Tatihou
- Visiter le Musée maritime à Tatihou, les musées des Terre-Neuvas et de la pêche à la morue à Saint-Malo, la maison de l'Huître dans le fort Louvois, les Musées napoléonien et africain de l'île d'Aix
- Découvrir des sites d'exception en Bretagne, comme le cap Fréhel, Ouessant, Saint-Malo et Belle-Île
- Voir les alignements de menhirs à Camaret
- Faire du golf à l'île de Ré
- Se promener dans les marais de l'île d'Oléron

LA ROUTE DES FORTERESSES VAUBAN

La route de la malle-poste

Durant des siècles, la poste à cheval fut chargée d'acheminer le courrier. Le postillon conduisait la malle-poste à la fin du XVIIIᵉ siècle. Quelques passagers l'accompagnaient. Et tout cet équipage parcourait les routes de France, passant de relais en relais.

Conservée au musée de la Poste à Paris, une Carte des routes de la poste du roy indique les itinéraires qu'empruntait le courrier dans les premières années du XVIIᵉ siècle. On connaît aussi les tracés et les étapes de ces routes grâce aux Livres de poste édités depuis 1708. L'affaire est plus ancienne encore. Elle remonte à Louis XI qui, par un édit de 1464, créa le premier relais de poste pour les « chevaucheurs de l'écurie du roi ». La malle-poste, quant à elle, fit son apparition sur les routes de France en 1793. Cette lourde voiture remplaça la malle-charrette qui, jusqu'à cette date, acheminait le courrier à travers le royaume. Elle se déplaçait à la vitesse de 4 lieues à l'heure en moyenne, soit 16 km/h, ce qui peut sembler bien lent. Ce serait oublier que la malle-poste jouissait du privilège de lancer ses chevaux au galop, et qu'elle tenait ainsi le « haut du pavé » sur des routes mal carrossées et pas toujours bien fréquentées.

● En suivant la Seine

Malgré la sophistication du système des postes, un courrier envoyé par un Parisien à un Lyonnais mettait plusieurs jours avant de parvenir à son destinataire. Au sortir de la capitale, la malle-poste suivait en gros le cours de la Seine, traversant les actuels départements de l'Essonne et de la Seine-et-Marne. Passé la **forêt de Fontainebleau,** l'attelage entrait à Saint-Mathurin de Larchant. Le courrier devait se presser. Le rythme était tout autre pour les bâtisseurs de la basilique locale, dont les travaux s'étalèrent sur plus de trois siècles, pour s'achever au début du XVIᵉ siècle. Le résultat est un joyau gothique aux dimensions impressionnantes. C'est au postillon que revenait la charge de conduire la malle-poste. On l'identifiait facilement grâce à sa veste colorée – bleue au temps de la monarchie, puis verte sous l'Empire – ornée de la mention « poste aux chevaux ». Ses grandes bottes rigides sont entrées dans la légende : elles sont devenues « de sept lieux », la distance qui séparait un relais du suivant. En théorie en tout cas, puisque, dans les faits, l'éloignement de chaque relais dépendait des difficultés du trajet. Poursuivant sa route, toujours plus au sud en se dirigeant lentement vers l'est, la malle-poste suivait le Loing et rejoignait **Montargis,** la Venise du Gâtinais, ainsi nommée pour ses canaux qui se mêlent aux rues. Elle se dirigeait ensuite vers la Loire. À **Briare,** le célèbre pont-canal est une merveille du patrimoine fluvial. Inauguré en 1896, construit pour partie par l'entreprise Eiffel et facilement reconnaissable grâce à ses lampadaires, il fut longtemps le plus long

Paris
Forêt de Fontainebleau
Saint-Mathurin de Larchant
Montargis
Loire
Loing
Pont-canal de Briare
Seine
Pouilly-sur-Loire
La Charité-sur-Loire
Nevers
Moulins
Saône
Lapalisse
Roanne
Tarare
Allier
Besbre
Rhône
Lyon
50 km

À BORD DE LA MALLE-POSTE

- **Départ :** Paris
- **Arrivée :** Lyon
- **Distance :** 504 km en suivant la route de la malle-poste

HISTOIRE ET TRADITIONS

La malle-poste fit son apparition en 1793. À Paris, le musée de la Poste en a conservé une.

canal métallique du monde, avec ses 662,69 m qui relient le canal latéral de la Loire au canal de Briare.

● La butte de Nevers

L'étape de **Pouilly-sur-Loire** devait être une tentation pour les postillons, réputés portés sur la boisson. Les vins fameux tirés des vignobles qui surplombent la Loire sont aujourd'hui à découvrir au Centre œnotouristique de La Tour du Pouilly-Fumé. L'ambiance se faisait plus austère à **La Charité-Sur-Loire**, fondée par l'abbaye de Cluny pour accroître son rayonnement vers le nord de la France. De ce temps, il reste le prieuré, endommagé par l'incendie de 1559. Toujours sur le cours de la Loire et du haut de sa butte, **Nevers** occupe une position stratégique depuis l'ère néolithique. Avec ses deux chœurs, la cathédrale de la ville est une curiosité. Le premier, de style roman, n'est pas orienté à l'ouest, ce qui explique la construction du second, à l'autre extrémité de la

QUE VOIR, QUE FAIRE
SUR LA ROUTE DE
LA MALLE-POSTE ?

- Découvrir les décors peints des chapelles de l'église Sainte-Marie-Madeleine à Montargis
- Visiter la manufacture des Émaux et naviguer sur le canal de Briare
- Flâner dans les nombreuses librairies de La Charité-sur-Loire, Cité du mot
- À Nevers, visiter le musée de la Faïence récemment rénové, assister à une course ou pratiquer le karting sur le circuit de Magny-Cours
- Visiter le Centre national du Costume de scène à Moulins
- Pratiquer le tourisme fluvial sur le canal qui va de Roanne à Digoin

LA ROUTE DE LA MALLE-POSTE

Les surprenants vitraux contemporains de la cathédrale Saint-Cyr et Sainte-Julitte à Nevers, dans la Nièvre

nef. Mais le plus surprenant, ce sont les 1 500 m² de vitraux contemporains, réalisés pour réparer les dégâts du bombardement de 1944. À Nevers comme tout au long de son trajet, la malle-poste faisait halte dans des relais conçus pour l'accueillir. Et si la vie du postillon n'était pas de tout repos, le sort du Maître de poste se révélait beaucoup plus enviable. Souvent propriétaire terrien et aubergiste, il améliorait sa situation en fournissant montures fraîches, gîte et hébergement au postillon et à ses voyageurs.

● Les « nouveautés » de Paris

Quittant la Loire pour l'Allier, la malle-poste rejoignait **Moulins,** capitale du Bourbonnais. Ici comme ailleurs, le véhicule était attendu avec impatience par les élégantes de la ville, puisque, en plus de sa fonction pre-

CARNET DE ROUTE

● Les premiers contacts L'adresse - musée **de la Poste** 34, boulevard de Vaugirard – 75015 Paris – 01.42.79.24.24 – www.laposte.fr/adressemusee **Office de tourisme de Montargis** 35, rue Renée-de-France 45200 Montargis – 02.38.98.00.87 – www.tourisme-montargis.fr – La durée du voyage Il serait dommage de se presser pour parcourir les 500 km de ce voyage. Chacun pourra suivre le trajet à son rythme, en profitant des nombreux charmes du parcours.

● Les spécialités locales Les émaux de Briare, la faïence de Nevers, le tissu léger de mousseline à Tarare, les soieries à Lyon.

● Les spécialités culinaires

– Bœuf bourguignon, escargots à la bourguignonne, œufs en meurette, pôchouse à base de poissons, truite à la bourguignonne, vins de Bourgogne (Bourgogne).

– Brochet de Loire beurre blanc, matelote d'anguilles, géline (volaille) de Touraine, pâté de Chartres (pâté en croûte composé de gibiers), lentilles vertes du Berry (en région Centre).

– Agneau, poulets et bœuf charolais du Bourbonnais, pompe aux grattons (pâte à brioche avec des dés de lard), pâté aux pommes de terre, palets d'or de Moulins,

vérités de Lapalisse, piquenchâgne (pâté aux poires), vins de Saint-Pourçain (dans le Bourbonnais).

– Nombreuses charcuteries lyonnaises (rosette ou Jésus et nombreux saucissons truffés, pistachés ou briochés), poularde truffée, poulet aux morilles, quenelles, fourme de Montbrison (Rhône-Alpes).

● Les fêtes

– **Pouilly-sur-Loire :** Journée Caves Ouvertes (diverses dates), foire aux Vins de Pouilly (mi-août).

– **La Charité-sur-Loire :** festival du Mot (fin mai début juin), Nuit du livre (1er samedi soir d'août), foire aux Livres anciens (juillet et août).

– **Nevers :** Garçon la note ! le festival de concerts qui se déroule tout l'été, Les Zaccros d'ma rue, festival des Arts de la rue (juillet).

– **Moulins :** festival Jean Carmet, qui met à l'honneur les seconds rôles (octobre), Foire médiévale et festival des Troubadours à Souvigny (juillet-août).

– **Roanne :** festival Roanne Table Ouverte (septembre-octobre), Festival du court-métrage d'animation (mars).

– **Tarare :** fête du Beaujolais gourmand (novembre), fête des Mousselines, où l'on déploie 150 000 m de tissus multicolores (tous les 5 ans, les années en 0 et en 5).

mière, la malle-poste apportait dans les provinces la mode et les « nouveautés » venues de Paris. En entrant au pays de La Palice, le véhicule passait des plaines de la Sologne bourbonnaise aux hautes terres de la montagne bourbonnaise. Dans la vallée de la Besbre qui coule entre les départements de l'Allier et de la Loire, il arrivait à **Lapalisse**. Son château fut la résidence de Jacques de Chabannes, marquis devenu maréchal de France en 1515, qui entra dans l'histoire pour l'évidence de ses vérités. Avant d'achever son périple, la malle-poste retrouvait la Loire en traversant Roanne. Elle arrivait ensuite en pays de Tarare, dans le Beaujolais vert. La célèbre nationale 7 ne passait pas encore par là, mais **Tarare** était déjà un important lieu de passage. Si la malle-poste n'avait pas brisé ses roues, si les bandits de grands chemins l'avaient épargnée, elle parvenait enfin à **Lyon.** Le trajet demanda de moins en moins de temps au fil du temps, le service des postes améliorant ses performances pour délivrer le courrier toujours plus vite, dans des villes toujours plus nombreuses. L'apogée pourtant, ne fut pas loin du déclin. À la fin du XIXe siècle, le réseau des voies de chemin de fer se déploie et couvre de mieux en mieux le territoire. Dans le même temps, les relais de poste ferment les uns après les autres. Même si la malle-poste n'y passe plus, certains existent encore de nos jours : on peut dormir et manger dans ces auberges dispersées tout au long des routes de France. ●

LES CONSEILS GEO

● Les plus

Le TGV et l'autoroute ont fait oublier les charmes de la traversée de cette partie du territoire situé entre la capitale d'aujourd'hui et celle des Gaules. La route de la malle-poste permet de les redécouvrir.

● Les variantes

Il reste peu de traces visibles de la longue histoire de la malle-poste. On en trouve cependant, par exemple au relais de Launois-sur-Vence, près de Charleville-Mézières. Ses divers édifices, bâtis en 1654 sur la ligne Paris-Sedan, se visitent toujours. Ils permettent d'imaginer l'entrée de la malle-poste par la porte charretière, surmontée d'une loge de guetteur qui permettait les accueils nocturnes. Pendant que les passagers trouvaient refuge dans la grande demeure du maître de poste, le postillon garait son véhicule dans la vaste halle aux diligences et échangeait ses montures dans les écuries.

Ailleurs en France, d'anciens relais rénovés assurent toujours le gîte et le couvert. C'est le cas de l'Hostellerie *La Croix Blanche* de Fontevraud-l'Abbaye, à 15 km de Saumur. En Alsace, le *Relais de la Poste*, à La Wantzenau et la *Cour du Corbeau*, dans le centre de Strasbourg, sont aussi d'anciens relais.

À Moulins, le pont Régemortes, construit au milieu du XVIIIe siècle, permet de traverser l'Allier.

LA ROUTE DE LA MALLE-POSTE

La nationale 7

Elle a ses chansons, ses musées, ses haltes obligées. Et même son jeu : les Mille Bornes®. Elle ? La nationale 7. La route la plus populaire de France, qui se déroule sur 996 km du cœur de Paris aux portes de l'Italie, à travers un éblouissant enchaînement de terroirs. Route du Midi des « années bonheur », elle en a gardé le charme. Et les tables mondialement célèbres.

Parcourir la nationale 7 est un somptueux voyage à travers les terroirs de France et sa diversité de paysages, intimistes ou spectaculaires. C'est, **de Paris à Menton**, prendre le chemin de la **forêt de Fontainebleau**, un brin de pays de Loire avant la **Bourgogne,** l'**Auvergne,** puis le **Beaujolais** pour gagner ensuite la **Provence** et la **Côte d'Azur**. Mais s'élancer sur la N 7 est aussi un voyage dans le temps. Un peu comme voir un film de Godard, une scène avec Gabin ou Bardot, ou danser sur Dans les rues d'Antibes aux accents déchirants du saxo alto de Sidney Bechet. En bref, la N 7, fort symbole des Trente Glorieuses, offre un voyage vers ces années 1955-1970, lorsqu'elle était « l'autoroute des Vacances », celle qui menait au paradis : **le Midi.**

Déjà sacrée première route touristique de France, en 1935 sous le nom de « route Bleue », elle eut son Comité central, ses dépliants aguicheurs et fut lancée à grand renfort de bals, de fêtes champêtres et de reines de beauté, tout au long du parcours. Peine perdue : elle sombra dans l'oubli avec son slogan « Prenez le vert sur la route Bleue ». Pour mieux renaître aux approches des années 1960 sous son nom républicain : nationale 7. C'est sur la N 7 que dès le début de juillet s'engageaient en files interminables les toutes nouvelles voitures d'alors, Renault 4, Dauphine Panhard et 2 CV Citroën, avec leurs joyeux chargements de passagers parmi chiens, chats, tentes et bagages. C'est sur la N 7 qu'une jeunesse dorée, plus ou moins intellectuelle, filait en Jaguar, à la folle vitesse de 120 km/h, ivre d'une liberté tout juste conquise, vers un port minuscule et à peine connu sur la Méditerranée : **Saint-Tropez**. Et c'est aussi sur la N 7 que les premières navettes de poids lourds entre le nord et le sud firent leur apparition, avec deux nouveautés : les Relais Routiers ouverts 24h/24 avec leur cuisine de terroir et les bouchons spectaculaires qui bloquaient la circulation, parfois pendant des heures. Certains points névralgiques, tels Nemours ou Lapalisse, réunissent aujourd'hui les nostalgiques passionnés qui, à grand renfort de centaines de voitures anciennes et de gendarmes en uniforme avec motos d'époque, bloquent la rue principale à la joie de tous.

HISTOIRE ET TRADITIONS

LA NATIONALE 7 DE PARIS AUX PORTES DE L'ITALIE

- **Départ :** Paris
- **Arrivée :** Menton
- **Distance :** 996 km

● De Paris aux confins de la Bourgogne

Au pied du **parvis de Notre-Dame de Paris**, point zéro des routes de France, matérialisé par un médaillon de bronze octogonal serti dans un cercle de pierre, débute la nationale 7, près de la nationale 6, sa presque jumelle. Rue parisienne d'abord, elle file incognito par la **place d'Italie** vers la porte du même nom, passe sous les pistes de l'**aéroport d'Orly** pour gagner **Fontainebleau** dont le château fut si cher à François Iᵉʳ. Là, elle traverse en ligne droite l'immense forêt de plus de 20 000 ha où, de nos jours encore, le cerf se chasse à courre comme sous les rois de France. Direction **Nemours**, dont la superbe forteresse du XIIᵉ siècle se reflète dans les eaux calmes du Loing. C'est le kilomètre 76 de la N 7, premier rendez-vous des nostalgiques, avant de gagner **Montargis** surnommée Venise du Gâtinais, avec ses ruelles d'eau, ses 131 ponts, ses rives et ses barques fleuries. Désormais route à deux voies aux allures campagnardes, la N 7 entre dans **Briare**, « Station verte » et « Village fleuri », célèbre pour ses précieux émaux, mais plus encore pour son **pont-canal** (XIXᵉ siècle). Orné de chimères et de lampadaires de bronze sur toute sa longueur (662,69 m), il fait passer les eaux du canal de Briare au-dessus de celles de la Loire. La **Loire**… fleuve sauvage et magnifique dont la N 7, de près ou de loin, ne quitte plus la rive gauche, suivant l'infini moutonnement des coteaux bourguignons couverts de vignobles… **Neuvy-sur-Loire, Pouilly-sur-Loire,**

Le pont-canal de Briare est l'un des plus longs ponts métalliques du monde.

LES CONSEILS GEO

● Les plus

Laisser la place au hasard des découvertes de sites, de villes, de villages, avec leurs petits cafés et restaurants de terroir. Lors des grands départs, éviter la tension de conduire sur l'autoroute et les désagréments de ses haltes bondées.

● Les variantes

À la sortie de Paris, porte de Charenton, emprunter les tronçons subsistants de la N 6 ou bien rejoignez-la à Fontainebleau ou à Sens pour ensuite traverser toute la Bourgogne, ses villages, ses vignobles, puis le Mâconnais. Regagner la N 7 à Lyon. À partir de Menton, aller randonner dans la vallée des Merveilles.

Cette borne kilométrique est située près de Pont-de-l'Isère, dans la Drôme.

ancien grand port de batellerie dont le Relais des 200 bornes fut un haut lieu de la route, **La Charité-sur-Loire**... autant de vieux villages aux maisons anciennes lovées autour de châteaux, d'églises romanes et de prieurés célèbres, dont les noms sont aussi ceux de grands vins déjà servis au XVe siècle, aux festins des fastueux ducs de Bourgogne.

● Entre Allier, Loire et Rhône

Prochaine étape : **Nevers**, opulente « Ville d'art et d'histoire », capitale de la faïence au bleu de cobalt inimitable et des délicates nougatines tendres et roses. Son **palais ducal**, du style pur Renaissance comme le château de Blois, **sa cathédrale Saint-Cyr et Sainte-Julitte** aux deux chevets, son imposant pont de pierre et ses rues anciennes méritent

CARNET DE ROUTE

● **Les cartes routières** Elles jouent un rôle essentiel, aussi en faut-il plusieurs : une carte routière générale pour embrasser d'un coup d'œil l'itinéraire de Paris à Menton et six cartes régionales au 1/250 000 (1 cm = 2,5 km) permettant de repérer les détails intéressants, telles que les cartes IGN n° 03, 08, 09, 013, 020, 018. Pour les passionnés : les cartes Michelin datant des années 1960 et couvrant l'itinéraire, afin de reconnaître sous leurs numéros actuels certains tronçons aujourd'hui déclassés de la N 7.

● **La bonne période** Période idéale : juin et septembre. Peu de circulation et douceur du climat ; superbe végétation et floraison du printemps au mois de juin. Douceur et couleurs d'automne très appréciables. Dans les deux cas, attention aux brouillards matinaux et nocturnes au nord de Valence. En été, la N 7 est aussi chargée que les autres. Éviter les mois d'hiver, période de verglas dont la N 7 n'est pas avare.

● **La durée du voyage** Compter 2 jours pour parcourir le kilométrage total et au moins un jour de plus pour profiter rapidement de quelques haltes. L'idéal étant de disposer de 4 à 8 jours.

● **Le coût moyen** Prévoir un budget de base pour 4 jours de 240 à 330 € hors saison et de 315 à 390 € en saison pour l'essence et l'hébergement. L'itinéraire étant jalonné de bons restaurants de terroir et gastronomiques, l'enveloppe à prévoir dépend des moyens et de la gourmandise de chacun.

● **La logistique** Option de passionnés : la N 7 à bord d'une voiture ancienne. À savoir pour les non-initiés : avec moins de reprises (à l'exception des

sportives), sans climatisation, sans ceinture, avec des freins plus durs, moins précis, des essuie-glaces moins performants, ces voitures auxquelles les conducteurs d'aujourd'hui ne sont pas habitués peuvent s'avérer très fatigantes, voire dangereuses (s'entraîner avant le départ). En voiture ou à moto récente, rien à signaler.

● **Les spécialités locales**
Faïences de Nevers, soieries lyonnaises, poteries de Vallauris, verreries d'art de Biot, plantes grasses de Monaco.

● **Les spécialités culinaires**
– Nougatines de Nevers.
– Vins de Pouilly-sur-Loire.
– Nougat de Montélimar.
– Fruits confits de Menton.

Les fêtes
– Rallyes, rencontres, pique-niques, « Rétro Camping » et embouteillages organisés figurent, chaque année, au programme des réjouissances de la N 7, tels les « Faites de la N 7 » à Pougues-les-Eaux ; les « embouteillages de Lapalisse » et le « Rétro Camping de la N 7 » à Tain-l'Hermitage en septembre ; le « Bouchon de Tourves » dans le Var.
– Lyon : fête des Lumières (décembre).
– Orange : Chorégies (juillet).
– Avignon : festival d'Avignon (juillet).
– Cannes : festival des Arts pyrotechniques (juillet et août).
– Nice : carnaval (février-mars).
– Monaco : festival international du Cirque (janvier).
– Menton : fêtes du Citron (février-mars).

Les platanes font partie des images d'Épinal de la nationale 7.

une halte. Au sortir de la ville, la N 7 file plein sud à travers la Nièvre bourguignonne, où l'horizon s'élargit sur une campagne sillonnée de rivières entre Loire et Allier. De nombreux châteaux et des bourgades telles **Magny-Cours** au célèbre **circuit automobile**, **Villeneuve-sur-Allier** connu pour son **arboretum de Balaine,** jalonnent le paysage jusqu'à **Moulins.** La capitale des ducs de Bourbon est empreinte de charme, avec ses maisons à pans de bois, sa **cathédrale** gothique, son **donjon de la Mal Coiffée** et son **Grand Café** (1899), l'une des plus belles brasseries 1900 de France, où rôde l'ombre de Gabrielle Chanel.

Et voilà que se profile **Lapalisse,** célèbre pour son **château,** son seigneur à la logique imparable, et ses embouteillages mythiques. Le relief s'accentue, se couvre de forêts à la végétation plus sombre qui annoncent les **monts de la Madeleine.** Bientôt **Roanne,** où la Loire s'étale au sortir de ses gorges, puis **Tarare** et **L'Arbesle,** gros village médiéval où passait aussi la route royale. Enfin **Lyon,** où la N 7 côtoie la N 6 avant de franchir le **Rhône** et de longer la rive gauche en direction de **Vienne,** où l'on peut admirer un tronçon restauré de la voie gallo-romaine qui reliait Lyon, le plus important carrefour de la Gaule romaine, à Milan par les Alpes.

• À travers la lumineuse Provence

Entre Vienne et **Valence** s'annonce le Midi, avec ses lumières, ses maisons ocre et ses platanes. Bientôt aussi ses champs de lavande et de tournesol aux approches de **Montélimar,** ville du nougat où Charles Aznavour inaugura en 2011 le **rond-point de la nationale 7** dédié à Charles Trenet, en l'honneur de sa célèbre chanson. Les encombrements de cet ancien goulet d'étranglement de la route des vacances comptèrent parmi les pires de l'Hexagone. Passé cet endroit, la route file plein sud entre le Rhône aux turbulents flots vert bouteille sur la droite et les lointains **monts du Vercors** sur la gauche, dans un enchaînement de garrigues et de vergers protégés par d'immenses haies coupe-vent qui marquent l'empire du mistral. Le tronçon qui relie **Malataverne à Donzère** s'illustra dans les années 1780-1790 par les exactions diverses et attaques de malles-poste perpétrées par une centaine de brigands dont la **grotte Mandrin,** leur repaire sur la colline de la Roucoule, garde le souvenir. Peu avant **Bollène,** le **barrage de Donzère-Mondragon,** inauguré en 1952, et son panorama valent un coup d'œil, de même que les vestiges de la **forteresse de Mornas** et le

QUE VOIR, QUE FAIRE
SUR LA N 7 ?

- Les anciennes bornes kilométriques et les plaques Michelin en tôle émaillée bleu et blanc, les fresques publicitaires, les édifices Art déco datant des années 1935-1960. Les quelques bornes milliaires datant des postes de l'Ancien Régime
- Le musée des Deux-Marines et du Pont-canal à Briare
- À Pouilly, le *Relais des 200 bornes*
- Les restaurants nés de la N 7 et devenus les tables gastronomiques parmi les plus célèbres du monde : *Maison Troisgros* (Roanne), La Mère Brazier (Lyon), Paul Bocuse (Collonges-au-Mont-d'Or), Point (Vienne), Pic (Valence), *Le Louis XV* d'Alain Ducasse (*Hôtel de Paris*, Monte-Carlo)
- Le musée de la N 7 à Mormant-sur-Vernisson (Loiret) ou le musée mémoire de la Nationale 7 à Piolenc (Vaucluse)
- La cité des papes (Avignon)
- Les rues d'Antibes et l'ancien château Grimaldi où Picasso eut son atelier
- Aller au Jardin exotique de Monaco et prendre un café au célèbre *Hôtel de Paris* à Monte-Carlo
- La Promenade des Anglais à Nice
- Les rues piétonnes du Vieux Menton

musée mémoire de la Nationale 7 à Piolenc. **Orange,** en revanche, vaut que l'on s'y attarde pour son **arc de triomphe** érigé vers le Ier siècle, et pour son **théâtre antique** de 10 000 places, l'un des mieux conservés du monde et qui accueille les célèbres Chorégies d'Orange. Encore 50 km environ, et voici que se profilent les hauts remparts de la cité des papes, **Avignon** (inscrite au patrimoine mondial de l'Unesco), dont **la cour d'honneur palatiale** abrite tous les étés le festival des arts du spectacle contemporain, où se pressent des passionnés venus du monde entier. Il faut flâner dans les rues anciennes, admirer la sobre élégance des maisons et faire un tour sur le **pont de Saint-Bénezet** (XIIIe siècle) aux arches maintes fois emportées par les crues du Rhône et reconstruites. En quittant la ville, c'est **la Durance,** large rivière au cours capricieux encombré de levées de sable, que rejoint la N 7, contournant le **parc naturel régional du Luberon** par Orgon, Sénas, Lambesc et **Aix-en-Provence.** Ville d'art aux 40 fontaines, dominée par le **massif de la Sainte-Victoire** dont le peintre Paul Cézanne rendit les moindres nuances, **Aix** ouvre le chemin vers l'arrière-pays de la Côte d'Azur, que sillonne la N 7 dans un patchwork de garrigues trouées de roches blanches et de vignobles aux terres roses. Par **Saint-Maximin** et **Brignoles,** après le **massif des Maures,** la route va frôler le nord de l'Esterel au pied du **mont Vinaigre** (618 m), pour déboucher enfin sur la mer dans la **baie de Cannes.** En effet, contrairement à l'idée reçue, la route mythique ne passe pas à Saint-Tropez, que l'on atteint par la D 25, en traversant **les Maures,** plein sud sur 30 km.

À Lyon, la rive gauche du Rhône, où sont amarrées de nombreuses péniches résidentielles, est devenue un vaste jardin de 10 ha, relié au parc de la Tête d'Or.

● Les splendeurs de la Côte d'Azur

Ce n'est ni par le vieux port ni par la Croisette, où trône le luxueux hôtel Carlton, que la N 7 traverse Cannes, mais elle coupe la ville par la rue principale avant de gagner le rivage, cette Côte d'Azur qu'elle ne quittera plus... ou presque. Longeant le **golfe Juan,** entre le bleu de la Méditerranée et le vert des pins parasols, elle file vers **Antibes** dont les remparts et la forteresse dominent les vagues, et où Picasso avait un atelier. Et la voilà débouchant sur la spectaculaire **baie des Anges** d'où s'étire la ville de **Nice,** sa **Promenade des Anglais** avec le célèbre hôtel Negresco, puis le bassin portuaire que l'on contourne pour s'élancer vers les élégants ports de **Villefranche** et de **Beaulieu.** Plages de sable ou de galets, ports de rêve, villes touristiques aux cœurs anciens à flanc de montagne sur la mer et villas de luxe dissimulées dans l'exubérance d'une végétation fleurie s'enchaînent maintenant jusqu'aux hauteurs de la principauté de **Monaco**... et au-delà. Si le grand luxe attire milliardaires et célébrités dans le fief des Grimaldi, ses jardins exotiques, son casino construit par Charles Garnier, ses palais 1900 classés, ses musées et ses panoramas superbes sont à la portée de tous. Que ce soit par la haute ou la moyenne corniche, où, selon les époques, on fit passer la N 7, la vue, éblouissante à perte d'horizon, englobe l'immense **baie de Menton,** harmonieuse ville fleurie aux immeubles Belle Époque, dont le vieux village aux maisons ocre serrées à flanc de falaise autour de **l'église** sert d'écrin au port de plaisance. Deux kilomètres encore, et la route mythique transformée en une large avenue plantée de hauts palmiers s'arrête net. C'est la frontière italienne, là où la via Aurelia prend le relais. ●

À flanc de montagne et dominée par son église, la vieille ville de Menton aux ruelles escarpées se dresse face à la Méditerranée.

La route de l'infante

La France et l'Espagne sont enfin en paix ! Et pour renforcer les liens entre les deux pays, Louis XIV épouse l'infante d'Espagne. Le beau village de Saint-Jean-de-Luz est au centre des festivités. Le 9 juin 1660, c'est le jour du mariage !

Saint-Jean-de-Luz est en effervescence en ce mois de juin 1660. L'année précédente, sur l'île des Faisans, au milieu de la rivière de la Bidassoa, Mazarin, pour Louis XIV, et Don Luis de Haro, pour Philippe IV d'Espagne, ont enfin signé le traité des Pyrénées. Ils mettent ainsi fin à l'interminable guerre qui oppose la France et l'Espagne. Le traité prévoit diverses restitutions de territoires… et le mariage de Louis XIV avec l'infante Marie-Thérèse.

● Le jeune roi découvre son royaume

Pour rejoindre sa promise, le roi Louis XIV quitte son château de **Fontainebleau** au cours de l'été 1659, accompagné d'un cortège de plusieurs milliers de personnes. Il pense se diriger directement vers le petit port de la côte basque. Il doit patienter : la diplomatie connaît ses lenteurs habituelles, et la mauvaise santé du roi Philippe IV retarde son départ de Madrid. Finalement, ses pérégrinations durent une année. Ce long périple permet au jeune roi de 22 ans de découvrir quelques provinces de son royaume. Il traverse ainsi la Gascogne, le Béarn et la Navarre. Venant de **Toulouse,** le cortège royal est signalé à l'Isle-Jourdain le 23 avril 1660. Le 24 avril, il parvient à Auch, capitale de la Gascogne et siège du comté d'Armagnac, où les pousterles, ces ruelles médiévales étroites et pentues, mènent à la cathédrale Sainte-Marie et à la tour d'Armagnac. Le lendemain, il fait son entrée vers 16 h à Vic-Fezensac. Le roi loge tout à côté de l'église Saint-Pierre, l'un des principaux édifices de la ville toujours visible aujourd'hui. Le cortège poursuit sa route par Nogaro, en Armagnac, protégé par le château fort d'Espas. Il entre ensuite à Mont-de-Marsan, principale ville fortifiée des Landes, qui a conservé son donjon devenu musée et ses rues médiévales. On le trouve ensuite à **Dax,** où l'héritage gallo-romain est ponctué de notes Art déco. Le voilà enfin à Bayonne, entre Nive et Adour, tout près de l'Océan et des célèbres stations balnéaires de la côte basque.

MARIAGE ROYAL
À SAINT-JEAN-DE-LUZ

- **Départ :** Fontainebleau
- **Arrivée :** Paris via Saint-Jean-de-Luz
- **Distance :** 1 795 km environ

Bien à l'abri sur le golfe de Gascogne, la baie de Saint-Jean-de-Luz offre une vue magnifique sur les Pyrénées basques souvent enneigées.

● Comme un vaisseau renversé

L'entrée du roi à **Saint-Jean-de-Luz** est triomphale, aussi grandiose que la cérémonie du 9 juin 1660. C'est dans l'église Saint-Jean-Baptiste, avec sa nef qui rappelle un immense vaisseau renversé, que se déroule la messe de mariage : Louis connaît sa femme depuis trois jours, elle ne parle pas un mot de français.

Une église primitive existait probablement ici dès le XIIe siècle, mais les parties les plus anciennes, comme le clocher ou le porche, datent du XIVe siècle : les destructions et les incendies des invasions espagnoles ont fait bien des ravages dans la ville. L'église que l'on peut voir aujourd'hui a été bâtie à partir de 1649, par l'architecte Louis de Milhet, qui en a doublé la superficie. Lors de la cérémonie, les travaux ne sont pas achevés, puisqu'ils s'éternisent jusqu'en 1680. Les mariés n'ont donc pas vu le magnifique retable, achevé 10 ans après leur passage. Dans la rue Gambetta, une inscription gravée dans la pierre laisse entendre que la porte a été murée après le mariage, mais c'est peu probable. Face au port de Saint-Jean-de-Luz, au n° 1 du quai de l'Infante, la célèbre maison de l'Infante est devenu l'icône de ce mariage royal. Elle portait avant le mariage le nom de Jeannot de Haraneder, le

QUE VOIR, QUE FAIRE
AU PAYS BASQUE ?

- S'offrir une cure de thalassothérapie à Saint-Jean-de-Luz qui compte deux centres face à la baie
- Assister à une partie de pelote basque, ou à une corrida à Bayonne, la plus ancienne ville taurine de France
- Visiter le musée de la Mer - aquarium de Biarritz, et jouer au casino
- Profiter des vagues pour surfer le long du littoral basque
- Participer aux fêtes de villages et aux jeux de force basque (lever de pierre ou de ballots de paille, travail de bûcheron, sprint avec un sac sur l'épaule...)

LA ROUTE DE L'INFANTE

LES CONSEILS GEO

● Les plus

La diplomatie franco-espagnole a eu la main heureuse en choisissant le port de Saint-Jean-de-Luz. Plus tranquille que sa voisine Biarritz, le petit port du Pays basque est idéalement situé pour découvrir le littoral comme l'intérieur des terres.

● Les variantes

Même s'il est venu de Fontainebleau avec un imposant cortège, Louis XIV n'était pas accompagné de sa future épouse. Pour compléter ce périple royal, on pourra faire le chemin de l'infante et de la cour du roi Philippe IV, en passant par San Sebastian, Bilbao, Vitoria-Gasteiz puis Burgos avant de rejoindre la capitale.

riche armateur qui l'avait offerte à sa ville. Sa façade, d'inspiration vénitienne, est faite de brique rose et de pierre. Avec ses galeries dotées de doubles arcs et ses fenêtres régulièrement espacées, c'est un bel exemple de l'architecture classique de l'époque. Anne d'Autriche, la reine mère, s'y installe dès le mois de mai 1660. Sa future bru vient la rejoindre pour un séjour plus bref. À l'intérieur, la chambre dite de l'Infante se visite toujours au premier étage, comme la grande salle du XVIIe siècle. On y admire une cheminée sculptée particulièrement monumentale et un plafond aux poutres richement décorées. L'oratoire du sommet offre un magnifique point de vue sur le port, la montagne de la Rhune et Ciboure, la ville voisine. D'autres maisons remarquables de la ville méritent une visite, notamment la maison Lohobiague Enea (6, place Louis-XIV) dite « Maison Louis XIV ». Bâtie en 1643 par l'armateur Joannis de Lohobiague, elle servit de logement au roi durant la période de son mariage. Les charmes de Saint-Jean-de-Luz ne s'arrêtent pas là, et le visiteur aura plaisir à se promener sur la plage et sur la jetée, à grimper jusqu'à la pointe Sainte-Barbe, pour s'offrir un magnifique panorama sur la ville et sa baie.

CARNET DE ROUTE

● Les premiers contacts Office de tourisme de Saint-Jean-de-Luz 20, boulevard Victor-Hugo – 64500 Saint-Jean-de-Luz – 05.59.26.03.16 – www.saint-jean-de-luz.com

● La bonne période Le mariage du roi et de l'infante a été célébré en juin, et cette période semble idéale pour un séjour à Saint-Jean-de-Luz : le soleil est déjà là, et les touristes sont encore peu nombreux.

● La durée du voyage Le voyage complet du roi est improbable à réaliser, mais Saint-Jean-de-Luz mérite bien un séjour d'une semaine, voire deux ou plus, si vous envisagez de visiter le reste du Pays basque.

● Les spécialités locales La (ou le) chistera en osier qui prolonge la main du joueur de pelote basque, le béret qu'on trouve encore posé sur de nombreux crânes, le Makhila – ce bâton plombé qui sert de canne de marche mais se transforme en arme redoutable –, l'espadrille, qui donnait le pied léger aux contrebandiers, le linge basque, joliment coloré.

● Les spécialités culinaires
– Pintxos (semblables aux tapas espagnols), poulet à la basquaise et axoa de veau.

– Ttoro (une soupe de poisson), chipirons à la luzienne.
– Piperade et piment d'Espelette accompagnent de nombreux plats.
– Fromages de brebis frais au lait cru (ossau-iraty, roncal et idiazabal).
– Gâteau basque, qui se déguste fourré à la confiture de cerises ou à la crème pâtissière.

● Les fêtes
– **Saint-Jean-de-Luz :** fête basque en rouge et noir (fin juin), Toro de Fuego et bataille de confettis sur la place Louis XIV (mercredi et dimanche en été).
– **Bayonne :** les célèbres Fêtes de Bayonne animées par plus de 80 peñas (associations) pour le bonheur des festayres (les participants) en tenue blanche et foulard rouge (fin juillet). Aussi : Journées du Chocolat (en mai), carnaval (autour de Mardi gras), et marché médiéval (autour du 14 juillet).
– **Biarritz :** Les Océanes ouvrent la saison estivale et célèbrent l'océan avec de nombreuses animations (fin juin). Pleins feux sur Biarritz propose cinq créations pyrotechniques inspirées des cultures du monde entier (mi-juillet à mi-août). Biarritz en Lumières termine l'année avec 12 nuits de féeries (Fin décembre).

● Paris est en fête

Les festivités achevées, le voyage de retour est bien plus rapide que celui de l'aller : les jeunes mariés quittent Saint-Jean-de-Luz le 15 juin 1660. Ils passent par **Bordeaux** le 23 et retrouvent Fontainebleau 1 mois après le départ. Cette union demande encore son apothéose. Elle eut lieu le 26 août, lors du défilé destiné à présenter Marie-Thérèse aux Parisiens. Ce jour-là, **Paris** est en fête. La ville pavoise et les façades des immeubles sont décorées. Un trône est installé à l'extrémité du faubourg Saint-Antoine. Le lieu en conserva longtemps le souvenir puisqu'on appellera « place du Trône » jusqu'à la Révolution ce qui est aujourd'hui la place de la Nation. Le matin, le roi et son épouse y reçoivent les hommages du peuple et des notables. Dans l'après-midi, le cortège passe sous un arc de triomphe érigé pour l'occasion. Il lui faut 4 heures pour effectuer le trajet qui va de la porte Saint-Antoine au Louvre. Le roi est à cheval. Son épouse suit dans un carrosse couvert d'or et d'argent. Vient ensuite un interminable cortège. Dans le Marais, le balcon de l'hôtel de Beauvais a des allures de tribune officielle. Aujourd'hui occupé par la cour administrative d'appel de Paris, il existe toujours, au n° 68 de la rue François-Miron et peut se visiter lors des Journées du patrimoine. Anne d'Autriche, Mazarin et les plus hauts personnages de la cour sont aux premières loges. ●

À Auch, la cathédrale Sainte-Marie et la tour d'Armagnac sont toutes deux classées au patrimoine mondial de l'Unesco.

Les chemins de mémoire de la Grande Guerre

Verdun, le Chemin des Dames, Péronne, la Marne... depuis un siècle, ces mots tonnent comme des coups de canons. Ceux que l'on tirait sur les champs de bataille de la Grande Guerre.

C'était il y a 100 ans. En 1914, le monde entrait en guerre. Le conflit devait être bref. Il s'éternisa 4 ans et provoqua la mort de millions de soldats venus de nombreux pays. Jalonné de musées, de cimetières et d'émouvants mémoriaux, ce chemin de mémoire visite les grands champs de bataille, de Verdun et de l'Argonne, de la Somme et du Chemin des Dames.

De Bar-le-Duc à Verdun

La **Voie Sacrée** qui relie Bar-le-Duc à Verdun est le début logique de cette route qui suit le cours de l'histoire, puisqu'elle permit d'acheminer troupes et munitions sur le front. Des carrières ouvertes sur son parcours permettaient de l'empierrer, facilitant le passage des véhicules qui formaient une chaîne sans fin. Maurice Barrès lui donna son nom de Voie Sacrée en 1916. Aujourd'hui, des bornes ornées de casques de soldats jalonnent chaque kilomètre. À son terme se trouve Verdun, dans la Meuse, théâtre de la plus célèbre bataille de cette guerre qui en compta bien d'autres. Sa citadelle souterraine, où fut choisi le Soldat inconnu qui gît sous l'Arc de Triomphe, forme un réseau de galeries. Sa visite à bord d'un wagonnet permet de découvrir la vie qu'y menaient les poilus. Dans le centre-ville, le monument à la Victoire et aux Soldats se repère aisément, avec sa tour de 30 m surmontée d'un guerrier. Un escalier monumental mène à la crypte dédiée aux médaillés de Verdun. Les bois qui environnent la ville sont aujourd'hui apaisés, et des sentiers parcourent ce qui fut la terrible « zone rouge ». À Fleury-devant-Douaumont, un mémorial rénové ouvrira en 2015. À Douaumont, le fort construit en 1884 domine ce qui fut le champ de bataille. On y visite l'ossuaire et la vaste nécropole des soldats français. Toujours dans les environs, le PC (poste de commandement) du colonel Driant, la Cote 304, le fort de Vaux ou la tranchée des Baïonnettes rappellent la longue bataille.

Le tracé de l'ancien front

Plus à l'ouest, **la Marne** fut, elle aussi, terriblement meurtrie par les combats. Deux batailles décisives s'y déroulèrent. Pour ne pas oublier

LA ROUTE DU SOUVENIR DE 1914-1918

- **Départ :** Bar-le-Duc
- **Arrivée :** Lille
- **Distance :** 425 km

HISTOIRE ET TRADITIONS

Le mémorial de Verdun de Fleury-devant-Douaumont fut inauguré en 1967.
Il occupe l'emplacement de la gare détruite pendant le conflit.

le sacrifice des combattants, un circuit épouse le tracé de l'ancien front.
Entre Verdun et Reims, il passe par Suippes. Au Centre d'interprétation Marne 14-18, le visiteur endosse le rôle d'un personnage de l'époque
et s'immerge dans les témoignages qui font revivre le conflit. Plus loin,
Souain-Perthes-lès-Hurlus est connu pour ses cimetières militaires. Au
pied de sa monumentale croix en grès rose, celui de la Crouée rassemble pas moins de 30 000 dépouilles. À Saint-Hilaire-le-Grand, un
cimetière russe et une chapelle orthodoxe surmontée de bulbes – un
or et un bleu – rendent hommage aux soldats russes. À Verzy, l'observatoire du Mont-Sinaï permettait de suivre les mouvements de l'ennemi dans les monts de Champagne. Reims figure évidemment sur le
parcours. Sa célèbre cathédrale partit en fumée dès septembre 1914.
Le reste de la ville ne survécut pas à plus de 1 000 jours de bombardement. À proximité, le musée de la Pompelle possède une impressionnante collection de casques de l'armée allemande, de nombreuses
pièces d'artillerie et bien d'autres objets de l'époque.

● Entre Laon et Soissons

Chemin des Dames. Ce nom, hérité des deux filles du roi Louis XV,
évoque une promenade bucolique. Entre Laon et Soissons, ce plateau, qui
domine les vallées de l'Ailette et de l'Aisne, vit pourtant tomber des dizaines

- La marche du Grand Prix de
  la Voie Sacrée entre Verdun
  et Bar-le-Duc (11 novembre)
  ou celle de la Voie de la
  Liberté, entre Verdun et
  Sainte-Ménehould
  (8 mai)
- Les caves du vignoble
  champenois autour de
  Reims
- À Froissy, prendre le P'tit
  train de la Haute Somme
  qui part sur les traces
  des poilus
- À Arras, visiter la place
  des Héros, le beffroi et
  la citadelle Vauban
- Participer à la Grande
  Braderie annuelle de Lille,
  et visiter les nombreux
  musées de la ville

MÉMOIRE DE LA GRANDE GUERRE

de milliers de combattants, notamment lors de la vaine offensive française du printemps 1917. Symbole de ce massacre, le village de Craonne, entièrement détruit pendant l'offensive, a laissé son nom à la plus célèbre des chansons antimilitaristes. Quelques kilomètres plus loin, l'ancienne carrière de la Caverne du dragon est devenue le musée du Chemin des Dames. On y découvre des témoignages poignants sur les conditions d'existence des combattants des deux camps. Au mémorial de Cerny-en-Laonnois, des plaques commémoratives ornent la chapelle, et si le temps est clair, les cathédrales de Reims, de Soissons et de Laon se dessinent à l'horizon. Plus sombres, les carrières de calcaire de Braye-en-Laonnois furent occupées par les Allemands. Reprises par les troupes françaises, puis occupées par les Américains, elles sont ornées d'un millier de sculptures taillées par les soldats dans la pierre tendre. De nombreux Britanniques savent placer **Péronne** sur une carte de France. Ils l'associent au 1er juillet 1916, premier jour de la terrible bataille de la Somme, la plus meurtrière de l'histoire de l'armée britannique. Son Historial de la Grande Guerre, inauguré en 1992, profite d'une belle architecture contemporaine et d'un Centre de recherche ouvert aux universitaires. Le circuit du souvenir des batailles de la Somme relie ensuite Péronne à Albert. À Rancourt, la chapelle du Souvenir français borde le plus grand cimetière français du département, un cimetière britannique et une nécropole allemande. À Longueval, dans le Bois du Diable, ce sont les soldats sud-africains qui sont honorés d'un mémorial et d'un musée. Le Hamel rend hommage aux Australiens. Son mémorial jouxte les vestiges d'un blockhaus, tandis que le mémorial terre-neuvien de Beaumont-Hamel est entouré d'un réseau de tranchées bien conservé. Plus impressionnant

CARNET DE ROUTE

HISTOIRE ET TRADITIONS

• **Les premiers contacts**
Mission du Centenaire   www.centenaire.org
Centre de tourisme de la Meuse   03.29.45.78.40
www.tourisme-meuse.com

• **Les spécialités culinaires**
– Andouillettes de Troyes, joute (potée à base de chou et de lard), brochets de l'étang du Der, pieds de porc panés de Sainte-Ménehould. Moutarde et vinaigre de Reims sont élaborés avec du champagne. Pomme de terre, salade au lard, bayenne, cacasse avec des saucisses. Le gibier est abondant, notamment le sanglier (Champagne-Ardenne).
– Swéré ou hareng saur, ficelle ou agneau de pré-salé accompagné de haricots de Soissons et de champignons. Hénons (coques), crevettes grises et soles viennent de la baie de Somme (Picardie).
– Quiche lorraine, avec lard, crème et œufs, et potée, où carottes et poireaux accompagnent des

charcuteries fumées. Fumé, avec échalote, oignon et viande de porc et pâté dont la pâte feuilletée entour échine de porc et noix de veau (Lorraine).
– Waterzoï (ragoût de poisson), soupe à la bière et soupe des Hortillons. Carbonade de bœuf, anguille au vert, coq à la bière, potjefleich (terrine de volaille et de lapin), flamiche aux poireaux (Nord-Pas-de-Calais).

• **Les fêtes**
– **Partout en France :** commémoration de l'armistice le 11 novembre.
– **Pozières :** grande fresque historique sur la bataille de la Somme en 1916 (tous les 2 ans, en juillet).
– **Thiepval :** cérémonies commémoratives au mémorial franco-britannique et à la tour d'Ulster (chaque 1er juillet et 11 novembre).
– **Villers-Bretonneux :** Anzac Day Dawn Service célébré avant le lever du jour, au Mémorial national australien (chaque 25 avril).

encore, le mémorial franco-britannique de Thiepval est haut de 45 m. Il porte sur ses flancs les noms de 73 367 Britanniques et Sud-Africains disparus durant le conflit. Le Centre d'accueil et d'interprétation ouvert en 2004 permet de mieux comprendre leur sacrifice. Toujours à Thiepval, la tour d'Ulster est la réplique exacte d'une tour située près de Belfast et rend hommage aux Irlandais. Avec ses 100 m de diamètre, le Lochnagar Crater visible à La Boisselle donne une idée de la violence des bombardements. À Fricourt, les 17 000 soldats du cimetière allemand cohabitent en paix avec ceux des cimetières britanniques. À Albert, le musée Somme 1916 profite d'un long couloir souterrain de 250 m pour retracer la vie des soldats dans les tranchées.

● La bataille d'Arras

Le Pas-de-Calais se trouve quelques kilomètres plus au nord. Une première bataille avait embrasé Arras en 1914, mais la plus notable se déroula du 9 avril au 16 mai 1917, menée par les forces alliées du

Entre Laon et Soissons, le Chemin des Dames fut le théâtre de l'une des plus terribles batailles du conflit.

À proximité de l'ancien château médiéval, l'immeuble contemporain de l'Historial de la Grande Guerre de Péronne abrite un musée et un Centre de recherche.

LES CONSEILS GEO

● Les plus

La Grande Guerre est encore bien ancrée dans les mémoires, et ce parcours permet de visiter des lieux riches d'histoire et d'émotions. La célébration du centenaire a fourni une bonne occasion pour renouveler la muséographie des lieux de mémoire, qui s'attachent à faire revivre le conflit dans toutes ses dimensions.

● Les variantes

Pour rendre hommage aux poilus qui ont combattu dans les tranchées, l'important programme de commémorations entamé en 2014 se poursuivra jusqu'en 2018 dans tous les départements concernés par la Grande Guerre, dont Paris et sa région. Proche de la capitale, le musée de la Grande Guerre du pays de Meaux participe à l'opération. Aux pieds du Monument américain rénové, le bâtiment conçu par l'architecte Christophe Lab semble surgir de la colline. Il dispose de 7 000 m² pour exposer ses collections dans une scénographie moderne qui se partage entre le parcours principal et les espaces thématiques. Dans les environs de Meaux, les villages de Barcy, de Chambry, de Villeroy ou d'Étrépilly sont eux aussi concernés par la bataille de la Marne.

Commonwealth. Avant l'attaque, un vaste réseau souterrain fut taillé dans les carrières de craie pour concentrer discrètement les troupes, tout en leur évitant la traversée du terrible no man's land. Ce réseau existe toujours, dans la carrière Wellington, où s'entassèrent plus de 20 000 hommes. Un ascenseur vitré mène les visiteurs dans les entrailles de la terre et leur fait revivre les événements. Quelques kilomètres plus loin, la crête de Vimy surplombe la plaine de l'Artois. C'était l'objectif des forces canadiennes. L'assaut d'avril 1917 fit plus de 10 000 victimes dans leurs rangs. En hommage, le Monument commémoratif est aujourd'hui propriété de la nation canadienne. Au fil de la promenade dans ce vaste parc planté de pins et d'érables, on découvre des tranchées préservées et des installations souterraines. Son mémorial, composé de deux colonnes hautes de 35 m, honore les 60 000 Canadiens morts loin de chez eux, tandis que le Centre d'interprétation raconte l'histoire de la bataille. Quelques kilomètres plus loin, l'ancienne abbaye du mont Saint-Éloi fut détruite à la Révolution, à l'exception de ses deux tours. Les Alliés en firent un observatoire. Les artilleurs allemands les ont transformées en ruines impressionnantes. Avant Béthune, sur un promontoire qui domine le secteur d'Arras et les plaines d'Artois, le plateau de Notre-Dame-de-Lorette fut occupé par les Allemands dès 1914. En mai 1915, les troupes françaises parvinrent à les déloger. Après la guerre, les lieux furent transformés en nécropole, pour recueillir les dépouilles venues de plus de 150 cimetières des divers fronts de guerre de la région. La petite basilique fait face à la grande tour lanterne, dont le phare symbolise la flamme du souvenir. Dans le département du Nord, 20 km avant Lille, la bataille de **Fromelles** des 19 et 20 juillet 1916 fit des milliers de victimes, des Australiens pour la plupart. Son nouveau musée présente des reconstitutions rendues possibles grâce au matériel militaire exhumé des tranchées des bois du Faisan. Le récent Pheasant Wood Military Cimetery et le plus ancien Australian Memorial Park se trouvent près du champ de bataille. Adolf Hitler, alors caporal dans l'infanterie, aurait participé à la bataille, et le blockhaus où il aurait combattu se visite encore. À 15 km de Fromelles, sur la route de Templemars, le fort de Seclin servait déjà aux militaires romains. Il abrite aujourd'hui la splendide collection de cavalerie et d'artillerie de la famille Boniface. Lille est à proximité et peut achever cet itinéraire. On peut aussi franchir la frontière belge jusqu'à Ypres, où s'est écrit une autre grande page de la Grande Guerre. ●

À Vimy, dans le Pas-de-Calais, le parc du mémorial canadien permet de visiter un réseau de tranchées de la guerre 1914-1918.

La chapelle castrale et la Porte de France, à Vaucouleurs, par laquelle Jeanne d'Arc passa avec son escorte.

De la Lorraine à la Normandie, par la vallée de la Loire, la Champagne, la Picardie et les sites incontournables de Chinon, Orléans et Reims, sur les traces de la Pucelle, dont l'intervention durant la guerre de Cent Ans bouleversa le cours de l'histoire.

LE CIRCUIT JEANNE D'ARC PAR LES ROUTES DE LA VICTOIRE ET DE LA CAPTIVITÉ

- **Départ :** Domrémy-la-Pucelle
- **Arrivée :** Rouen
- **Distance :** 1 600 km

La route de Jeanne d'Arc

Le circuit suit au plus près la trajectoire de Jeanne d'Arc, qui quitta sa Lorraine natale à l'âge de 17 ans, armée d'une petite escorte, pour sauver le dauphin Charles retranché à Chinon et reconquérir le royaume de France. Une formidable épopée, suivie d'une longue période de captivité, à travers les geôles de l'Aisne, du Pas-de-Calais, de la Somme, jusqu'à l'ultime transfert vers Rouen, où se scella le destin de l'héroïne.

● Jeanne d'Arc en Lorraine

Le parcours débute à **Domrémy-la-Pucelle.** Jeanne d'Arc naquit en 1412 dans ce petit village de la vallée de la Meuse, situé à 50 km de Nancy. On y découvre sa maison natale, une modeste demeure toute blanche coiffée d'un toit à un seul pan, ornée d'une statue la représentant agenouillée, et l'église Saint-Rémy où elle fut baptisée. Deux kilomètres plus loin, sur un coteau en amont du village, la **basilique** du Bois-Chenu, consacrée en 1926, fut édifiée à l'endroit où Jeanne d'Arc entendit les voix de sainte Catherine, sainte Marguerite et saint Michel lui commandant de servir Dieu, puis lui confiant la mission de délivrer le royaume de France. Des fresques et des mosaïques relatent son histoire. Direction **Neufchâteau**, ville jadis fortifiée où Jeanne d'Arc et sa famille trouvèrent refuge en 1428 après l'entrée des Bourguignons à Domrémy. Une statue à son effigie orne la place Jeanne-d'Arc. La route se poursuit vers **Toul**, ville ceinturée

de remparts abritant, entre autres prestigieux monuments, la cathédrale Saint-Étienne, qui accueille l'un des plus grands cloîtres gothiques de France. Dans cette cité au riche passé épiscopal, la jeune bergère rencontra le duc de Lorraine, au mois de janvier 1429, avant de se rendre à **Vaucouleurs**, où elle reçut du gouverneur de la ville, Robert de Baudricourt, la permission d'aller à Chinon pour parler au dauphin Charles et obtint l'escorte qui allait la conduire en Touraine. Du château où elle fut reçue, il reste la chapelle. Autre lieu phare lié à son souvenir : la Porte de France, par laquelle elle quitta la Lorraine en habits d'homme, en route pour son épopée.

● Les routes de la victoire et du sacre

Sur son trajet vers Chinon, Jeanne d'Arc fit une halte à l'**abbaye de Saint-Urbain**, en Haute-Marne, elle traversa **Auxerre**, séjourna dans la ville royale de **Gien**, et s'arrêta à **Sainte-Catherine-de-Fierbois**, où elle fit écrire une lettre au dauphin pour solliciter une entrevue.

QUE VOIR, QUE FAIRE SUR LA ROUTE DE JEANNE D'ARC ?

- Visiter la maison natale de Jeanne d'Arc
- Randonner autour des remparts de Toul
- Faire un tour en bateau à Auxerre
- Visiter quelques châteaux de la Loire
- Faire du vélo le long de la Loire
- Visiter la Maison de Jeanne d'Arc à Orléans
- Monter dans les tours de la cathédrale de Reims
- Se promener en forêt de Compiègne
- Arpenter les places baroques d'Arras
- Observer les oiseaux en baie de Somme
- Flâner dans Rouen et visiter les lieux de mémoire liés à Jeanne d'Arc

La ville de Gien, sur la Loire, où séjourna la Pucelle.

LA ROUTE DE JEANNE D'ARC

L'abbatiale Saint-Ouen à Rouen, non loin de la tour Jeanne-d'Arc et de la place du Vieux-Marché où la Pucelle fut brûlée vive.

Dans cette commune d'Indre-et-Loire, on pourra visiter l'aumônerie de Boucicaut où elle fut hébergée, la maison du dauphin où logea Charles VII, et l'église Sainte-Catherine (reconstruite après un incendie en 1440) où l'on retrouva l'épée gravée de cinq croix que Jeanne d'Arc fit envoyer chercher, suivant les indications de ses voix, avant son départ pour Orléans. Direction **Chinon**, où eut lieu, le 9 mars, la rencontre mythique avec le dauphin. La Pucelle fut introduite dans la grande salle des Logis royaux du château du Milieu, dont il ne subsiste que la cheminée. On connaît les circonstances de la rencontre. Méfiants vis-à-vis de la jeune paysanne qui se prétendait envoyée par Dieu, le dauphin et la cour lui tendirent un piège : Charles se dissimula dans l'assemblée déguisé en écuyer alors qu'un courtisan portait ses habits de roi ; Jeanne ne s'y trompa pas et alla droit au dauphin devant l'assistance stupéfaite. Elle lui annonça la prophétie : avec l'aide de Dieu, elle lèverait le siège d'Orléans, bouterait les Anglais hors de France et le ferait sacrer. Après un interrogatoire qui dura trois semaines, Jeanne fut reconnue « envoyée de Dieu » et nommée chef de guerre. Notre itinéraire se poursuit vers **Blois**, où l'on réunit pour elle une armée d'environ 10 000 hommes, puis vers **Orléans**, où elle entra le 29 avril. Sur le quai Fort-des-Tourelles, une statue de l'héroïne, une croix et une inscription rappellent qu'à cet emplacement Jeanne d'Arc remporta le 7 mai une bataille décisive contre les Anglais, qui levèrent le siège de la ville le lendemain. Place du Général-De-Gaulle, on pourra visiter la Maison de Jeanne d'Arc, reconnaissable à sa haute façade à colombage, qui est une fidèle reconstitution de la demeure où elle fut hébergée durant son séjour à Orléans. Après la levée du siège, la Pucelle participa à des batailles victorieuses contre les Anglais dans la vallée de la Loire, puis elle s'engagea dans la marche triomphale vers **Reims**, par **Troyes** et **Châlons-en-Champagne**. Le sacre de Charles VII eut lieu le 17 juillet 1429 dans la cathédrale Notre-Dame de la capitale champenoise. Ce formidable vaisseau de pierre, remarquable par sa luminosité, abrite une statue de Jeanne d'Arc.

● Le chemin de la captivité

L'itinéraire poursuit vers **Compiègne**, bien connu pour sa forêt et son château signé Ange-Jacques Gabriel, où Jeanne d'Arc entra derrière Charles VII le 18 août 1429. Elle séjourna à proximité de l'église Saint-Antoine. Après avoir tenté de lever le siège de Paris puis être retournée dans le Val de Loire, elle rallia de nouveau la ville en mai 1430 pour la délivrer des Bourguignons. On suppose qu'elle combattit devant un donjon appelé pour cette raison tour Jeanne-d'Arc. Commença alors pour la Pucelle le long chemin de croix jusqu'à Rouen… Capturée à Compiègne, elle fut conduite à **Beaure-**

voir, ville de l'Aisne située au nord de Saint-Quentin, et enfermée au château, dont il ne subsiste qu'une tour massive. Direction **Arras,** capitale historique du Pas-de-Calais, réputée pour sa citadelle et ses deux superbes places baroques. La Pucelle resta emprisonnée dans cette ville de la fin du mois de septembre au 15 novembre. Livrée aux Anglais pour 10 000 écus, elle fut transférée au **Crotoy,** décrit par Jules Verne, qui y habita, comme « un charmant petit port de mer, situé sur une presqu'île avancée de la baie de Somme, qui a conservé quelques restes de son enceinte fortifiée, et les ruines du château où Jeanne d'Arc fut enfermée par les Anglais ». Sur le port, on pourra admirer une statue représentant la captive les mains enchaînées. Notre itinéraire prend fin à **Rouen,** où l'on ne manquera pas de visiter le donjon où son procès se déroula, ni l'église Sainte-Jeanne-d'Arc, qui s'élève place du Vieux-Marché, là où l'héroïne fut brûlée vive, le 30 mai 1431. ●

LES CONSEILS GEO

● Les plus

Une route historique pour plonger au cœur de l'épopée de Jeanne d'Arc, traversant des villes remarquables et de très beaux sites, comme la vallée de la Loire et la baie de Somme.

● Les variantes

Sur une semaine, on pourra se limiter à la première partie du circuit, et suivre la « route héroïque » de Domrémy-la-Pucelle à Orléans (820 km).

CARNET DE ROUTE

● Les premiers contacts   Office de tourisme de l'ouest des Vosges – 3, rue de la Ire Armée-Française – 88300 Neufchâteau – 03.29.94.10.95 – www.tourisme-ouest-vosges.fr
Maison du tourisme de Toul   Parvis de la Cathédrale – BP 70135 – 54205 Toul CEDEX – 03.83.64.90.60 – www.lepredenancy.fr
Office de tourisme d'Auxerre et de l'Auxerrois   2, quai de la République – 89000 Auxerre – 03.86.52.06.19 – www.ot-auxerre.fr
Liens utiles pour la suite du voyage : www.gien.fr – www.saintecatherinedefierbois.fr – www.tourisme-saintemauredetouraine.fr – www.chinon-valdeloire.com – www.bloischambord.com – www.tourisme-orleans.com – www.reims-tourisme.com – www.crotoybaiedesomme.com – www.rouentourisme.com

● La bonne période   Elle s'étend d'avril à octobre.

● La durée du voyage   Il faut compter au moins 15 jours.

● Les spécialités locales   Cristallerie, verrerie, l'ébénisterie, dentelle (Lorraine), faïence de Gien et broderie.

● Les spécialités culinaires
– Quiche lorraine, potée lorraine, baba au rhum, caramels à la mirabelle du père Grasmuck (Lorraine).
– Escargots, œufs en meurette, jambon à la chablisienne, pauchouse, coq au vin, bœuf bourguignon, vins du pays d'Auxerre (Bourgogne).
– Rillettes, rillons, andouillette, andouille au vouvray, coq au vin de Chinon, tarte Tatin, vins du Val de Loire.
– Macarons aux fruits d'Orléans, le vinaigre d'Orléans (Val de Loire).

– Champagne, biscuit rose de Reims (Champagne).
– Boudin noir de Pierrefonds, tomme au foin, gâteau de Compiègne, Picotins de Compiègne.
– Salicorne de la baie de Somme, agneau de l'estran.
– Canard à la rouennaise, sauce rouennaise, chausson normand, tarte normande.

● Les fêtes
– **Toul :** festival Bach (de juin à septembre).
– **Vaucouleurs :** fêtes johanniques (fin février).
– **Auxerre :** La Saint-Vincent tournante (22 janvier), Fleurs de Vigne (mai), Catalpa Festival, festival de Musiques du monde et actuelles (fin juin), festival « Garçon, la note ! », concerts gratuits dans les cafés (juillet-août).
– **Chinon :** fêtes médiévales (début août).
– **Blois :** Temps divers, danse, arts visuels et performances (fin janvier), Des Lyres d'été (juillet-août), Les Rendez-vous de l'Histoire (octobre).
– **Orléans :** Fêtes johanniques (début mai), festival de Jazz d'Orléans (juin), fête de la Saint-Fiacre (fin août).
– **Reims :** Fêtes johanniques (juin), Flâneries musicales de Reims (juin-juillet)
– **Compiègne :** fête du Muguet (1er mai), Fêtes Jeanne d'Arc (mai), Palais en Jazz (fin juin).
– **Arras :** festival des arts de la scène (mars), Salon du livre d'expression populaire (1er mai), Main Square Festival (début juillet), festival international du Film d'Arras (novembre).
– **Rouen :** festival Regards sur le cinéma du monde de Rouen (janvier), festival Normandie impressionniste (d'avril à septembre).

Venus des prisons de tout le royaume, ils étaient promis aux galères de Louis XIV. Mais, avant de rejoindre l'arsenal de Marseille, les condamnés devaient traverser la France, pour un voyage qui n'avait rien d'une sinécure. En route, ils dormaient dans les geôles des châteaux de Saumur et d'Angers, ou dans celles du château du roi René, à Tarascon.

La route des chaînes

Le crâne rasé, les lettres GAL tatouées sur l'épaule, le corps vêtu de guenilles et entravé de lourdes chaînes, ils formaient un bien curieux assemblage. Bien sûr, il y avait des voleurs et des assassins parmi eux, des prisonniers de guerre aussi, et des faux-sauniers qui fraudaient la gabelle, l'impôt sur le sel. Certains avaient simplement le tort d'être protestants, faute impardonnable depuis la révocation de l'édit de Nantes. Tous réunis, ils devaient former « la chaîne » et traverser le pays depuis le lieu de leur incarcération pour rejoindre Marseille. Créée en 1564 par Charles IX, la peine des galères n'a jamais été aussi souvent infligée que sous le règne de Louis XIV. Il avait besoin de ces « esclaves d'État » pour manœuvrer sa flotte de galères, qui exigeait une main-d'œuvre abondante.

● Au départ de Rennes

De toutes les chaînes qui ont parcouru les routes de France sous l'Ancien Régime, celle qui venait de Bretagne était l'une des plus redoutées. Partie de Rennes, où les prisonniers étaient entassés dans la conciergerie, elle parcourait 800 km en 6 ou 7 semaines, dans des conditions épouvantables. Les pertes étaient nombreuses, et les évasions bien rares. La chaîne, pourtant, enflait à mesure de son parcours. D'autres prisons et d'autres chaînes venaient l'alimenter. C'était le cas à **Angers**, capitale de l'Anjou. Avec son kilomètre de murailles et ses 17 imposantes tours de schiste et de tuffeau, le château du roi René

QUE VOIR, QUE FAIRE
SUR LA ROUTE DES CHAÎNES ?

- Naviguer sur la Loire et visiter les prestigieux châteaux qui bordent ses berges
- Arpenter le vignoble du Val de Loire et visiter les Maison des vins de Saumur et d'Angers
- Admirer le pont du Gard au départ d'Avignon
- Profiter des richesses du pays d'Arles au départ de Tarascon
- À Marseille, visiter la Maison de l'Artisanat et des Métiers d'Arts, dans l'ancien Arsenal des Galères sur le cours d'Estienne-d'Orves
- Profiter des nouveaux musées dont s'est dotée Marseille, capitale européenne de la Culture en 2013

HISTOIRE ET TRADITIONS

Le château de Saumur servait de grenier, mais aussi de prison.

Dix-sept imposantes tours de schiste et de tuffeau cernent le château d'Angers, situé au bord de la Maine.

reste toujours aussi impressionnant. Passé l'immense pont-levis qui surplombe les douves, on pénètre dans une forteresse médiévale magnifiquement conservée. Ce colosse de pierre a été bâti à partir de 1128 pour le comte d'Anjou, mais Blanche de Castille l'a considérablement modifié un siècle plus tard, comme le montre la maquette numérique qui révèle en 3D l'évolution de son architecture. Les magnifiques jardins de la résidence des ducs d'Anjou abritent la ménagerie du roi René, et des démonstrations de fauconnerie s'y déroulent régulièrement. La galerie recèle un trésor médiéval, la Tenture de l'Apocalypse, composée de 74 tableaux présentés sur 106 m de long. Commandée par Louis Iᵉʳ d'Anjou en 1375 et réalisée en moins d'une décennie, elle montre des scènes dramatiques qui devaient parler aux forçats, à qui elle rappelait leur condition. Maltraitée pendant des années, cette tapisserie colorée, aux deux faces identiques, fut miraculeusement restaurée à partir de 1848, grâce à l'intervention du chanoine Joubert. Ce chef-d'œuvre hérité du passé a connu un écho contemporain, avec les 10 tapisseries du Chant du monde imaginées par Jean Lurçat et exposées dans le musée qui porte son nom. Un peu

LE VOYAGE DES GALÉRIENS
JUSQU'À MARSEILLE

- **Départ :** Rennes
- **Arrivée :** Marseille
- **Distance :** 1 000 km

LA ROUTE DES CHAÎNES

Avignon, dans le Vaucluse, voyait débarquer les galériens devant le palais des Papes.

LES CONSEILS GEO

● Les plus

De la Bretagne au sud de la France, cet itinéraire permet de découvrir des régions variées, sans endurer les terribles conditions des galériens.

● Les variantes

En complément de la route des forçats, la visite des musées de la Marine permet de mieux connaître l'histoire des différentes flottes françaises, et des galères en particulier. À Paris, le musée occupe une partie du palais de Chaillot qui fait face à la tour Eiffel. Celui de Toulon est installé depuis 1981 à côté de la tour de l'horloge de l'arsenal, dont la porte monumentale a été conservée. Dans le Morbihan, bâti sur un impressionnant escarpement rocheux, il occupe la citadelle de Port-Louis, qui défendait la rade. On y expose aujourd'hui de riches collections, comme à Rochefort et à Brest, où se trouvent les deux autres musées consacrés à l'histoire de la marine.

plus au sud, **Saumur**, dans le Maine-et-Loire, possédait aussi sa terrible prison, une des plus vastes du royaume. Construite sous Louis XI pour résister au tir des boulets et abriter des canons, la tour Grenetière dut aussi servir de grenier, d'où son nom, avant d'être transformée en prison, notamment pour enfermer les faux-sauniers qui pullulaient dans la région. D'abord enchaînés par les pieds, puis par le cou, ils étaient entassés dans des cachots mal aérés. Lorsque la chaîne de Bretagne approchait, les « locataires » habituels devaient se serrer un peu plus, pour accueillir ceux des prisons environnantes. La ville finit par racheter le château, pour y installer les collections du Musée municipal. À Saumur toujours, on ne manquera pas le musée de la Cavalerie, ce corps d'armée qui a fait la gloire de la ville. Dans les anciennes écuries du Cadre Noir, les collections d'uniformes, d'armes et d'armures racontent sa belle aventure depuis Charles VII, en 1445.

● Les galériens débarquent en Avignon

L'arrivée sur les rives du Rhône marquait une étape importante pour la chaîne. L'eau remplaçait la route. Les forçats embarquaient sur de longues barges à fond plat tirées par des bateliers, pour un voyage qui n'avait rien d'une croisière. Le débarquement s'effectuait généralement en **Avignon**. La chaîne reprenait alors la route pour une centaine de kilomètres en passant par Saint-Rémy-de-Provence. **Tarascon** voyait aussi débarquer des forçats. Dans la ville rendue célèbre par le Tartarin des romans d'Alphonse Daudet, leur logement était tout trouvé : le château royal de Provence, construit entre 1400 et 1435 pour Louis II, duc d'Anjou et comte de Provence. Résidence princière et édifice fortifié, l'endroit servit aussi de garnison et de prison à de nombreuses reprises. Il est toujours solidement planté sur les rives du Rhône et très bien conservé, et ses murs ont gardé la trace de quelques graffitis gravés dans la pierre par ses hôtes de passage. Pour le reste, les temps ont bien changé, et le château abrite aujourd'hui un étonnant Musée imaginaire du Moyen Âge, qui fait rencontrer le monde médiéval et l'art contemporain. Le fracas des chaînes sur le pavé cessait à **Marseille**, étape ultime du voyage. Harassée, la colonne humaine entrait dans la ville par la porte d'Aix, puis se dirigeait vers le port pour pénétrer dans l'arsenal qui abritait les galères du roi. Intendant général des Galères, Nicolas Arnoul fut chargé de le moderniser à partir de 1665. À la

fin des travaux, en 1707, cette véritable cité dans la ville formait un L occupant les rues autour des actuels quais de Rive-Neuve et des Belges qui entourent le vieux port. En 1630, une vingtaine de galères y trouvent refuge. On en compte 30 en 1680 et 10 de plus en 1690, dont la célèbre Réale, décorée par Puget. Longue de 130 m, elle réclamait à elle seule une chiourme de 450 galériens. Lorsqu'ils ne ramaient pas, c'est-à-dire le plus clair du temps, les forçats pouvaient sortir dans la ville, pour travailler ou se livrer à de nouveaux forfaits. Une ordonnance signée par Louis XV en 1748 mit fin à ce régime. Les prisonniers troquèrent alors leur statut de galérien contre celui de bagnard ! La démolition des bâtiments de l'arsenal débute en 1781 et s'achève en 1787. À l'exception de la capitainerie du cours d'Estienne-d'Orves, il n'en reste plus rien. ●

CARNET DE ROUTE

• **Les premiers contacts** **Musée national de la Marine** Place Monsenergue - quai de Norfolk – 83000 Toulon – 04.22.42.02.01 – www.musee-marine.fr
Office de tourisme de Rennes 11, rue Saint-Yves - CS 26410 – 35064 Rennes Cedex – 02.99.67.11.11 – www.tourisme-rennes.com

• **La durée du voyage** Il fallait 6 à 7 semaines de marche aux forçats de la chaîne pour rejoindre leurs galères. Le voyageur d'aujourd'hui aura le loisir d'aller plus vite.

• **Les spécialités locales** Les artisans bretons fabriquent des triskels, des croix et des bijoux celtes et bretons. On trouve aussi des ardoises peintes et des bois sculptés. En Provence-Alpes-Côte d'Azur, l'argile est utilisée pour fabriquer des santons, mais aussi des poteries, des céramiques et des faïences. Le bois d'olivier sert à réaliser des objets utilitaires et de belles sculptures.

• **Les spécialités culinaires**
– Pâtés rennais, artichauts à la rennaise, jambon de Morlaix, kig ha farz (pot-au-feu breton), gochtial (pain briochè), crêpe, galette de blé noir, cidre de Bretagne, hydromel, chouchen (Rennes).
– Cul de veau, tournedos, poularde et fricassée de poulet préparées « à l'angevine », rognons de veau à

la saumuroise, coquilles Saint-Jacques à la nantaise, grenouilles des marais à la crème, gogues angevines (boudins au lard et à la crème), rôti de porc aux pruneaux, brochet au beurre blanc, vins de Loire (Angers et Saumur).
– Bouillabaisse, pâtes au pistou, fruits de mer, riz aux favouilles, daube provençale, pieds-paquets, aïoli, tapenade, anchoïade, farci de légumes, encornets farcis, panisses avec de la farine de pois chiches, beignet chichi fregi, soupe de poissons de roche (Tarascon, Avignon et Marseille).

• **Les fêtes**
– **Rennes :** Mythos, festival des arts de la parole (avril), les Tombées de la nuit (juillet), Yaouank et son fest-noz géant qui mêle musique bretonne et musiques du monde (novembre), Trans Musicales (début décembre).
– **Angers :** Premiers Plans, festival des Premiers films (janvier), Les Accroche-cœurs avec leurs 200 rendez-vous artistiques et festifs (début septembre).
– **Saumur :** Anjou Vélo Vintage (fin juin).
– **Tarascon :** Les fêtes de la Tarasque (juin et juillet), Les Médiévales (3e week-end d'août), la foire aux Fleurs (mai).
– **Marseille :** festival Avec le temps (mars), festival Des calanques et des bulles (avril), Dock des Suds (octobre).

LA ROUTE DES CHAÎNES

La route des mégalithes

De la presqu'île de Quiberon au golfe du Morbihan et son chapelet d'îles, par les sites mégalithiques les plus impressionnants d'Europe, une belle route littorale invitant à explorer les mystères des peuplades néolithiques.

Le Morbihan renferme un ensemble de mégalithes unique en Europe. Élevés pendant le néolithique, entre 5 000 et 2 000 ans environ avant notre ère, ces monuments sont loin d'avoir livré tous leurs secrets. On sait que les dolmens, du breton signifiant « tables de pierres », étaient des sépultures renfermant des tombes collectives ou individuelles. Les menhirs, du breton également,

signifiant « pierres longues », résistent à l'interprétation. Certains avancent qu'ils auraient eu une fonction religieuse, liée au culte du soleil ou de la lune ; d'autres voient dans leurs alignements des observatoires astronomiques, ce que viendrait confirmer les menhirs isolés qui, percés d'un trou, auraient servi à la visée. On sait aussi peu de choses des peuples à l'origine de ces monuments. Une légende tenace affirme qu'il s'agit des Celtes, or, les populations celtiques sont arrivées en Europe de l'Ouest bien après leur élévation.

● Autour de la baie de Quiberon

L'itinéraire débute sur la **presqu'île de Quiberon**, à laquelle on accède, depuis le continent, par un isthme étroit bordé de dunes. Sur la côte est, la station balnéaire de **Saint-Pierre-de-Quiberon** abrite les alignements de Kerbourgnec, formés de 25 menhirs aux silhouettes étonnantes, et un second ensemble de 27 menhirs disposés en cercle. Du centre de **Quiberon**, où un menhir fait office de monument aux morts, à la **Côte Sauvage**, les mégalithes se succèdent, atteignant parfois 5 m de haut. Au sud de cette côte farouche faite de falaises déchiquetées, de récifs, de crevasses et de grottes, deux superbes menhirs accolés, baptisés **Jean et Jeannette**, évoquent un couple enlacé.

La route quitte la presqu'île pour se diriger vers **Carnac**, réputé pour ses belles plages de sable blanc et pour son ensemble exceptionnel de 3 000 mégalithes, répartis sur trois sites. Les **alignements du Ménec**, les plus importants, s'étendent sur 1 km et regroupent plus d'un millier de menhirs disposés d'est en ouest par taille croissante, sur 11 ran-

LE MORBIHAN PAR LA CÔTE DES MÉGALITHES

● **Départ** : Saint-Pierre-de-Quiberon
● **Arrivée** : Arzon
● **Distance** : 120 km

HISTOIRE ET TRADITIONS

LES CONSEILS GEO

● Les plus

Une très belle route littorale alternant les plages de sable fin, les criques et les côtes rocheuses sauvages, ponctuée de sites néolithiques aussi impressionnants que mystérieux. Elle invite aux excursions en bateau et à la visite de deux villes passionnantes, Auray et Vannes.

● Les variantes

On pourra partir de Lorient (à 35 km de la presqu'île de Quiberon), qui marque le début de la Côte des Mégalithes, pour admirer notamment les menhirs de Ploemeur, à l'est de la ville, et les vestiges de l'île de Groix.

Les alignements mégalithiques de Kermario, à Carnac. Un mystère qui reste à éclaircir...

gées. Un hémicycle, ou cromlech, de 70 menhirs referme le site à l'est. La même disposition se retrouve dans les alignements voisins de Kermario. Pourquoi ces gigantesques alignements? La légende rapporte que Cornély, pape à Rome, s'enfuit en Bretagne pour échapper à une armée de païens; à Carnac, il se cacha dans l'oreille d'un bœuf, d'où il changea les soldats ennemis en statues de pierre. Les auteurs d'Astérix avancent une autre hypothèse : Odralfabétix, ayant hérité des terres de Carnac, aurait demandé à se faire payer en menhirs pour des services rendus à Obélix. Les scientifiques ne sont convaincus par aucune de ces théories et continuent de se pencher sur la question. Outre ces sites mythiques, Carnac abrite le vaste tumulus Saint-Michel, dont les objets funéraires sont exposés au musée de la Préhistoire de la ville.

La route poursuit en direction de **La Trinité-sur-Mer**. Ce port de pêche prisé des plaisanciers est réputé pour ses compétitions nautiques. L'allée couverte de Mané Roullarde, classée monument historique, est jonchée de dolmens. L'itinéraire continue vers **Saint-Philibert** et le lieu-dit Kerran, où l'on peut observer au bord de la route deux dolmens à couloir. Jusqu'à la fin du XIXe siècle, le site en recelait un troisième : un archéologue féru de mégalithes voulut en faire son caveau, et le transplanta dans le cimetière de Meudon, où il trône toujours. Direction le site mondialement connu de **Locmariaquer** et ses fleurons : le Grand Menhir, à terre et brisé en quatre morceaux, qui culminait à 20 m, la Table des Marchands, associant un tumulus et une vaste chambre funéraire ornée de dessins, et le dolmen de Mané Lud, avec sa chambre à pierres sculptées.

QUE VOIR, QUE FAIRE
SUR LA ROUTE
DES MÉGALITHES?

- Visiter le musée de la Préhistoire de Carnac et le Musée archéologique de Vannes, centrés sur le mégalithisme
- Visiter le sanctuaire de Sainte-Anne-d'Auray
- Sillonner la rivière d'Auray et le golfe du Morbihan en bateau
- Survoler le golfe du Morbihan en montgolfière
- Visiter le château Gaillard et le centre médiéval à Vannes
- Faire des excursions à l'île aux Moines et à l'île d'Arz
- Profiter des plages, pêcher et faire de la voile
- Se promener sur les sentiers côtiers et dans les anciens marais salants de Séné, aujourd'hui réserve naturelle
- Visiter le château des ducs de Bretagne à Sarzeau

LA ROUTE DES MÉGALITHES

L'île de Gavrinis, dans le golfe du Morbihan, recèle des trésors du néolithique.

● Dans le pays d'Auray

La route se poursuit vers le nord le long de la rivière d'~~ray~~, en direction de **Crach**, qui offre de superbes vues ~~sur~~ les rias et conserve de beaux monuments de pierre : ~~des~~ dolmens, mais aussi des chapelles nichées dans des cad~~res~~ de rêve et plusieurs fontaines. **Auray**, à 6 km au nord, ~~fut~~ en 1364 le lieu d'une bataille qui mit fin à la guerre de S~~uc~~cession de Bretagne. Un calvaire rappelle cet épisode ~~noir~~ de l'histoire bretonne. C'est aussi la patrie de Cadouda~~l,~~ grand chef chouan qui mourut guillotiné à Paris pour av~~oir~~ comploté contre Napoléon Ier. Un mausolée fut dressé à ~~sa~~ mémoire en face de sa maison natale. Point de menhir d~~ans~~ cette ville, mais un riche patrimoine architectura~~l et~~ d'agréables promenades à faire dans les sous-bois, en b~~ord~~ de rivière et dans le pittoresque quartier de Saint-Goust~~an.~~ Au nord de la cité, **Sainte-Anne-d'Auray**, célèbre p~~our~~ accueillir le plus grand pèlerinage de Bretagne, renfer~~me~~ de nombreux édifices religieux. La route reprend le c~~he~~min des mégalithes et continue vers **Le Bono** et son tu~~mulus.~~

CARNET DE ROUTE

● **Les premiers contacts** Office de tourisme de Quiberon 14, rue de Verdun – 56170 Quiberon – 02.97.50.07.84 – www.quiberon.com Office de tourisme de Carnac 74, avenue des Druides – 56342 Carnac – 02.97.52.13.52 – www.ot-carnac.fr Morbihan Tourisme Allée Nicolas Le Blanc – CS 82408 – 56010 Vannes Cedex – 02.97.54.06.56 – www. morbihan.com

● **La bonne période** La meilleure période s'étend de mai à septembre. En mai-juin, la nature se couvre de fleurs, la région est magnifique. C'est la saison idéale pour éviter les flots de touristes.

● **La durée du voyage** Un week-end peut suffire. Compter 4 jours avec la visite de Vannes et des escapades vers les îles du golfe du Morbihan.

● **La logistique** L'itinéraire passe par des sites difficilement accessibles sans voiture. Il faut compter 5 h 30 de route de Paris à Quiberon, par l'A 11 puis l'A 81 à partir du Mans (l'itinéraire le plus rapide). La baie de Quiberon et le golfe du Morbihan sont des régions touristiques donc bien dotées en hôtels, chambres d'hôtes et campings. Penser à réserver à l'avance pour un départ en été.

● **Les spécialités locales** La construction navale et la poterie.

● **Les spécialités culinaires**
– Huîtres, homard bleu breton du Morbihan, tapenade d'algues, raie au beurre noir.
– Galettes de blé noir, andouille de Guémené, fricassée de tripes.
– Crêpes de froment, far breton, palet breton, quatre-quarts, Kouign Amann.
– Niniches de Quiberon (des sucettes), Salidou (pâte à tartiner à base de caramel au beurre salé).
– Cidre, chouchen (boisson alcoolisée à base de miel et de jus de pommes).

● **Les fêtes**
– **Quiberon :** festival de l'Été, avec concerts, fest-noz, théâtre de rue, fêtes de la sardine, régates et animations diverses (juillet et août).
– **Saint-Pierre-de-Quiberon :** festival Land Art (mai).
– **Carnac :** Sail N' Gliss, démonstrations de sports nautiques (mi-octobre).
– **Vannes :** Rencontres du cinéma européen (fin mars), festival de Photo de mer (avril), Raid Golfe du Morbihan, courses pédestres (fin juin), fêtes historiques de Vannes (mi-juillet).

● **Arzon :** les Mille sabords du Crouesty, salon nautique (novembre).

lus à dolmen coudé. Les totems de poulpes, inscrits sur certains piliers, laissent penser que la sépulture fut édifiée par une tribu maritime.

● Autour du golfe du Morbihan

Depuis **Larmor-Baden**, l'étape suivante, on a de beaux points de vue sur l'entrée du golfe. Ce petit port ostréicole est entouré d'îles, que l'on rallie rapidement à pied ou en bateau. **L'île de Gavrinis** possède un joyau de l'art néolithique. Le tumulus, de 8 m de haut, recèle un dolmen très bien conservé, daté de 3 500 ans avant notre ère. Les parois de son long couloir sont couvertes de gravures ornementales. Au sud de l'île, on aperçoit à marée basse deux ensembles de menhirs immergés, disposés en hémicycles. La route poursuit vers **Vannes**. Avec sa ville médiévale protégée par ses remparts, ses vieilles tours, son château Gaillard, son château de l'Hermine, ses quelque 200 maisons à colombage, ses jardins fleuris et ses musées, la préfecture du Morbihan mérite une longue halte. Son port est le point de départ privilégié pour accéder aux îles du golfe. **L'île aux Moines** renferme, parmi ses vestiges néolithiques, le cromlech d'An Keu, regroupant 24 menhirs dessinant un demi-cercle de 100 m de diamètre. Au sud de Vannes, la **presqu'île de Séné** est parsemée de dolmens et de tumulus. La route longe la côte pour s'engager, au sud du golfe du Morbihan, dans la **presqu'île du Rhuys**. Outre des mégalithes, **Sarzeau** abrite le château de Suscinio, l'une des résidences favorites des ducs de Bretagne. L'itinéraire continue vers **Saint-Gildas-de-Rhuys**, face à l'océan, pour se terminer à **Arzon** sur une note légendaire : le Tumulus dit de César aurait servi d'observatoire à Jules César pendant la guerre des Vénètes. ●

Le cairn de Gavrinis, sur l'île du même nom, est considéré comme l'un des plus beaux monuments mégalithiques au monde.

Les châteaux de la Loire

Par la vallée de la Loire, au fil d'un fleuve sauvage et nonchalant baigné d'un doux soleil, à travers ses forêts et ses coteaux… En route pour le pays de la douceur de vivre et de la magnificence, où sont regroupés les plus beaux châteaux de France.

L'itinéraire suit le cours de la Loire et de ses affluents rive gauche, la Vienne, le Cher et l'Indre. De Charles VII au dernier des Valois, Henri III, la région fut la terre d'élection des rois de France et des grands serviteurs de la Couronne, qui la couvrirent de palais et de demeures princières. C'est à la Renaissance que les châteaux les plus majestueux sortirent de terre, mais le Moyen Âge et l'époque classique laissèrent également des monuments illustres. De Langeais, plus ancienne forteresse de France, à Cheverny, bâti d'une seule traite dans les années 1620 et 1630, près de sept siècles contemplent le visiteur.

● À travers l'Anjou

Première étape de l'itinéraire, le **château d'Angers** se signale par ses murailles colossales ponctuées de tours striées de noir et blanc. Il fut bâti au XIIIᵉ siècle sur ordre de Blanche de Castille, mère de Saint Louis. Le sommet de la plus haute tour offre un beau panorama sur les bords de la Maine, sur Angers, sur le château à l'intérieur de l'enceinte et sa chapelle attenante. Déroulant ses six tableaux sur plus de 100 m de long, la célèbre Tenture de l'Apocalypse, réalisée vers 1370, est exposée dans une galerie du château. Par la D 952, qui suit le cours de la Loire, la route rejoint **Saumur**. Le château féodal, qui surplombe le fleuve, subit de nombreuses transformations entre le Xᵉ siècle, époque de sa fondation, et le XIVᵉ siècle, lorsque les ducs d'Anjou s'attachèrent à en faire un fastueux palais résidentiel. Formant un trapèze flanqué de hautes tours, il déploie une magnificence exceptionnelle pour le Moyen Âge, comme l'attestent les mâchicoulis délicatement ouvragés, les sculptures et moulures ou encore l'escalier d'honneur doté de grandes fenêtres à balustrades. Direction **Montsoreau,** et sa forteresse indissociable d'Alexandre Dumas. Faisant suite à La Reine Margot,

HISTOIRE ET TRADITIONS

AU FIL DE LA LOIRE
ET DE SES AFFLUENTS

- **Départ :** Angers
- **Arrivée :** Chambord
- **Distance :** 330 km

La Dame de Monsoreau relate les amours contrariées de Diane de Méridor, de son vrai nom Françoise de Maridor, épouse du comte de Montsoreau, et de son amant Bussy d'Amboise durant le règne d'Henri III. L'histoire de la belle fait l'objet d'une exposition dans le château. On ne manquera pas de flâner dans les ruelles fleuries de Monstoreau et de **Candes-Saint-Martin,** commune voisine située au confluent de la Vienne et de la Loire, puis de faire un crochet vers l'**abbaye de Fontevraud,** l'un des plus prestigieux ensembles monastiques de France, recelant les gisants d'Henri II de Plantagenêt, d'Aliénor d'Aquitaine et de Richard Cœur de Lion.

● Par la Touraine, de Chinon à Azay-le-Rideau

La route longe **la Vienne** pour rejoindre le **château de Chinon,** siège de la célèbre entrevue entre Jeanne d'Arc et le dauphin Charles, futur Charles VII. L'édifice étire 400 m de fortifications le long de la rivière. Érigé au Xe siècle, il fut occupé par les Plantagenêts, jusqu'à sa prise par Philippe Auguste en 1204. Il est constitué de trois ensembles séparés par des fossés, qui furent plusieurs fois remaniés jusqu'au XIIIe siècle : le fort du Coudray, le château du Milieu, dominé par la haute tour de

Le château de Chenonceau, avec son superbe pont sur le Cher, qu'Henri II offrit à sa favorite Diane de Poitiers.

l'Horloge, et le fort Saint-Georges. La route traverse la **forêt de Chinon** direction le château enchanté d'**Ussé,** dont Charles Perrault fit demeure de la Belle au bois dormant. Les pieds dans l'Indre, dissimu à l'ombre de la forêt, ce château blanc hérissé de cheminées, de to relles et de clochetons fut élevé au XVe siècle par Jean de Bueil, cap taine de Charles VII. Il fut régulièrement rénové jusqu'au XIXe sièc d'où son aspect hétéroclite, mêlant les éléments médiévaux, Rena sance et classique. C'est ensuite la traversée de l'Indre et de la Loi pour rejoindre la sévère forteresse de **Langeais,** bâtie par Louis XI s le site d'une ancienne citadelle, dont une partie du donjon est toujou visible. Les noces d'Anne de Bretagne et de Charles VIII, qui marquère la fin de l'indépendance du duché de Bretagne, furent célébrées en lieu en 1491. Parfaitement conservé, richement meublé, Langeais re ferme une collection de tapisseries exceptionnelle, dont la série d des Neuf Preux, créée au début du XVIe siècle. Direction la rive opp

CARNET DE ROUTE

• **Les premiers contacts** **Office de tourisme d'Angers** 7, place Kennedy – 49051 Angers Cedex – 02.41.23.50.00
www.angersloiretourisme.com
Office de tourisme de Saumur – Val de Loire 8, quai Carnot
49418 Saumur – 02.41.40.20.60 – www.ot-saumur.fr
Liens Internet utiles pour la suite du voyage : www.azaylerideau-tourisme.com – www.tours-tourisme.com – www.amboise-valdeloire.com – www.blois chambord.com

• **La bonne période** Elle s'étend de mai à octobre, l'idéal étant de partir en mai ou en juin, quand les jardins sont en fleurs. Sachez qu'au mois d'août la file d'attente à l'entrée des châteaux peut être interminable...

• **La durée du voyage** Il faut compter 5 jours, avec par exemple des étapes à Saumur, Chinon, Loches et Blois.

• **La logistique** Beaucoup d'hôtels, de chambres d'hôtes (prix modérés à élevés) et de campings bien aménagés dans la région. Pour venir à Angers : A 11 depuis Paris (2 h 45), A 10 et A 87 depuis Bordeaux (4 heures), A 71 et A 85 depuis Lyon (5 h 45).

• **Les spécialités culinaires**
– Rillettes, rillons, andouillette, andouille au vouvray, sandre, coq au vin de Chinon, crémet d'Angers, fromage de chèvre de Sainte-Maure.

– Tarte Tatin, quernons d'ardoise (plaquettes de nougatine nappées de chocolat), fouace, nougat de Tours, pruneaux de Tours (fourrés à l'abricot), muscadin de Langeais.
– Vins du Val de Loire, Cointreau.

• **Les fêtes**
– **Angers :** festival d'Anjou, théâtre en plein air (juin), Les Heures musicales du Haut-Anjou (août), Les Accroche-Cœurs, festival de rue (mi-septembre).
– **Saumur :** Le Printemps des Écuyers (fin avril), Concours d'attelage international (début juin), Anjou Vélo Vintage (fin juin), Carrousel de Saumur (fin juillet), FestiVini (septembre), Les Musicales du Cadre noir (mi-octobre).
– **Montsoreau :** la Saison musicale de Montsoreau (juillet-août).
– **Abbaye de Fontevraud :** Dimanches d'Été, concerts et théâtre (juillet-août).
– **Chinon :** Fêtes médiévales (début août).
– **Loches :** festival de Théâtre musical (juillet).
– **Amboise :** Festival européen de musique Renaissance (fin septembre).
– **Chaumont-sur-Loire :** Festival international des jardins (mi-juin à mi-octobre).
– **Cheverny :** fête des Plantes (fin mars).
– **Blois :** Temps divers, danse, arts visuels et performances (fin janvier), Des Lyres d'été (juillet-août), Les Rendez-vous de l'Histoire (octobre).
– **Chambord :** Journées nationales de la chasse et de la pêche (juin), festival de Musique classique et contemporaine (juillet).

Austère côté ville, plus plaisant côté cour intérieure, avec ses grandes fenêtres ouvertes sur le jardin, le château de Langeais est un édifice typique de la fin du Moyen Âge.

sée de la Loire et le château de **Villandry**, célèbre pour ses jardins, créés par l'érudit espagnol Joachim Carvallo, qui acquit le domaine en 1906. Ils abritent notamment un Jardin d'amour où les végétaux, taillés en forme de cœur, de lyre, de harpe ou de poignard, dessinent une superbe carte du Tendre. La route longe l'Indre jusqu'à **Azay-le-Rideau.** Au château de **La Chatonnière,** d'autres jardins sculptés et enivrants attendent les promeneurs. Niché dans un écrin d'arbres, sur un îlot, le **château d'Azay-le-Rideau** fut édifié pour Gilles Berthelot, trésorier de François Ier. Fleuron de l'élégance et du raffinement, il conjugue le charme du gothique et l'esprit Renaissance. Balzac, qui eut l'occasion d'y déjeuner, le décrivait comme un « diamant taillé à facettes ». Entre 1825 et 1848, il séjourna régulièrement au **château de Saché,** situé à 7 km d'Azay. Cette belle demeure des XVe et XVIIe siècles accueille un musée dédié à l'écrivain.

● De Loches à Chaumont-sur-Loire

La route file le long de l'Indre pour rejoindre le **château de Loches.** Son donjon monumental fut délaissé, au XIVe siècle, au profit du logis Royal, plus confortable. Ce dernier conserve le souvenir des amours

LES CONSEILS GEO

● Les plus

Une route superbe, placée sous le signe de l'eau, permettant de découvrir les plus beaux châteaux de France et de plonger dans l'austérité du Moyen Âge et les fastes de la Renaissance. Les parcs, les forêts et les berges de la Loire et de ses affluents sont propices aux promenades.

● Les variantes

Sur 3 jours, on peut limiter l'itinéraire à la section Chinon-Chambord, en passant par Ussé, Azay-le-Rideau, Villandry, Chenonceau, Cheverny et Blois. Sur 6 jours, on peut poursuivre jusqu'à Gien, par Ménars, Talcy, Meung-sur-Loire et Sully-sur-Loire.

QUE VOIR, QUE FAIRE
LE LONG DE LA LOIRE ?

- Plonger dans l'histoire médiévale et revivre les conflits opposant les grands seigneurs, les Plantagenêts et les rois de France

- Traverser l'histoire mouvementée de la Renaissance, découvrir la vie fastueuse de la Cour et ses intrigues

- Admirer les panoramas depuis les terrasses et les tours des châteaux

- Se promener dans les parcs des châteaux

- Contempler la Tenture de l'Apocalypse au château d'Angers

- Flâner dans Montsoreau et dans Candes-Saint-Martin, classés parmi les Plus Beaux Villages de France

- Visiter le château-musée de Balzac à Saché

- Découvrir la chambre et le cabinet de travail de Léonard de Vinci au Clos-Lucé

- Longer l'Indre et la Loire à vélo

- Faire des promenades en bateau

de Charles VII et d'Agnès Sorel. À la mort de sa favorite, le roi éploré commanda un somptueux mausolée de marbre et d'albâtre, qu'il fit placer dans la collégiale Saint-Ours de Loches. L'itinéraire continue vers **Chenonceau,** chef-d'œuvre de la Renaissance française. Érigé à partir de 1515 pour un conseiller de Louis XI, Charles VIII et Louis XII, le pavillon carré, flanqué de tourelles, passa aux mains de François Ier puis d'Henri II, qui l'offrit à Diane de Poitiers. La favorite le prolongea par un pont au-dessus du Cher ; l'épouse légitime, Catherine de Médicis, qui chassa sa rivale des lieux à la mort du roi, poursuivit les travaux et termina la galerie sur le pont. La route traverse la **forêt d'Amboise** pour rejoindre, en lisière du bois, la **pagode de Chanteloup,** seul vestige d'un petit Versailles érigé par le duc de Choiseul. Du haut de l'édifice, le panorama s'étend sur la Loire et la forêt. Direction le château voisin d'**Amboise,** transformé par Charles VIII en majestueux palais gothique. De retour d'Italie, en 1496, le roi entreprit de nouvelles restaurations inspirées de l'art renaissant italien, que poursuivirent ses successeurs. Invité par François Ier, Léonard de Vinci demeura au **Clos-Lucé,** près du château, jusqu'à sa mort en 1519. En 1560, Amboise fut le théâtre d'un événement qui allait déclencher les guerres de Religion. Des protestants tentèrent d'enlever François II pour le soustraire à l'influence des catholiques. Le complot échoua, et les rebelles furent pendus haut et court aux balustrades du palais. La route longe la rive gauche de la Loire sur une vingtaine de kilomètres, direction le **château de Chaumont-sur-Loire,** offrant, depuis la terrasse, une vue superbe sur le fleuve en contrebas et sa vallée. Trapu, puissant, d'inspiration féodale, il fut acquis par Catherine de Médicis. Entre ses murs, l'astrologue Ruggieri aurait prédit à la reine les destins funestes de ses trois fils et la fin des Valois...

La salle du Conseil est la pièce la plus vaste du château d'Amboise. Sa cheminée gothique s'orne d'hermines et d'épées flamboyantes, blasons d'Anne de Bretagne et de Charles VIII.

HISTOIRE ET TRADITIONS

De Beauregard à Chambord

La route quitte les berges de la Loire pour rejoindre, en lisière de forêt, le **château de Beauregard,** ancien relais de chasse célèbre pour sa galerie de portraits, puis le **château de Cheverny.** Ce palais, qui annonce l'architecture classique, dévoile un intérieur d'un luxe inouï. On admirera notamment la salle à manger tendue de cuir de Cordoue et agrémentée de panneaux illustrant l'histoire de Don Quichotte et les tapisseries ornant la chambre du Roi. La route retrouve la Loire et l'incontournable **château de Blois,** qui devint résidence royale sous Louis XII. Marqué par la féodalité, le gothique, la Renaissance et le classicisme, ce palais est un concentré de l'histoire architecturale du Val de Loire. L'aile François-Ier, avec sa façade des Loges et son superbe escalier à vis, est sans doute la partie la plus impressionnante de l'édifice. C'est ici que se retira le poète Charles d'Orléans, père de Louis XII, après avoir passé 25 ans dans les geôles anglaises suite au désastre d'Azincourt. Il s'entoura d'une cour d'artistes et de lettrés, au nombre desquels figurait François Villon. Plus tard, en 1588, Blois fut le théâtre de l'assassinat du duc de Guise, ordonné par Henri III. Le voyage poursuit vers le **château de Chambord,** que François Ier fit élever à partir de 1519 dans le but d'asseoir et de célébrer sa puissance : 440 pièces, 365 cheminées, 84 escaliers, 800 chapiteaux, un parc immense ceinturé par un mur de 33 km de long… C'est sur la visite de ce que Flaubert appelait un « monument d'orgueil » que s'achève l'itinéraire. ●

L'aile François-Ier et son escalier à vis monumental, au château royal de Blois

La via Agrippa d'Aquitaine

La Gaule est conquise. Et pour parcourir leur empire, les Romains tissent un impressionnant réseau de voies à travers le pays. Parmi elles, la via Agrippa d'Aquitaine part de Lyon, capitale des Gaules, traverse Clermont-Ferrand puis Limoges pour rejoindre Saintes, en bordure d'océan.

Nous sommes au début du premier siècle de l'ère chrétienne. À Rome, Auguste est au pouvoir. Agrippa, son gendre, est chargé de développer l'indispensable réseau des voies qui parcourent la Gaule. Depuis Lugdunum (Lyon), il en fit construire quatre. La via Agrippa de l'Océan se dirigeait vers la mer du Nord, une autre rejoignait le Rhin, une troisième descendait au sud. Celle qui prend la direction de l'océan Atlantique et rejoint Saintes est surnommée la via Agrippa d'Aquitaine, parfois aussi la Santonne. Et c'est elle que suit cet itinéraire, avec la capitale des Gaules pour point de départ.

● Les vestiges de Fourvière

La ville de Lyon, fondée en 43 av. J.-C. sur la colline de Fourvière, a conservé de somptueux vestiges de son époque romaine. Pas le sanctuaire fédéral des Trois Gaules, hélas. Érigé en 12 av. J.-C., il recevait chaque mois d'août les chefs de toutes les nations gauloises. C'est également ici que furent martyrisés les premiers chrétiens. Les chaos de l'Histoire n'ont pas permis qu'il parvienne jusqu'à nous, mais c'est en fouillant pour retrouver sa trace que les archéologues ont dégagé le célèbre amphithéâtre qui domine magnifiquement la ville de Lyon. Construit vers 15 av. J.-C., agrandi au IIe siècle, il pouvait accueillir jusqu'à 10 000 spectateurs. Aujourd'hui, les combats de gladiateurs, les chasses d'animaux et les martyrs des chrétiens ont cédé la place à des manifestations plus paisibles, comme les célèbres Nuits de Fourvière. Juste à côté et construit à la même époque que le théâtre, mais avec des dimensions réduites qui favorisaient l'intimité des spectacles, l'odéon a conservé un dallage splendide sur son orchestra, le demi-cercle situé à la base des gradins. En bordure du site antique, toujours sur les pentes de Fourvière, le Musée gallo-romain de la rue Cléberg expose d'autres trésors sur une rampe hélicoïdale éclairée par des « canons à lumière ».

EN SUIVANT
LA VOIE ROMAINE

- **Départ :** Lyon
- **Arrivée :** Saintes
- **Distance : 565 km**

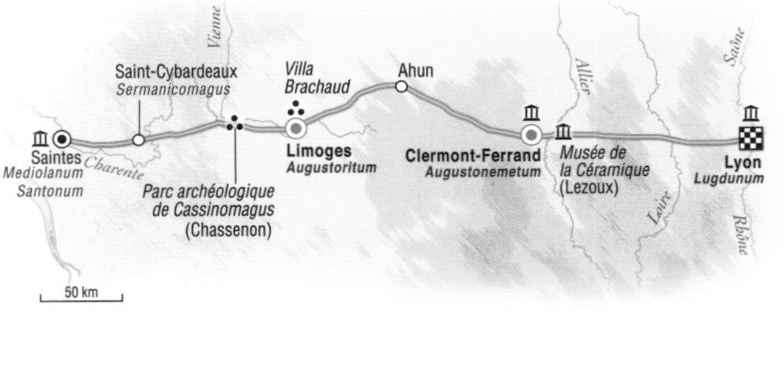

Sur la colline de Fourvière à Lyon, le théâtre romain et l'odéon ont été classés au patrimoine mondial de l'Unesco.

● Clermont, le sanctuaire d'Auguste

À 160 km de Lyon, Augustonemetum (le sanctuaire d'Auguste) est né dans la foulée de la fondation de la via Agrippa. C'est aujourd'hui Clermont-Ferrand. Son cardo, l'axe principal de la ville, suivait l'actuelle rue Ballainvilliers, l'avenue Vercingétorix et la rue de Rabanesse. Quant à la voie romaine, on a retrouvé sa trace sur l'avenue de Royat, à Chamalières, et dans la rue Gabriel-Péri à Clermont-Ferrand. Avec une épaisseur de pierres d'environ 1,50 m, elle atteignait 12 m de large. Une rénovation urbaine a permis de mettre au jour une vaste maison située autrefois dans un quartier résidentiel de la ville gallo-romaine. Et la belle mosaïque polychrome qui pavait la salle de réception est aujourd'hui visible à l'office de tourisme. La ville propose par ailleurs un circuit, Sur les pas de Mercure, qui guide le visiteur dans les différents quartiers de la ville antique. Le musée archéologique Bargoin abrite quant à lui une collection de monnaies et une série d'ex-voto en bois de l'époque gallo-romaine. La visite se poursuit à une vingtaine de kilomètres de la ville, au musée de la Céramique de Lezoux, qui fut un important lieu de production de céramique du temps des Romains. Après Clermont-Ferrand, le tracé de la voie pourra surprendre

QUE VOIR, QUE FAIRE
SUR LA VOIE ROMAINE D'AQUITAINE ?

- Visiter le Vieux Lyon et le nouveau quartier de La Confluence, longer les berges du Rhône et de la Saône, s'offrir une soirée à l'opéra

- Visiter Vulcania et découvrir les volcans d'Auvergne depuis Clermont-Ferrand

- À Limoges, visiter le musée de la Porcelaine et suivre le boulevard Louis-Blanc, où les boutiques d'émailleurs alternent avec les nombreux magasins de porcelaine

- Naviguer en gabare sur la Charente, visiter le Haras national, le Paléosite et l'écomusée du cognac depuis Saintes

LES CONSEILS GEO

● Les plus

Le réseau routier des Romains couvrait tout leur empire : avec 150 000 km de voies tracées dans la seule Europe, chacun est sûr de trouver un itinéraire qui lui convient. Les plus consciencieux partiront du kilomètre zéro, placé sur le Forum romain, entre les collines du Capitole et du mont Palatin. Dans les divers musées gallo-romains, on pourra s'intéresser aux techniques de construction des voies, aux bornes milliaires qui indiquaient la distance entre les étapes, au *cursus publicus*, cette poste impériale qui pouvait parcourir 150 km à cheval en 24 heures à peine.

● Les variantes

En prenant Lyon comme ville de départ, on peut rejoindre la mer du Nord, le Rhin ou le sud de la France en suivant les autres voies dont la construction fut décidée par Agrippa.

en quittant son trajet rectiligne, pour aller en direction du nord-ouest jusqu'à Ahun, dans la Creuse. L'existence d'une autre voie romaine construite au préalable, explique ce détour, et la via Agrippa ne tarde pas à retourner vers Limoges, sa prochaine étape. À Augustoritum, le forum se trouvait à l'emplacement de l'actuel hôtel de ville. Des fouilles ont permis d'en retrouver les vestiges, sans les mettre en valeur, hélas. Le plus intéressant se trouve à 5 km au nord de la ville, à proximité du lac d'Uzurat, dans la villa Brachaud construite au Ier siècle. Du temps de sa splendeur, elle dominait un vaste domaine agricole, mais au fil du temps, elle a été dépouillée de ses pierres et de ses autres matériaux. Les thermes et l'aqueduc taillé dans la roche qui les alimentait ont en revanche été dégagés par les archéologues, et ce sont eux que l'on visite.

● L'aqueduc, les thermes et le théâtre

Entre Limoges et Saintes, la voie porte le numéro VR 27 dans la numérotation des voies romaines. Et c'est la route N 141 qui mène au parc archéologique de Cassinomagus, à Chasseron, en Charente. La ville gallo-romaine a disparu, mais les archéologues ont retrouvé le sanctuaire, l'aqueduc, les temples, le théâtre et surtout les thermes, réputés pour être parmi les mieux conservés d'Europe. Après Chasseron, le tracé de la voie est parfaitement identifié. Elle passait par Saint-Cybardeaux (Sermanicomagus), qui possède encore un théâtre romain niché sur le flanc d'une colline. Elle se poursuivait jusqu'à son terme Mediolanum Santonum, devenu Saintes, en Charente-Maritime. De

CARNET DE ROUTE

HISTOIRE ET TRADITIONS

● **Les premiers contacts** Office de tourisme de Lyon Place Bellecour, 69002 Lyon – 04.72.77.69.69 – www.lyon-france.com
Parc archéologique de Cassinomagus
Longeas – 16150 Chassenon – 05.45.89.32.21
www.cassinomagus.fr

● **Les spécialités culinaires**
– La gastronomie locale est servie dans les « bouchons » et chez les « mères ». Grattons, rosette, jésus, saucissons truffés, pistachés ou briochés. Poularde truffée, poulet aux morilles, quenelles, tablier de sapeur (Lyon).
– Aligot, truffade.
– Cantal, saint-nectaire, bleu d'Auvergne, fourme d'Ambert et salers (Clermont-Ferrand).
– Les amateurs de viande vont se régaler avec les nombreuses recettes à base de bœuf du Limousin, de veau élevé sous la mère, d'agneau Baronet ou de porc dit « cul noir » (Limoges).

– Pineau des Charentes, Cognac. Ragoût de chevreau, poularde à la poitevine, cagouilles (escargots) à la saintongeaise et produits de l'océan (Saintes).

● **Les fêtes**
– **Lyon :** les Nuits de Fourvière associent théâtre, musique, danse, opéra, cirque et cinéma sur la colline qui domine Lyon, là où les Romains ont fondé Lugdunum (juin-juillet).
– **Clermont-Ferrand :** festival du Court-métrage (février), Rendez-vous du CARNET DE ROUTE (novembre), fête de l'Égalité et de la Diversité (mi-septembre).
– **Limoges :** Toques et Porcelaine (mi-septembre, tous les deux ans), Urbaka, le festival des arts de la rue aux 600 artistes d'ici et d'ailleurs (juin).
– **Saintes :** festival de Saintes, à l'abbaye aux Dames, la Cité musicale (juillet), festival « Les Oreilles en éventail » (début août).

haut de ses 15 m, l'arc de triomphe de Germanicus marquait somptueusement l'aboutissement de la via Agrippa. L'année 1843 aurait pu
lui être fatale, s'il avait été emporté avec la démolition du pont qui
franchit la Charente. L'intervention de Prosper Mérimée et le déplace-
ment du monument pierre par pierre l'évitèrent. L'arc est à présent
visible sur la place Bassompierre. La ville possède d'autres vestiges
remarquables, comme l'amphithéâtre situé rue Lacurie, qui fut sans
doute l'un des premiers construits en Gaule. Les thermes de Saint-Sa-
loine, transformés en nécropole après le IIIᵉ siècle, sont un autre trésor gallo-romain de la ville de Saintes. On peut en admirer le caldarium,
c'est-à-dire le bain chaud. Sur l'esplanade André-Malraux, le Musée
archéologique présente bien des merveilles, même si ce ne sont que
des objets de la vie quotidienne, en métal ou en verre, en ivoire ou en
bois. L'ancien abattoir du XIXᵉ siècle a été reconverti en musée. On y
expose des blocs sculptés venus de monuments publiques ou funéraires. Une statue impériale en marbre de Carrare est la pièce maîtresse de la collection. Elle justifierait à elle seule d'avoir entrepris cette
longue route ! ●

À Saintes, en Charente-Maritime,
l'amphithéâtre gallo-romain
construit vers 40 apr. J.-C. pouvait
accueillir entre 12 000 et
15 000 personnes.

LA VIA AGRIPPA D'AQUITAINE

La route des grottes préhistoriques

Des gorges de l'Ardèche à la « vallée de la préhistoire », en Dordogne, en passant par les sites incontournables du Languedoc et des régions pyrénéennes... En route pour les terres de nos ancêtres et les vestiges inouïs qu'ils nous ont laissés.

LES CONSEILS GEO

● Les plus

Invitant à un fabuleux voyage dans l'univers des hommes préhistoriques, la route traverse de superbes régions escarpées, propices aux randonnées, et des villes et des villages chargés d'art et d'histoire qui feront d'agréables haltes.

● Les variantes

Il est possible de prolonger l'itinéraire jusqu'à Périgueux (à 55 km de Montignac), qui renferme un riche musée d'art et d'archéologie, en partie consacré à la préhistoire en Périgord. Pour un voyage sur 4 jours, on pourra ne faire qu'une partie de l'itinéraire, en se limitant à la portion Vallon-Pont-d'Arc – Tarascon-sur-Ariège, ou à la portion Tarascon-sur-Ariège – Montignac.

DE L'ARDÈCHE À LA
DORDOGNE PAR L'ARIÈGE

- **Départ :** Vallon-Pont-d'Arc
- **Arrivée :** grotte de Lascaux
- **Distance :** 790 km

L'itinéraire rallie des sites majeurs couvrant toute la préhistoire européenne : le paléolithique inférieur (l'homme de Tautavel), le paléolithique moyen (époque de l'homme de Neandertal), le paléolithique supérieur (homme de Cro-Magnon, époque des grottes ornées), le mésolithique (civilisation azilienne) et le néolithique.

● Des gorges de l'Ardèche au Languedoc

Vallon-Pont-d'Arc, point de départ de l'itinéraire, marque le début de la route touristique qui, sur 32 km, surplombe le **canyon sauvage et vertigineux** entaillé par l'Ardèche. Tout le long, la rivière a creusé des cirques, des avens et des grottes qui servirent d'abris aux hommes préhistoriques. Située près du pont d'Arc, **la grotte Chauvet,** datant de quelque 36 000 ans, constitue la plus ancienne grotte ornée connue à ce jour. Panthères, ours des cavernes, rhinocéros, mammouths, lions : son saisissant bestiaire de 420 animaux montre une majorité de bêtes dangereuses, chose exceptionnelle au paléolithique supérieur. Les estompes, les perspectives, la vivacité des traits, les compositions complexes témoignent du talent artistique de l'homme de Cro-Magnon, dont on n'avait pas pris toute la mesure avant la découverte de cette grotte, en 1994. Après un détour vers **l'aven Marzal,** enrichi d'un musée du

Les Eyzies-de-Tayac recèlent un riche patrimoine préhistorique et des maisons troglodytes habitées pour certaines depuis la préhistoire.

monde souterrain et d'un parc préhistorique, l'itinéraire retrouve la route des gorges qui, **de grottes en belvédères**, aboutit à **Saint-Martin-d'Ardèche**. Direction l'**Aven-Orgnac**, classé Grand Site de France, où, près d'un gouffre vertigineux entraînant les visiteurs à 120 m sous terre, **la Cité de la Préhistoire** invite à un fascinant voyage dans le passé. La route se poursuit via Alès dans **la plaine languedocienne** pour rejoindre le village de **Valflaunès**, niché dans la garrigue entre les majestueux massifs du **Pic-Saint-Loup** et de l'**Hortus**. Nous nous trouvons ici sur les terres des chasseurs néandertaliens, qui laissèrent maintes traces de leur passage dans la **grotte de l'Hortus**. La route traverse le bourg médiéval des **Matelles** pour rejoindre le **village préhistorique de Cambous**. On déambule ici parmi les vestiges de cabanes élevées il y a 5 000 ans par une brillante communauté, qui, au bois et à l'argile, préféra la pierre et la lauze. Il s'agit là du plus vieux village de pierres de France.

● Le Sud pyrénéen

La route quitte le Bas Languedoc, traverse Béziers et Narbonne, puis pénètre dans les Corbières pour gagner **Tautavel**. Dans les années 1970, la **Caune de l'Arago** révéla entre autres des fossiles humains parmi les plus anciens d'Europe. Ils permirent de reconstituer le squelette d'un homme prénéandertalien et son environnement. Âgé d'une vingtaine d'années, l'homme de Tautavel mesurait 1,60 m et pesait envi-

QUE VOIR, QUE FAIRE SUR LA ROUTE DES GROTTES ?

- Visiter les plus belles grottes ornées de France
- Parcourir le village préhistorique de Cambous
- Visiter de nombreux musées consacrés à la préhistoire
- Se promener dans des parcs préhistoriques
- Faire du canoë dans les gorges de l'Ardèche
- Randonner autour du Pic-Saint-Loup et en Ariège
- Flâner dans de superbes villages, notamment aux Matelles, à Tarascon-sur-Ariège et aux Eyzies
- Visiter les châteaux médiévaux qui jalonnent le parcours
- Faire des haltes dans les belles cités du Lot et de la Dordogne : Cahors, Cajarc et Sarlat

ron 50 kg, il avait le front plat et fuyant, des orbites proéminentes, il cueillait, chassait, il ne maîtrisait pas le feu et mangeait donc sa viande crue. 450 000 ans nous séparent de cet ancêtre, que l'on soupçonne de cannibalisme, et dont le squelette est exposé dans le passionnant **musée de Tautavel-Centre européen de la préhistoire.** Par la D 117, qui offre des panoramas à couper le souffle sur les Pyrénées et les vallées, l'itinéraire rejoint **Tarascon-sur-Ariège** et sa myriade de grottes jadis habitées par des Magdaléniens, marquant la fin du paléolithique supérieur. C'est d'abord **la grotte de Niaux,** l'une des plus grandes grottes ornées du monde, où l'on contemple une rotonde décorée de bisons et de chevaux dessinés au trait noir. Les autres salles ornées, inaccessibles au public, sont reproduites à l'identique dans le **parc de la Préhistoire.** Non loin, la **grotte de la Vache** livra quantité d'outils, d'armes et d'objets d'art, notamment des os et des bois de cervidés finement gravés. La colossale **grotte de Bédeilhac** servit de refuge pendant près de 15 000 ans. Les Magdaléniens laissèrent sur les parois une centaine de gravures et peintures, et de très rares bas-reliefs modelés dans l'argile. De l'art pariétal, toujours, dans la **grotte de Lombrives,** la plus grande d'Europe, mais aussi d'extraordinaires concrétions et une légende romaine : fuyant la colère de son père, Pyrène se réfugia dans la montagne où un ours la terrassa ; Hercule, son amant, l'ensevelit dans la grotte et baptisa en son honneur les montagnes du nom de Pyrénées. L'iti-

CARNET DE ROUTE

• Les premiers contacts **Office de tourisme de Vallon-Pont-d'Arc** 5, place de l'Ancienne-Gare – 07150 Vallon-Pont-d'Arc – 04.75.88.04.01 – www.vallon-pont-darc.com
Office de tourisme du Grand-Pic-Saint-Loup Hôtel de la Communauté de Communes du Grand-Pic-Saint-Loup – 34270 Saint-Mathieu-de-Tréviers – 04.67.55.16.83 – www.tourisme-picsaintloup.fr

• Liens Internet pour la suite du voyage **Office de tourisme de Tautavel** www.tautavel.com
Office de tourisme des Montagnes de Tarascon www.montagnesdetarasconetduvicdessos.com

• La bonne période Certains sites étant fermés à la mauvaise saison, il est préférable de partir entre avril et octobre.

• La durée du voyage Il faut compter au moins 7 jours.

• La logistique La voiture est indispensable pour rallier les sites. Les gorges de l'Ardèche étant très fréquentées l'été, réservez votre hébergement à l'avance si vous partez en cette saison ; si vous aimez la tranquillité, optez pour un hébergement à Orgnac plutôt qu'à Vallon-Pont-d'Arc. Même remarque pour la vallée de la Vézère : vous serez plus au calme au Bugne qu'aux Eyzies. En Ariège, Tarascon dispose de gîtes et de chambres d'hôtes. La commune voisine de Rivesaltes est bien dotée en hôtels.

• La visite des grottes Pour des raisons de conservation, certaines grottes ne sont pas ouvertes au public. On visite Lascaux II, fac-similé de Lascaux, située à 200 m de l'originale. La reconstitution de la grotte Chauvet est en cours, l'ouverture est prévue pour fin 2014. En attendant, on visite, sur le site, la grande exposition qui lui est consacrée. Pour ces mêmes raisons, certaines grottes (en Ariège notamment) n'accueillent qu'un nombre limité de visiteurs par jour. Il faut réserver à l'avance.

• Les fêtes
– **Vallon-Pont-d'Arc :** fête de l'Olivier (mi-mai), les Journées de la préhistoire (sur plusieurs journées entre mai et septembre), fête de la Lavande (début juillet), Marathon international des gorges de l'Ardèche (week-end du 11 novembre).
– **Valflaunès :** les Journées de la préhistoire (début juin).
– **Les Matelles :** Fêtes médiévales du Grand-Pic-Saint-Loup (début mai).
– **Cambous :** les Printemps de la préhistoire (début juin).
– **Tautavel :** Championnat européen de tir aux armes préhistoriques (mi-mai), fêtes de la Préhistoire (mi-juillet et mi-août).
– **Tarascon-sur-Ariège :** Tarasco Latino (fin juillet).
– **Rivesaltes :** Les Vendanges littéraires (début octobre).
– **Mas d'Azil :** fête de la Figue (début octobre).
– **Cabrerets :** festival Objectif préhistoire (juillet).
– **Montignac :** festival international de danses et chants du monde (juillet), festival DocumenTerre (novembre), festival du Périgord noir de musique classique (juillet et août).

néraire se poursuit vers le nord, par **Foix,** jusqu'à la **grotte du Mas d'Azil,** si large que la route la traverse. La construction de la voie révéla d'éminents vestiges, dont une série de harpons plats et des galets peints, qui révélèrent une civilisation inconnue jusqu'alors, nommée depuis azilienne. Le vide de la science entre la fin du paléolithique supérieur et le néolithique, qu'on appelait le « hiatus », fut dès lors comblé.

● Par le Lot et la Dordogne

La route file plein nord via Toulouse et Montauban, pour rejoindre, à proximité de **Cahors,** le village de **Cabrerets** et la **grotte du Pech Merle,** ornée d'une longue frise montrant des bisons et des mammouths, de peintures et gravures d'aurochs, de chevaux, et de « mains négatives » obtenues par impression de pigments rouges autour des doigts. À ce site majeur découvert par deux enfants en 1922 est associé un musée consacré à la préhistoire en Quercy. Direction la Dordogne, **Les Eyzies-de-Tayac** et ses environs. Dans la vallée de la Beune et celle de la Vézère, à juste titre surnommée « **vallée de la préhistoire** », les merveilles du paléolithique se succèdent. Pas moins de 15 sites sont inscrits au patrimoine de

Peintures rupestres dans la grotte de Lascaux, à Montignac

l'Unesco. **Le long de la Beune,** on découvre **l'abri du Cap-Blanc** et ses sculptures en haut-relief, la **grotte de Bernifal** et ses innombrables mammouths peints ou gravés, la **grotte des Combarelles,** qui livra des témoignages de l'artisanat magdalénien, celle **du Font-de-Gaume** et ses peintures polychromes. En remontant la vallée de la Vézève, abris et grottes défilent : la **grotte de Saint-Cirq** renferme une représentation rare d'homme, **l'abri de Cro-Magnon** révéla des squelettes déterminants pour l'étude de ce type, **l'abri du Poisson** dévoile une sculpture de saumon très ancienne… Située dans le nord de la vallée, à proximité de **Montignac,** la **grotte de Lascaux** renferme un ensemble exceptionnel de 1 500 dessins et gravures, exécutés vers 17 000 avant J.-C. Des aurochs aux chevaux en passant par les bouquetins et les bisons, toute la faune de l'époque est représentée, selon un style particulier : les animaux montrent une petite tête effilée, un ventre gonflé, des membres courts. La grotte s'orne en outre d'une des rares scènes narratives de l'art préhistorique : un bison blessé chargeant un homme. C'est sur cette « chapelle Sixtine de l'art pariétal » que s'achève notre itinéraire. ●

La route des sites templiers du Larzac

Riche et puissant, l'ordre du Temple a essaimé ses commanderies sur presque toutes les terres du monde médiéval. Dans l'Aveyron, des remparts dressés au cœur du Larzac sauvage perpétuent le souvenir des chevaliers du Christ.

LES CONSEILS GEO

● Les plus

Une histoire foisonnante et fascinante liée à de nombreux lieux historiques, souvent fort bien conservés de nos jours.

● Les variantes

Paris, dans le quartier du Marais, fut un haut lieu de la puissance templière, mais l'histoire en a effacé les traces. Ce n'est pas le cas pour l'Île-de-France qui compte une vingtaine de lieux templiers, dont la Commanderie de la Villedieu à Élancourt, devenue lieu d'exposition d'art contemporain. Il en existe d'autres dans presque toutes les régions de France. Les Templiers s'étaient également implantés dans une bonne partie de l'Europe, de l'Italie à l'Écosse, de l'Espagne à la Pologne. S'y ajoutent les forteresses orientales de Turquie, d'Israël ou du Liban, à vocation militaire celles-là. Autant de prétextes à d'autres beaux voyages.

SUR LE PLATEAU
DU LARZAC

- **Départ :** Millau
- **Arrivée :** Millau via Sainte-Eulalie-de-Cernon
- **Trajet :** 134 km via les cinq sites templiers

Jérusalem, 1118. Neuf chevaliers croyants et combattants fondent l'ordre des Templiers, pour protéger les pèlerins sur la route qui mène en Terre sainte. Paris, 1314. Jacques de Molay, le dernier grand maître de l'ordre, est brûlé vif sur une île de la Seine, après un procès inique. Entre ces deux dates, les « Pauvres Chevaliers du Christ » s'étaient considérablement enrichis, au point de susciter la convoitise de Philippe le Bel, qui provoqua leur chute. Les Templiers n'ont pas disparu pour autant : ils sont entrés dans la légende. L'une d'entre elles voudrait que leur fabuleux trésor ait été transporté en secret jusqu'à La Rochelle. Inutile de partir à sa recherche, la quête serait vaine. Il est préférable de prendre la direction de l'Aveyron, dans ce Larzac sauvage qui a su mettre en valeur le patrimoine hérité des Templiers et de leurs continuateurs, les Hospitaliers.

● Le parc des Grands Causses

C'est à partir de 1153 que les Templiers s'implantèrent dans ce qui est aujourd'hui le parc régional des Grands Causses. À côté de Millau, dans l'Aveyron, ils auraient été impressionnés par l'immense viaduc suspendu dans les airs, s'ils avaient pu admirer l'ouvrage d'art imaginé par l'architecte Norman Foster. Le circuit templier débute à 20 km au sud de la capitale du gant de cuir, à **La Cavalerie.** Ici, les Templiers profitèrent de la voie qui conduisait vers la Méditerranée en traversant le plateau du Larzac. Ils donnèrent leur nom au village, puisque le mot occitan cavalaria est utilisé pour désigner l'ordre des chevaliers. On y accède par la porte qui traverse la Tour carrée ornée de mâchicoulis. Depuis la place des Templiers, le promeneur trouvera facilement les maisons du XVe siècle et les hôtels particuliers du XVIIe siècle, le relais de poste, reconnaissable à sa grande voûte, et l'église Notre-Dame-de-l'Assomption, qui abrite les vestiges de l'ancienne église templière.

HISTOIRE ET TRADITIONS

QUE VOIR, QUE FAIRE
DANS L'AVEYRON ?

- Participer au Grand Trail des Templiers, qui parcourt 73 km dans les causses à partir de Millau
- Découvrir l'espace botanique de Saint-Jean-d'Alcas
- Visiter la ferme du Frayssinet, près de Sainte-Eulalie-de-Cernon, en Pays de Roquefort
- Pratiquer le saut à l'élastique depuis le viaduc de Sainte-Eulalie-de-Cernon
- Visiter le Reptilarium du Larzac, à Sainte-Eulalie-de-Cernon
- Se promener en Vélorail sur l'ancienne voie ferrée qui surplombe la vallée du Cernon

Le viaduc de Millau, de Michel Virlogeux et Norman Foster, domine le parc naturel régional des Grands Causses.

LA ROUTE DES SITES TEMPLIERS DU LARZAC

L'ensemble a été superbement rénové, et le chemin de ronde de l'enceinte permet de jouir d'un double paysage : à l'extérieur, le regard porte jusqu'aux Cévennes, à l'intérieur, on admire les toits des maisons caussenardes. Les sentiers des environs du village mènent aux fermes typiques du Larzac. Des dolmens et des menhirs sont dressés dans les champs. Toujours plus au sud, à 24 km de La Cavalerie, dans le sud-est du département de l'Aveyron, **La Couvertoirade** est l'un des Plus Beaux Villages de France. On comprend pourquoi en le découvrant au milieu du causse sauvage, dans un paysage qui semble déserté de toute présence humaine. Vers l'an 1200, les Templiers firent édifier le château qui allait donner naissance au village. Les murailles dressées sur le causse du Larzac furent édifiées plus tard, au XVe siècle, pour assurer une meilleure protection. Cette enceinte longue de plus de 400 m offre un chemin de ronde avec vue sur les ruelles, la maison

Dans le parc naturel régional des Grands Causses, La Couvertoirade est classé parmi les Plus Beaux Villages de France.

de la Scipione et autres bâtisses caussenardes. À l'extrémité du village, les ruines du château des Templiers sont dressées sur un piton rocheux. Jouxtant l'église, le cimetière coupé en deux lors de l'édification de remparts est orné de stèles discoïdales en pierre, semblables à celles des monuments funéraires médiévaux. À l'extérieur des remparts, il ne faut pas manquer la plus grande lavogne empierrée du Larzac, que les villageois utilisèrent durant des siècles pour recueillir l'eau.

● Une tour carrée à l'horizon

C'est l'abbesse cistercienne de Nonenque qui fit fortifier **Saint-Jean-d'Alcas**, à 35 km de La Couvertoirade. Ici aussi, la guerre de Cent Ans menée contre les Anglais faisait rage. Les habitants des environs étaient rassurés de trouver refuge dans son enceinte encadrée par quatre puissantes tours d'angle. L'église paroissiale, précédemment fortifiée, permet d'y accéder, pour profiter d'une vue sur les falaises du Larzac. Dans les rues parallèles, les petites maisons sont identiques, toutes ornées de fenêtres à meneaux de pierre. À proximité, dans le presbytère qui jouxte l'église de Saint-Paul-des-Fonds, l'espace Hippolyte-Coste présente les souvenirs et les collections

du célèbre botaniste. Quelques kilomètres en remontant plus au nord, une grande tour carrée se dessine à l'horizon. C'est celle du **Viala-du-Pas-de-Jaux**. Les Templiers s'étaient contentés de créer une exploitation agricole, qui vivait autour de l'église et d'un grand logis aménagé d'une galerie en bois. C'est aux Hospitaliers qu'il convient d'attribuer la construction de cette tour-grenier de 27 m de hauteur, la plus grande du Larzac. On l'utilisait pour protéger les récoltes, mais les habitants pouvaient y trouver refuge lorsque les temps se troublaient. Aujourd'hui restaurée, sa terrasse bordée de mâchicoulis offre un point d'observation sur les paysages du Larzac. Là encore, des lavognes et des dolmens justifient une visite des alentours. Au bord du Cernon, dans une belle vallée verdoyante qui séduit les hommes depuis la préhistoire, les Templiers édifièrent à **Sainte-Eulalie de-Cernon** la principale commanderie du Rouergue. Autour des remparts, les brebis se comptent par milliers. À l'intérieur de l'enceinte fortifiée, les habitants sont moins de 300. Ils vivent encore à proximité de l'église romane ornée d'une salle des fresques, près du réfectoire et du dortoir qui accueillaient les Templiers. Après leur arrestation en 1307, ceux-ci furent incarcérés au château

Le village médiéval fortifié de Sainte-Eulalie-de-Cernon est à présent inscrit au patrimoine mondial de l'humanité.

royal de Najac. En 1312, l'abolition de l'ordre du Temple entraîna la confiscation de tous leurs biens. Les Hospitaliers, qui devinrent plus tard chevaliers de l'ordre de Malte, en héritèrent. Jusqu'à la Révolution, ils surent faire fructifier le patrimoine de leurs prédécesseurs. Avant de quitter Sainte-Eulalie, les visiteurs trouveront d'autres traces du passé autour du village, sur le site archéologique du Puech, au pied des dolmens, au milieu des vestiges gallo-romains. Ensuite, un petit détour par les caves de Roquefort s'impose, avant de retrouver Millau, qui vient clore cette aventure templière dans le Larzac. ●

CARNET DE ROUTE

• **Les premiers contacts** **Office de tourisme du Larzac Templier Causses et Vallées** 12230 La Couvertoirade – 05.65.62.23.64 – www.ot-larzac-vallees.fr
Conservatoire Larzac Templier et Hospitalier Place Bion Marlavagne – 12100 Millau – 05.65.59.12.22 – www.conservatoire-larzac.fr
Site templier et hospitalier de La Cavalerie 05.65.62.78.73 – www.lacavalerie.fr

• **La durée du voyage** Le sentier de randonnée GR 71 C Templier et Hospitalier forme une boucle au départ de La Couvertoirade. Long de 83 km, il prend 4 jours à parcourir. En voiture, l'exploration des sites templiers occupe un week-end.

• **Les spécialités locales** La coutellerie, avec le célèbre couteau de Laguiole, mais aussi de Sauveterre. Le travail de la peau et du cuir utilisés en ganterie haut de gamme à Millau. Les tourneurs sur bois et les potiers ont aussi développé un bel artisanat.

• **Les spécialités culinaires**
– Bœuf fermier de l'Aubrac, veau de l'Aveyron et agneau sont élevés dans la région et se retrouvent dans les assiettes.

– Aligot, à base de pomme de terre et de tome fraîche, estofinado, avec de la morue séchée et des pommes de terre, farçous (hachis à base de lard gras et de chair à saucisse), tripoux, une farce entourée de panse de veau ou d'agneau.
– Fouace aveyronnaise parfumée à la fleur d'oranger, échaudés, ces biscuits cuits au four et parfumés avec des graines d'anis ou d'oranger, gâteau à la broche, préparé à partir d'une pâte liquide versée sur une broche.
– Roquefort, pérail, bleu des causses au lait de brebis, laguiole et ecir au lait de vache.
– Vins de l'AOC côtes-de-Millau ou Marcillac.

• **Les fêtes**
– **Millau :** Millau en Jazz (juillet), bourse aux minéraux, l'une des plus importantes d'Europe (juillet).
– **Sainte-Eulalie :** festival des Pierres qui chantent (juillet), Route du Sel (juillet), festival de Musique de chambre du Larzac (août).
– **Sites Templiers :** Les Estivales du Larzac font revivre le Moyen Âge avec des reconstitutions historiques dans chacun des sites (juillet et août). La Marche du Commandeur permet de randonner autour d'un site avant de le visiter (dimanche des Rameaux).

La route des cadets de Gascogne

Ils étaient nobles, mais pauvres, leur position de cadet les privant d'héritage. À défaut de fortune, ils avaient du courage à revendre. Voilà pourquoi ils quittaient leur chère Gascogne pour se mettre au service des armées du roi.

Cyrano de Bergerac et d'Artagnan ont bel et bien existé. Ils furent, parmi bien d'autres, de ces cadets qui quittaient la Gascogne pour s'en aller combattre au service des rois de France durant les XVe et XVIe siècles. Leurs faits d'armes auraient pu sombrer dans l'oubli, mais la littérature a rendu hommage à leur fougue et à leur panache, sans hésiter parfois à embellir leur légende. Pour faire un bout de route en leur compagnie, direction le Gers, au cœur de la Gascogne.

● La terre des Mousquetaires

À la frontière du comté d'Armagnac et du Béarn, **Termes d'Armagnac** possédait un château dressé au-dessus des vallées de l'Adour et de l'Arros. Seule la tour de 36 m, construite par un bâtard des comtes d'Armagnac devenu cadet, a résisté au temps. Adossée à ses pierres ocre, la bâtisse du XVIIIe siècle est devenue la salle des Mousquetaires pour accueillir des concerts et des animations médiévales. En lisière du bois d'Aignan, **Saba-**

CARNET DE ROUTE

● **Les premiers contacts** **Comité de tourisme du Gers** 3, boulevard Roquelaure – 32002 Auch Cedex – 05.62.05.95.95 – www.tourisme-gers.com
Terra Gers www.vrai.tourisme-gers.com
Office de tourisme de la Ténarèze 5, place Saint-Pierre – 32100 Condom – 05.62.28.00.80 – www.flaranbaise-armagnac.com

● **La bonne période** Les beaux jours de printemps, d'été et du début de l'automne pour profiter de la douceur du climat gersois. À partir de novembre, pour voir la « ronde des alambics » des producteurs d'armagnac durant la période de distillation.

● **La durée du voyage** L'itinéraire proposé peut s'effectuer en un week-end. Il occupera une bonne semaine s'il s'accompagne d'échappées belles, à Auch, Condom ou Mirande par exemple.

● **Les spécialités locales** L'agulha (aiguille) ou bâton gascon fabriqué à Vic-Fezensac. Le surjoug qui protégeait les troupeaux, ou bejoet, devenu objet d'art tourné en bois d'orme, de hêtre, de noyer, de charme, ou d'érable, à voir notamment au musée d'Art campanaire de L'Isle-Jourdain.

● **Les spécialités culinaires**
– Canard, en foie gras, en fritons, en magrets, en confits et autres pâtés
– Poulet fermier du Gers, tourtière, pastis gascon.
– Armagnac, Floc de Gascogne, Pousse-Rapière, mélange de vin sauvage et de liqueur d'armagnac à l'orange confite.

● **Les fêtes**
– **Flamarens :** les Musicales (août).
– **Terraube :** Salon des antiquaires au château de Terrabe (fin août début septembre).
– **Montréal-du-Gers :** Flamme de l'armagnac pour suivre la flamme qui sillonne les routes des vignobles gersois lorsque les alambics distillent les futures eaux-de-vie d'armagnac (de novembre à fin janvier).
– **Vic-Fezensac :** Feria del Toro dans la capitale tauromachique du Gers, à la Pentecôte (mai ou juin).
– **Auch :** Claviers en pays d'Auch (mi-mai), Éclats de voix (mi-juin), Festival du Cirque actuel (octobre).
– **Condom :** Nuits musicales en Armagnac (juillet et août), Musique en chemin (août), Fetival de Bandas y Penas (mai).
– **Marciac :** Jazz in Marciac (juillet et août).

zan possédait aussi son château médiéval. Celui-ci sera totalement métamorphosé au XVIᵉ siècle. On ne peut pas le manquer dans le village, avec son imposant corps de logis complété par des tours rondes à chaque angle, pas plus que la solide et magnifique église romane Saint-Jean-Baptiste. Le village de **Lupiac**

EN SUIVANT LES CADETS

- **Départ :** Termes d'Armagnac
- **Arrivée :** Flamarens
- **Distance :** 170 km

est posé sur un plateau élevé, et Castelmore se trouve à proximité. Charles de Batz, le nom véritable de d'Artagnan, y aurait vu le jour dans les années 1615. On découvrira sa vie dans la chapelle Saint-Jacques, transformée en musée. Il faut franchir le pont de pierre à deux arches ogivales et traverser la rivière Auzoue pour entrer dans **Fourcès,** bourg castral gascon typique avec son plan concentrique. Au centre du village, la place ronde ombragée de platanes et encerclée de maisons à colombage occupe l'emplacement du château abattu sur ordre du roi de France. Un autre fut bâti à l'extrémité du village, au bord de l'Auzoue. **Beaumont** est située sur la rive gauche de l'Osse, si proche de Condom-en-Armagnac qu'il serait bien dommage de ne pas faire un saut dans la cité épiscopale. On trouve la mention de son Castrum de Bonmont depuis 1266. Largement remanié

Larressingle dresse ses remparts au milieu des vignes au pays de l'armagnac. C'est une étape sur le chemin de Compostelle.

D'Artagnan, Athos, Porthos et Aramis réunis à Condom-en-Armagnac.

QUE VOIR, QUE FAIRE
DANS LE GERS ?

- Assister à une course landaise, sans mise à mort
- Jouer au palet gascon et faire voltiger les quilles
- Assister à un match de rugby... et à sa troisième mi-temps
- Glisser en canoë sur la Baïse, l'Arros, le Gesse ou la Save
- Profiter des tables d'orientation de Castelnau-Barbarens, de Lectoure, de Miradoux ou de Sauveterre pour admirer de somptueux panoramas
- Faire ses achats sur l'un des marchés au gras, à Samatan, Seissan, Fleurance...
- Piloter sur le circuit de Nogaro

depuis, il ne se visite hélas pas. Situé entre Beaumont et Larressingle, le **pont de l'Artigue** a été inscrit au patrimoine mondial de l'Unesco. Construit pour le passage des pèlerins de Compostelle, il est, avec ses cinq arches de style roman, un des derniers ouvrages de ce type parvenu jusqu'à nous. Ce n'est hélas pas le cas de la commanderie et de l'église qui avaient été bâties à proximité par l'ordre de Santiago. Avec ses remparts dressés au milieu des vignes, on compare souvent le bourg fortifié de **Larressingle** à Carcassonne. Ses ruelles offrent un véritable condensé d'architecture médiévale entre la tour d'entrée, le château fort et l'église romane fortifiée. Les évêques de Condom firent du **château de Cassaigne** leur lieu de villégiature jusqu'à la Révolution, avant d'en être dépossédés. Depuis plus de 200 ans, le château est au cœur d'un domaine viticole, et sa visite conjugue le plaisir de l'histoire à celui de la dégustation. Au cœur de l'Armagnac, à l'extérieur du village de **Mansencôme,** le château Busca-Maniban se reconnaît à son élégante façade qui évoque celle de Versailles. C'est en tout cas un magnifique exemple d'architecture du XVIIᵉ siècle. Dans les chais sont élevés les prestigieux armagnacs Marquis de Maniban. À proximité de la bastide de **Valence-sur-Baïse,** l'abbaye de Flaran est classée Grand Site de Midi-Pyrénées. Fondée en 1151, mais remaniée jusqu'au XVIIIᵉ siècle, elle est dans un état de conservation remarquable, témoignage de l'art cistercien du Moyen Âge. La visite se déroule entre les jardins et les différents bâtiments monastiques. Cerise sur le gâteau, l'abbaye possède aussi la collection Simonow : Cézanne y côtoie Tiepolo, Picasso, Rubens, Renoir, Matisse... Les 650 habitants de **Saint-Puy** profitent d'un très large panorama sur les Pyrénées. Il est vrai que l'ancien camp fortifié gallo-romain de Summum Podium est posé sur un point culminant. Riche d'une longue histoire, son château Monluc est à présent une exploitation viticole ouvert à la visite. On y produit en exclusivité la pousse-rapière, cette liqueur à base d'armagnac aromatisée qu'auraient sans doute appréciée les cadets. À déguster dans les caves souterraines du vieux pressoir.

● Un bourg gascon typique

Terraube est le prototype du bourg castral gascon et l'un des plus beaux sites de Lomagne, cette région qui occupe le nord-est de la Gascogne. Le village a conservé les souvenirs de la famille de Galard, qui fit bâtir l'enceinte fortifiée, l'église paroissiale, le moulin et le « castet debat », le premier château du village. Entouré d'un parc à l'anglaise, le château de Lacassagne est le principal édifice de **Saint-Avit-Frandat,** marqué par la longue présence des Luppe. Dans la grande salle du corps de logis, l'un d'eux fit reproduire les fresques de la salle du Conseil de l'ordre de Malte que l'on peut voir à La Valette. Une promenade dans le village permettra aussi de découvrir un pigeonnier ancien et les vestiges d'un moulin à vent. **Flamarens,** en Lomagne, est également sur le chemin de Compostelle. Le village perché est dominé par son château. Abandonné en 1882 après le départ des Grossoles, qui le possédaient depuis 1466, il fut largement endommagé par l'incendie de 1943 et resta longtemps à l'état de ruine. Depuis un demi-siècle, des bénévoles organisent des expositions et un festival musical. L'église Saint-Saturnin avait, elle aussi, besoin de travaux pour sauver son clocher à deux arcades et sa tourelle d'escalier ronde. Sur l'une de ses façades, la petite porte wisigothe daterait du Ve siècle. Arrivés aux portes de l'actuel département du Tarn-et-Garonne, les cadets poursuivaient leur route jusqu'à Paris, où ils entraient au service du roi, avant de partir sur les champs de bataille, toujours plus loin de leur chère Gascogne ! ●

L'abbaye de Flaran, à Valence-sur-Baïse, forme un bel ensemble cistercien du XIIe siècle. On peut notamment y admirer la centaine d'œuvres de la collection Simonow.

LA ROUTE DES CADETS DE GASCOGNE

La route des villages perchés en Provence

De la chaîne des Alpilles au massif du Luberon, par le Colorado provençal et les ocres de Roussillon, une route splendide au pays de l'olivier et de la lavande, jalonnée de villages pittoresques, empreints de soleil et de douceur de vivre...

L'itinéraire débute au cœur des Alpilles. Ce massif montagneux, qui s'étend de la vallée du Rhône à celle de la Durance, présente un étonnant paysage de roches calcaires blanches, couvertes ça et là par la garrigue, la forêt, les cultures. Perché sur un éperon rocheux des Alpilles, couronné par les vestiges d'une imposante forteresse, le village des **Baux-de-Provence** jouit d'une situation unique. On se plaît à déambuler dans cette cité entièrement piétonne, aux ruelles bordées de vieilles maisons et d'hôtels Renaissance. Parmi les demeures remarquables : l'hôtel de Manville, occupé par la mairie, l'hôtel des Porcelet, abritant un musée consacré au peintre Yves Brayer, et l'hôtel Jean-de-Brion, siège de la fondation Louis-Jou, du nom d'un imprimeur proche de Picasso, grand collectionneur de gravures et de livres anciens. Le fleuron des Baux est son château perché, dont le site s'étend sur plus de 7 ha. Il offre un panorama spectaculaire sur la Camargue, la plaine de la Crau, les Alpilles et le val d'Enfer, qui, composé de roches érodées aux formes étranges, aurait inspiré Dante pour sa Divine Comédie.

● Vers le Petit Luberon

L'itinéraire se poursuit vers **Maussane-les-Alpilles**, situé à 4,5 km au sud des Baux. Entouré de 2 000 ha d'oliveraies, le village peut s'enorgueillir d'être le premier producteur d'huile d'olive AOC de France.

HISTOIRE ET TRADITIONS

DES ALPILLES
AU LUBERON PAR
LE COLORADO PROVENÇAL

- **Départ :** Les Baux-de-Provence
- **Arrivée :** Fontaine-de-Vaucluse
- **Distance :** 160 km

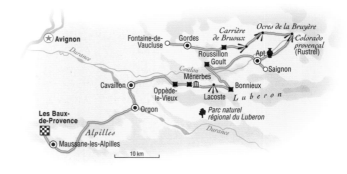

Au cœur des Alpilles, le village des Baux dominé par les ruines de la forteresse

Luberon, le royaume des villages perchés, qui fera le bonheur des amoureux de vieilles pierres et de nature.

À 16 km à l'est de Cavaillon, **Oppède-le-Vieux** possède un charme extraordinaire. Il s'agit là d'un village quasi fantôme, traversé de ruelles pavées jonchées d'herbes folles, bordées d'échoppes anciennes et de maisons abandonnées, datant pour certaines des XVᵉ et XVIᵉ siècles. Au sommet de la colline : une belle collégiale médiévale et les ruines d'un château, offrant une vue à couper le souffle sur le massif du Luberon. **Ménerbes**, tout proche, est l'étape suivante. Bâti sur un éperon rocheux, ce village de caractère séduit par la richesse de son patrimoine. On y admire entre autres de belles demeures médiévales et Renaissance, un castelet élevé sur les ruines d'un château fort et une imposante citadelle qui joua un rôle de premier plan durant les guerres de Religion. La cité a attiré de nombreux artistes, à commencer par Picasso et Nicolas de Staël. Elle renferme une Maison de la truffe et du vin et un insolite musée consacré au tire-bouchon. Sur la route menant à Lacoste, on ne manquera pas de visiter **l'abbaye de Saint-Hilaire**, ancien couvent carme en partie troglodyte, classé au titre des monuments historiques. **Lacoste**, qui étage ses rues à flanc de colline, est dominé par un château en ruines entamé au XIᵉ siècle. Jadis propriété du sulfureux marquis de Sade, il appartient actuellement à Pierre Cardin. Le site offre de superbes vues sur les monts du Vaucluse et sur le mont Ventoux, ainsi que sur **Bonnieux**, étape suivante de l'itinéraire. Protégé par ses remparts, Bonnieux abrite de superbes demeures témoignant de son passé florissant : après avoir été sous la dépendance des Templiers, la cité fut rattachée aux

- Faire du golf aux Baux, dans l'un des plus beaux neuf trous de France
- Randonner, faire du cheval ou du VTT dans le parc régional des Alpilles
- Visiter l'insolite musée du Tire-Bouchon à Ménerbes
- Visiter le château de Lacoste
- Pique-niquer dans la dépaysante forêt de cèdres de Bonnieux
- Voler en parapente au-dessus du Colorado provençal
- Se promener sur le sentier des ocres, autour de Roussillon
- Flâner dans le village des Bories, cabanes de pierres sèches jadis utilisées par les bergers
- Naviguer en kayak sur la Sorgue, à Fontaine-de-Vaucluse

VILLAGES PERCHÉS DE PROVENCE

terres pontificales, et plusieurs évêques s'y établirent. Au sommet se dresse l'Église haute, édifice mi-roman, mi-gothique, offrant une vue panoramique sur les montagnes environnantes et les plaines parcourues par les vignes et les champs de lavande. Au sud du village, on pourra se promener dans la vaste **forêt de cèdres plantée par** Napoléon III, avant de reprendre la route en direction de **Goult**, un village de rêve parcouru de passages voûtés et émaillé de vastes places ombragées. On ne manquera pas de monter au moulin de Jérusalem, pour contempler la vue sur la vallée du Calavon.

● Vers les ocres du Luberon

La route poursuit vers l'est en direction d'**Apt**, capitale mondiale des fruits confits – que Madame de Sévigné comparait à un chaudron à confiture ! – puis continue vers **Saignon**. Ce village étirant ses ruelles au sommet d'une colline est élevé derrière un énorme rocher, que les plus courageux pourront gravir. Saignon est doté d'une belle église romane du XIIᵉ siècle, de fontaines anciennes et de petites places charmantes. Des sentiers balisés offrent d'agréables promenades autour du bourg et dans le parc naturel régional du Luberon. L'itinéraire mène

CARNET DE ROUTE

● Premiers contacts

Office de tourisme des Baux-de-Provence Maison du Roy – 13520 Les Baux-de-Provence – 04.90.54.34.39 – www.lesbauxde provence.com
Office de tourisme du Luberon-Pays d'Apt 20 avenue Philippe-de-Girard – 84400 Apt – 04.90.04.64.30 – www.luberon-apt.fr

● La bonne période
Privilégiez les demi-saisons. Les températures sont clémentes et la région est moins investie par les touristes. En période de Noël, les fêtes et les animations sont superbes.

● La durée du voyage
Prévoyez au moins 5 jours, avec des étapes à Cavaillon, Bonnieux, Rustrel et Gordes.

● La logistique
– Le Luberon étant une région très touristique, et l'infrastructure hôtelière n'étant pas toujours suffisante pour accueillir les estivants, il est recommandé de réserver plusieurs mois à l'avance pour partir en juillet-août.
– Les villages perchés sont mal desservis par les transports. – La voiture est donc recommandée.

● Les spécialités locales
– Les santons de Provence, la faïence, la poterie, les indiennes (tissus colorés).

● Spécialités culinaires
– Huile d'olive, olives cassées et olives noires AOC de la vallée des Baux.
– Miel, melon de Cavaillon, fruits confits d'Apt, croquants (biscuits).
– Herbes de Provence, agneau du Luberon.
– Soupe au pistou, pissaladière, ratatouille, daube provençale, moules à la provençale, bouillabaisse, ravioles.

● Les fêtes
– **Baux-de-Provence et environs :** festival des Alpilles, musiques du terroir et du monde (juillet-août), fête de l'Huile nouvelle (décembre), bergerie de Noël (du 21 décembre au 5 janvier).
– **Cavaillon :** fête du Melon (2ᵉ semaine de juillet), Rencontres cinématographiques (fin août).
– **Ménerbes :** fête de la Truffe (fin décembre).
– **Goult :** festival Goult au Jazz (début août).
– **Apt :** Cavalcade d'Apt, Grand Corso (Pentecôte), le festival de musique, théâtre et danse Tréteaux de Nuit (juillet), fête des Lumières (mi-novembre à mi-janvier).
– **Roussillon :** Journées de l'Ocre (Ascension).
– **Gordes :** fête de l'Amandier (mars).
– **Diverses communes du Luberon :** festival des Quatuors à cordes du Luberon (juin à septembre), le festival de jazz Rural Détour (fin novembre).

vers Rustrel : nous voici **au cœur du Colorado provençal**, un site époustouflant, constitué d'anciennes carrières d'ocre. S'étendant sur plus de 30 ha, il est creusé de falaises impressionnantes de teintes ocre, rose ou pourpre, semées de végétation. Si le Colorado provençal a été façonné par la main de l'homme, il doit aussi sa physionomie unique à l'érosion, qui a engendré de magnifiques cheminées de fées. La route bifurque vers l'ouest, en direction de Villars, où d'autres carrières, **les Ocres de la Bruyère**, attendent les promeneurs. L'étape suivante est Gargas, dont l'ancienne carrière d'ocre, **la mine de Bruoux**, a été aménagée pour les visiteurs, qui longent, sur un parcours de 650 m, des galeries de 5 à 12 m de haut, aussi majestueuses que des cathédrales.

● De Roussillon à Fontaine-de-Vaucluse

À 8 km à l'ouest de Gargas, **Roussillon** est une pure merveille. Ses maisons rouges, roses et orangées rayonnant sous le soleil surplombent de superbes falaises ocre. Tout autour, les pinèdes forment un cadre féerique. On flâne dans le dédale de ses ruelles bordées de galeries d'art et de maisons séculaires, montant jusqu'à l'église Saint-Michel, élevée au bord de la falaise. Le sentier pédagogique des ocres et le Conservatoire des ocres et pigments appliqués, établi dans une ancienne usine, permettent d'en savoir plus sur le minéral. La route quitte la région des ocres pour poursuivre vers cet autre attrait du Luberon, **Gordes**, village bâti en pierres blanches et grises enroulé autour de son rocher, surmonté d'un imposant château Renaissance. Non loin de Gordes, on ne manquera pas de visiter le village des Bories et l'abbaye de Sénanque. L'itinéraire prend fin à **Fontaine-de-Vaucluse**, qui doit sa renommée à sa source vert émeraude jaillissant au pied d'une falaise vertigineuse. ●

L'abbaye Notre-Dame de Sénanque, un monastère cistercien en activité sur la commune de Gordes

LES CONSEILS GEO

● Les plus

Une région superbe, aux paysages variés, abritant plusieurs villages classés parmi les plus beaux de France. La route passe par le parc naturel régional des Alpilles et le parc naturel régional du Luberon : les amoureux de la nature et les amateurs de randonnées, de vélo et de balades à cheval seront comblés.

● Les variantes

À partir de Saignon, on peut poursuivre vers la vallée de la Durance pour visiter les villages perchés du pays de Manosque (Pierrevert, Montfuron, Reillanne, Vachères, Oppedette, Simiane-la-Rotonde) avant de gagner les ocres du Luberon.

La route Napoléon

Février 1815, l'Empereur quitte l'île d'Elbe pour accoster en secret à Golfe-Juan. Pressé de rejoindre Paris, c'est à marche forcée qu'il atteint Grenoble une semaine plus tard. Cet épisode fameux est entré dans l'Histoire sous le nom de « Vol de l'Aigle ».

Exilé sur l'île d'Elbe depuis 1814, Napoléon Ier n'a pas renoncé au pouvoir. Le 26 février 1815, il quitte Portoferraio en secret et navigue avec sa garde en direction des côtes françaises. Pour échapper aux forces royalistes qui risquent d'entraver son retour, l'Empereur déchu est contraint d'emprunter de petits chemins de traverse. En souvenir du « Vol de l'Aigle », cette épopée du retour de Napoléon au pouvoir à Paris, son itinéraire est devenu la nationale 85 en 1909, avant d'être baptisé « route Napoléon » en 1932.

● Picasso et Jean Marais

Le 1er mars 1815, vers 17 h, le port de **Vallauris Golfe-Juan** connaît une agitation inhabituelle lorsque Napoléon et sa troupe d'un millier d'hommes y accostent. La station balnéaire, marquée depuis par le souvenir de Pablo Picasso et de Jean Marais, n'est encore qu'une rade naturelle entourée de cabanes de pêcheurs. Le village est aussi connu pour sa tradition potière, que l'on peut découvrir dans son château, où cohabitent les musées Picasso, Magnelli et de la Céramique. Sitôt en route, le voilà à **Cannes**, où la rue Bivouac-Napoléon, à deux pas de la Croisette, rappelle son passage. Dans la ville du célèbre festival, le général Cambronne réquisitionne vivres et chevaux de poste, tandis que la tente de l'Empereur est dressée à l'emplacement du n° 15 de la rue des Belges. Le lendemain, il est au **Cannet**, la ville aux sept

Proche de la Méditerranée, Mougins a conservé des allures de village.

LE VOL DE L'AIGLE

● **Départ** : Vallauris Golfe-Juan
● **Arrivée** : Grenoble
● **Distance** : 324 km

HISTOIRE ET TRADITIONS

À Grasse, dans les Alpes-Maritimes, la fontaine du Thouron est nichée entre les marches d'un escalier à double révolution.

collines qui abrite le musée Bonnard. Sa troupe et lui commencent à prendre de l'altitude en arrivant à **Mougins,** qui domine la baie de Cannes, les îles de Lérins et les Préalpes. **Mouans-Sartoux** est l'étape suivante. Napoléon est passé devant son château du XVIᵉ siècle, qui n'abritait pas encore le Centre d'art contemporain et d'art concret. Le voilà à **Grasse,** déjà berceau de la parfumerie à cette époque. Redoutant une résistance de la ville, il arrive dès 5 h sur les hauteurs du plateau de Roquevignon, devenu plateau Napoléon ; contre toute attente, les habitants lui offrent des violettes. Poursuivant sa remontée, il passe devant les vestiges de l'enceinte fortifiée du village provençal de **Saint-Vallier-de-Thiey,** sans visiter les grottes des Audides, ni celle de Baume obscure. En terre d'oliviers, la colonne traverse le village médiéval perché de **Saint-Cézaire-sur-Siagne,** puis celui d'**Escragnolles,** où le dolmen des Claps est visible sur le chemin Napoléon. La nuit

est tombée lorsqu'ils parviennent à **Séranon**, masquant à la vue d'impressionnantes parois de calcaire déchiquetées. Le lendemain, la troupe découvre le petit lac bleu niché dans un paysage de landes et de forêts qui fait le charme de **Châteauvieux**, à près de 1 000 m d'altitude, dans le parc régional du Verdon.

Les gorges du Verdon

Castellane marque l'entrée de la route Napoléon en Haute-Provence, et un pont à son nom rappelle son passage le 3 mars. Le village jouit d'une situation exceptionnelle au cœur du parc naturel régional du Verdon, aux portes des célèbres gorges. En longeant les vestiges de l'enceinte médiévale, on accède à la terrasse de la chapelle Notre-Dame-du-Roc, qui offre une vue superbe sur les remparts et les toits. Arrivé à **Senez** la même journée, Napoléon prit le temps de visiter son église épiscopale en pierre jaune, l'une des plus anciennes églises romanes de Haute-Provence. Il y ressent, dit-on, « la plus grande émotion artistique de son périple ». **Barrême** lui servit d'asile pour la nuit du 3 mars, comme le rappelle une plaque commémorative. Le village a d'autres titres de gloire à son actif : les fossiles de son sol ont donné leur nom à une époque de l'ère secondaire, le barrémien. Le village est aussi connu pour son label de lavande fine. Au carrefour de trois vallées, **Digne-les-Bains** a d'autres attraits que ses eaux thermales. La réserve géologique de Haute-Provence se découvre grâce aux balades du musée-promenade. Le jardin botanique des Cordeliers embaume de sa collection de 350 plantes aromatiques. C'est aussi à Digne que la grande voyageuse Alexandra David-Néel possédait une maison, aujourd'hui ouverte à la visite. Quant à l'Empereur, il y fit étape « de midi à trois heures » à en croire la plaque de l'hôtel du Petit-Paris. Dix kilomètres plus loin, il dut se sentir chez lui à **Aiglun**, village ainsi nommé en référence aux aigles qui tournoyaient au-dessus de la colline du Puy. Napoléon passa la nuit du 4 au 5 mars au château de **Malijai**, sur la rivière de la Bléone. Le village n'a pas oublié cette visite, que rappelle un amusant message : « Napoléon s'y est arrêté, pourquoi pas vous ? ». Et pour lui redonner vie, on y organise régulièrement un défilé de troupes en uniforme napoléonien. Un peu plus loin, **L'Escale** se trouve en bordure de la Durance ; son barrage n'existait pas lors du passage de l'Empereur, ni le lac qui abrite 150 espèces d'oiseaux. Toujours sur la Durance, **Château-Arnoux-Saint-Auban** a préservé sa chapelle Saint-Jean, qui attire les pèlerins depuis son édification en 1668. Sur son éperon rocheux entouré de vergers, le village médiéval de **Volonne** célèbre le passage d'une étrange façon, avec l'inscription « EISHI LOU 5 DE MARS 1815 NAPOLEON 1E P. P. », qui signifie « Ici, le 5 mars 1815, Napoléon Ier, passa et pissa. » La Perle de Haute-Provence, tel est le surnom prometteur de la forteresse de **Sisteron**, que l'on ira

LES CONSEILS GEO

● Les plus

La route Napoléon traverse des régions très contrastées et donne un bel aperçu de la diversité des paysages du sud-est de la France. Reconstitutions historiques dans les villages, plaques commémoratives, statues et autres signes du passage : tout est fait pour rappeler le souvenir du Vol de l'Aigle. Au long du parcours, on s'amusera à trouver ces traces.

● Les variantes

La Belgique possède aussi sa route Napoléon, en Wallonie. Son parcours de 94 km débute à Beaumont, où l'Empereur est arrivé en compagnie de ses troupes le 14 juin 1815. Elle passe par Charleroi, Fleurus puis Ligny et s'achève à Waterloo, lieu de la défaite fatidique du 18 juin.

Sisteron est la perle de la Haute-Provence. On comprend pourquoi en découvrant la citadelle et le rocher de la Baume qui surplombe la Durance.

admirer depuis les terrasses de sa citadelle pour s'offrir une vue sur la vieille ville et la Durance. Napoléon s'en approcha le 5 mars, non sans crainte. Dirigée par un maire royaliste et forte d'une garnison potentiellement hostile, cette étape aurait pu se révéler fatale à son projet. Il n'en fut rien, grâce au célèbre général Cambronne, envoyé en éclaireur pour soumettre la ville. Rassuré, Napoléon put y pénétrer à son tour, pour se restaurer à l'hôtel du Bras-d'Or, rue Saunerie. Il ne s'attarda cependant pas, et en même temps que Sisteron, il quitte la Haute-Provence.

● Entrée triomphale à Gap

Entré dans les Alpes, il passe par les villages perchés du Poët, d'Upaix et de Ventavon, bourg fortifié autour de son église Saint-Laurent et protégé par son château médiéval à deux tours. Vient ensuite l'ancien site gallo-romain de Monêtier-Allemont, puis Tallard et son imposante forteresse médiévale. Comme le rappelle une plaque commémorative, Napoléon fit une « entrée triomphale » dans **Gap** le 5 mars en début de soirée. Il quitte la ville le lendemain, sans avoir pu apprécier les charmes du château et du vaste domaine de Charance, dont les 220 ha s'adossent à la montagne. De là, il se dirige vers **Corps,** dont les lacs et les montagnes sont aujourd'hui inclus dans le parc national des Écrins. Le lendemain il traverse **La Mure,** et l'accueil se fait toujours plus triomphal ! L'arrivée à **Laffrey,** village entouré de quatre lacs, marque un nouveau tournant dans l'histoire du Vol de l'Aigle. Napoléon y rencontre les troupes royales envoyées par Louis XVIII, qui se rallient aussitôt à lui. La colonne poursuit sa route jusqu'à **Vizille,** dont le domaine, entouré d'un grand parc, abrite un musée de la Révolution française. Toujours plus haut dans la montagne, l'étape de **Brié-et-Angonnes** offre un très beau panorama sur le

CARNET DE ROUTE

● **Les premiers contacts** **Action nationale des élus pour la route Napoléon (ANERN)** 04.93.36.98.28 – www.route-napoleon.com
Office de tourisme de Golfe-Juan Square du 8-Mai-1945 – 06220 Vallauris – 04.93.63.82.58 – www.vallauris-golfe-juan.fr
Office de tourisme de Cannes 1, boulevard de la Croisette – 06400 Cannes – 04.92.99.84.22 – www.cannes-destination.fr

● **La bonne période** Les nostalgiques imiteront l'Empereur en choisissant la période du 1er au 7 mars, mais la route se fréquente à toutes les époques de l'année.

● **La durée du voyage** Napoléon a parcouru, à pied le plus souvent, les 324 km en 7 jours. Aujourd'hui, la route et la voiture permettent d'aller plus vite.

● **Les spécialités locales** Dans le Sud : santons de Provence, poteries et céramiques de Vallauris ou de Salernes, faïences de Moustiers. Pots-pourris et mélanges de fleurs ou de fruits séchés. Plus haut dans les Alpes, l'artisanat régional propose des grolles, ces coupes de l'amitié percées de trous, des sabots de bois, des gilets et des chaussons de berger. Le bois peint se retrouve dans le mobilier et de nombreux objets de décoration (jouets, lampes, porte-manteaux...). Poteries culinaires et fleurs séchées se trouvent aussi dans les boutiques d'artisanat.

● **Les spécialités culinaires**
– Cuisine à base d'huile d'olive, d'herbes et d'aromates. Pissaladière, soupe au pistou et de nombreux poissons (sur la Côte d'Azur).
– Sisteron est connu pour son agneau, ses calissons, son huile d'olive et sa recette de pieds et paquets (dans les Alpes de Haute-Provence).
– Gratin dauphinois et ravioles du Dauphiné. noix de Grenoble, qui bénéficie d'une AOC et se marie avec le bleu du Vercors (dans les Alpes).

● **Les fêtes**
– **Golfe-Juan :** reconstitution historique du débarquement de Napoléon sur la plage (tous les 2 ans, début mars).
– **Cannes :** festival international du film (mi-mai).
– **Castellane :** fête de la Transhumance (mi-juin).
– **Digne-les-Bains :** foire aux Béliers (mi-août) et fête de l'Âne gris (début décembre).
– **Sisteron :** danse, musique et théâtre pendant les Nuits de la Citadelle (juillet et août).
– **Vizille :** fêtes révolutionnaires (19 et 20 juillet)
– **Grenoble :** festival international du cirque (fin novembre).

HISTOIRE ET TRADITIONS

Grenoble, dans l'Isère, possède le plus ancien téléphérique urbain du monde. Ses bulles surplombent l'Isère, le quartier Saint-Laurent et le pont Marius-Gontard.

QUE VOIR, QUE FAIRE
SUR LA ROUTE NAPOLÉON?

- Admirer *La Guerre et la Paix* au musée Picasso de Valauris

- Flâner sur la Croisette à Cannes et monter les marches du Palais des Festivals

- Créer son parfum dans le Studio des Fragrances de Galimard à Grasse

- Rafting, escalade et autres activités sportives dans les gorges du Verdon au départ de Castellane

- Monter dans le train des Pignes en gare de Digne-les-Bains

- Prendre les « bulles » du téléphérique qui mène à la Bastille de Grenoble

plateau de Champagnier et sur le massif du Vercors. C'est surtout la dernière étape avant **Grenoble,** que Napoléon atteint le 7 mars vers 23 h. Dans le décor grandiose de la capitale des Alpes, nichée entre les massifs de Belledonne, de la Chartreuse et du Vercors, « l'aventurier redevient prince », pour reprendre ses propres paroles. La route qui porte le nom de l'Empereur s'achève là, mais pas son périple : Napoléon quitte Grenoble le 9 mars 1815 en direction de Lyon. À Auxerre, le maréchal Ney se joint à lui, accompagné par de nombreux soldats nostalgiques. L'Empereur est enfin à Paris le 20 mars 1815. Il s'empare du trône abandonné par Louis XVIII, qui s'est enfui à Gand. Une autre aventure débute, celle des Cent-Jours, qui s'achève par la déroute à Waterloo, la seconde abdication du 22 juin 1815 et un nouvel exil, définitif celui-là, sur l'île de Sainte-Hélène. ●

LA ROUTE NAPOLÉON

Les routes thermales des Pyrénées

De la vallée d'Aspe à la vallée de Luchon, par les plus beaux cols des Pyrénées, l'itinéraire offre des vues à couper le souffle. Il traverse des stations thermales réputées qui connurent une vogue extraordinaire sous le Second Empire.

Pendant l'été 1859, Napoléon III, souffrant de la goutte, partit explorer les stations thermales des Pyrénées accompagné de sa jeune épouse, Eugénie, dont la santé délicate exigeait aussi des cures. Enchanté par son voyage, l'empereur résolut de désenclaver la région en créant notamment un réseau routier reliant les différentes stations. Quatre « routes thermales » virent le jour. Elles reliaient, d'ouest en est : Escot et Arudy (par Saint-Christau), Eaux-Bonnes et Argelès-Gazost, Barèges et Sainte-Marie-de-Campan, Bagnères-de-Bigorre et Bagnères-de-Luchon. L'itinéraire suit dans sa quasi-totalité ces routes tracées sous le Second Empire.

● Par la vallée d'Aspe et la vallée d'Ossau

Il débute à **Oloron-Sainte-Marie,** capitale historique du Haut-Béarn, située au confluent des gaves d'Aspe et d'Ossau. Ancienne citadelle romaine, la ville étend ses trois quartiers le long de l'Aspe. Rive gauche, le quartier Sainte-Marie se développe autour de la cathédrale, emblème de la ville. Rive droite, le quartier Sainte-Croix abrite un riche patrimoine médiéval. Du haut de la tour de Gède et le long de la promenade Bellevue, qui borde les remparts, le panorama sur la ville et la chaîne des Pyrénées est superbe. L'itinéraire emprunte la route du gave d'Aspe (D 238) jusqu'à **Saint-Christau,** station thermale réputée pour ses sources ferro-cuivreuses, puis la D 918, qui file à travers les champs et les pâtures avant de serpenter dans la forêt jusqu'à **Arudy,** une cité

HISTOIRE ET TRADITIONS

LES ROUTES THERMALES VIA EAUX-BONNES

- **Départ :** Oloron-Sainte-Marie
- **Arrivée :** Bagnères-de-Luchon
- **Distance :** 240 km

Arreau, village de caractère des Hautes-Pyrénées, au confluent de deux rivières et niché au creux de monts boisés

qui prospéra grâce à l'extraction du marbre. Avec ses maisons cossues ornées de linteaux et de portails sculptés, son enfilade de lavoirs jadis utilisés par les tanneurs, son église romane, son ancienne abbaye convertie en musée de la nature et la culture pyrénéennes, cette charmante bourgade se laisse volontiers découvrir. L'itinéraire se poursuit vers le sud le long de la vallée d'Ossau, offrant des panoramas sur la montagne. En chemin : le fier village de **Bielle**, ancienne « capitale » de la vallée ; la commune d'**Aste-Béon**, avec ses vieilles maisons de pierre, son quartier d'estives, ses granges, sa falaise abritant une colonie de vautours ; **Laruns**, 3e plus vaste commune de France, s'étendant jusqu'à la frontière espagnole. Sur le territoire de cette commune, **Les Eaux-Chaudes** sont depuis longtemps réputées pour leur station thermale et leur site superbe, encaissé dans les gorges du Hourat.

● Sur la route de l'Aubisque

L'itinéraire poursuit par la D 918 vers **Eaux-Bonnes**. Niché au fond de la vallée boisée du Valentin, ce bourg fréquenté dès le XVIIe siècle pour les bienfaits de ses eaux connut un essor spectaculaire au XIXe siècle. L'impératrice Eugénie en fit son lieu de villégiature favori. Un arsenal de villas, d'hôtels, de promenades, d'établissements thermaux et de lieux de divertissement sortit de terre. Placée sous le signe des architectures Second Empire et Belle Époque, cette station thermale reste la plus huppée de la région. Puis c'est la traversée de **Gourette**, station de ski réputée au cœur d'un cirque tourmenté, dominé par le pic du Ger, et la montée vers le **col d'Aubisque**, les vues sur la vallée de Fallières et sur le **cirque du Litor**, le franchissement du **col du Soulor**... La route est ici en partie taillée en corniche ; elle livre les plus beaux panoramas du parcours. **Arrens-Marsous**, siège d'églises et de chapelles pittoresques, se situe aux portes du **parc national des Pyrénées**, propice à de nombreuses excursions. À partir de là, le relief s'adoucit ; les villages de montagne se succèdent jusqu'à **Argelès-Gazost**, qui ferme la route de l'Aubisque. Située à 460 m d'altitude, cette ville thermale bénéficie d'un doux microclimat qui lui vaut le surnom de « Petit Nice ». Elle recèle un vaste parc à l'anglaise, des villas et un

LES CONSEILS GEO

● **Les plus**

Une route spectaculaire livrant des panoramas mémorables sur la chaîne des Pyrénées, propice aux randonnées, ponctuée de villages typiques et de stations thermales réputées.

● **Les variantes**

À Argelès-Gazost, possibilité de faire un détour par Lourdes (à 13 km au nord). On pourra commencer par la visite de Pau et poursuivre vers Arudy (à 27 km) sans passer par Oloron-Sainte-Marie.

casino témoignant de sa forte fréquentation au XIXᵉ siècle, ainsi que de belles bâtisses médiévales. Les curistes continuent de la fréquenter pour soigner leurs maladies respiratoires et veineuses.

● D'Argelès-Gazost à Bagnères-de-Bigorre

L'itinéraire continue vers le sud, le long du **lac des Gaves** et du **gave de Pau**. Le **Donjon des Aigles**, qui se dresse en retrait de la route sur un piton rocheux dominant le village de **Beaucens-les-Bains**, héberge de nombreuses espèces de rapaces en semi-liberté : l'occasion de tout connaître des oiseaux de proie, de découvrir la technique de dressage ancestrale des fauconniers et de voir ces seigneurs du ciel évoluer au cours d'un spectacle mémorable. L'itinéraire poursuit à travers les rudes **gorges de la Luz** jusqu'à **Luz-Saint-Sauveur**, autrefois baptisé « station des dames » parce qu'on disait ses eaux souveraines contre les affections gynécologiques. Dans ce lieu apprécié par Eugénie, Napoléon III fit construire un pont à arche unique enjambant le gave de Gavarnie. L'itinéraire retrouve la D 918 et continue vers **Barèges**. Cette station thermale, la plus élevée des Pyrénées, est un authentique village pyré-

CARNET DE ROUTE

● **Les premiers contacts** Office de tourisme du Piémont oloronais Allées du Comte-de-Tréville – BP 70010 – 64401 Oloron-Sainte-Marie Cedex – 05.59.39.98.00 – www.tourisme-oloron.com
Office de tourisme des Eaux-Bonnes-Gourette Maison de Gourette – 64440 Eaux-Bonnes 05.59.05.12.17 – www.gourette.com
Voir aussi ce lien : www.valleedossau-tourisme.com

● **La bonne période** Elle s'étend de juin à octobre (les routes peuvent être impraticables et fermées en dehors de cette période).

● **La durée du voyage** Comptez au moins 5 jours si vous envisagez des excursions, avec par exemple des étapes à Eaux-Bonnes, Barèges, Bagnères-de-Bigorre et Bagnères-de-Luchon.

● **La logistique** Accès à Oloron-Sainte-Marie : A 64 ou A 65 jusqu'à Pau puis N 134 ; Pau est desservi par le TGV et l'avion, liaisons SNCF quotidiennes entre Pau et Oloron-Sainte-Marie.
Quitter Luchon : rejoindre la N 125 à Chaum puis l'A 64 à Montréjeau ; liaisons SNCF quotidiennes entre Luchon et Toulouse, train de nuit le week-end entre Luchon et Paris-Austerlitz.

● **Les spécialités locales** Les mounaques de Campan (poupées de chiffon artisanales), la laine des Pyrénées, le travail du cuir

● **Les spécialités culinaires**
– Garbure, tourin (soupe à l'ail et à l'oignon, cuisinée à la graisse d'oie).
– Poule au pot, confit de porc, salmis de palombe, perdreau aux girolles, daube de sanglier aux cèpes.
– Fromage d'Ossau.

● **Les fêtes**
– **Oloron-Sainte-Marie :** Les Journées du Livre sans frontières (mi-juin), Quartiers d'été (juillet-août), festival de Jazz (juillet), Festival international de l'image culinaire (septembre).
– **Arudy :** Jeux préhistoriques (mi-septembre).
– **Laruns :** foire au Fromage (début octobre).
– **Eaux-Bonnes :** fête des Fleurs (août).
– **Gourette :** Vertigo, festival de bande dessinée et des arts innovants (mi-mars).
– **Argelès-Gazost :** festival Muchas Bandas (août), festival Champs d'expression (octobre).
– **Campan :** fête des Mounaques (juillet-août).
– **Bagnères-de-Bigorre :** festival Piano Pic (juillet), festival À Voix haute (août), Week-end des arts de la rue (août), festival BD Mange-Bulles (septembre), Salon du livre pyrénéen (début octobre).
– **Arreau :** festival de Printemps, théâtre et musique (fin mars).
– **Bagnères-de-Luchon :** festival du Film de télévision de Luchon (fin janvier ou début février), fête des Fleurs (août), Rencontres lyriques de Luchon (août).

Le pic du Midi de Bigorre, qui accueille un observatoire astronomique, offre d'inoubliables panoramas sur la chaîne des Pyrénées.

QUE VOIR, QUE FAIRE
DANS LES PYRÉNÉES ?

- Faire une cure thermale ou de bien-être
- Découvrir des stations thermales cossues au charme Second Empire
- Visiter le quartier Sainte-Croix à Oloron-Sainte-Marie
- Se promener dans des villages typiques
- Flâner sur la promenade de l'Impératrice aux Eaux-Bonnes
- Observer les vautours à Aste-Béon
- Traverser les cols d'Aubisque, du Tourmalet et d'Aspin
- Monter au pic du Midi de Bigorre
- Randonner dans le parc national des Pyrénées
- Se baigner dans les lacs
- Assister au spectacle des rapaces dans le parc animalier du Donjon des Aigles
- Se promener dans le parc des Thermes-du-Salut à Bagnères-de-Bigorre

néen montrant des granges et des cabanes de berger de pierre sèche et d'ardoise au cœur d'une vallée boisée. La route franchit le **col du Tourmalet,** qui, situé à 2 115 m d'altitude, s'avère le plus haut col routier des Pyrénées. Le panorama qu'il livre impressionne par son âpreté. Puis c'est le **pic du Midi de Bigorre,** culminant à 2 875 m, bien connu pour son observatoire, et dévoilant les plus belles vues sur la chaîne des Pyrénées. La route continue vers **Sainte-Marie-de-Campan,** longe l'Adour vers le nord, traverse **Campan** pour gagner **Bagnères-de-Bigorre,** ville animée possédant de nombreux monuments remarquables, dont les Grands Thermes, qui associe les styles classique et Empire, et les thermes de Salut, convertis en musées au cœur d'un vaste parc.

● Vers Luchon

L'itinéraire retourne à Sainte-Marie-de-Campan et traverse **Espiadet,** village situé au pied d'une carrière dont le marbre vert, veiné de rouge, fut utilisé pour les colonnes du Grand Trianon à Versailles. La route monte en serpentant parmi des forêts de sapins et des pâtures jusqu'au **col d'Apsin,** qui offre une vue très étendue sur les massifs et les vallées, puis redescend vers **Arreau,** direction **Bagnères-de-Luchon,** belle station très fréquentée, réputée pour ses eaux depuis l'époque romaine. ●

LES ROUTES THERMALES DES PYRÉNÉES

La route des nids d'aigle du Pays cathare

Ils se voulaient « bons hommes » et vrais chrétiens. L'Église les jugeait hérétiques, et s'est acharnée à les persécuter. De l'Ariège à la mer en passant par l'Aude, cette traversée du Pays cathare visite les ruines superbes qui racontent encore cette histoire.

Au XII⁰ siècle, une dissidence de l'Église chrétienne voit le jour, prônant la tolérance, pour renouer avec les premiers temps du christianisme. On lui donna le nom de catharisme. Son succès en Occitanie ne plaît guère à l'Église romaine : les cathares sont frappés d'hérésie, puis le pape Innocent III lance la croisade contre les albigeois, autre nom des cathares en Languedoc, menée à partir de 1208 par Simon de Montfort. Bientôt, les bûchers de l'Inquisition s'ajoutent aux massacres, jusqu'à leur éradication complète au XIV⁰ siècle. De Foix, dans l'Ariège, jusqu'aux rives de la Méditerranée en passant par le massif des Corbières, cet itinéraire navigue entre les vestiges de cette terrible histoire.

● Trois tours dominent la ville

À **Foix,** le château des comtes est resté intact et inviolé. Ses hautes murailles et ses trois tours dominent la ville médiévale comme lors de son édification en l'an mil. Ses chemins de ronde s'ouvrent sur les Pyrénées. Gaston Phébus et le futur Henri IV comptent parmi les plus fameux occupants du château, devenu Musée départemental de l'Ariège. Les cathares y sont évidemment évoqués, avec le récit de la vie de Bélibaste, le dernier d'entre eux. Toujours dans l'Ariège, entre Foix et Lavelanet, s'élève le **château de Roquefixade,** qui signifie « roche fissurée », à cause de l'entaille naturelle couverte par l'arche de pierre du château. Refuge des cathares durant la croisade, son village fut rasé par les troupes de Simon de Montfort. Au sommet de l'éperon rocheux, la longue forteresse compte deux enceintes. Celle du bas forme une cour qui épouse la ligne de crête. Une tour permet d'accéder au château, qui fut détruit sur ordre de Louis XIII, pour servir de carrière de pierres. La forteresse de **Montségur** se situe au sud de Lavelanet, et son siège, puis sa chute, marqueront un tournant dans

ENTRE LES SITES CATHARES

- **Départ :** Foix
- **Arrivée :** Port-la-Nouvelle
- **Distance :** 165 km, 200 km via les étapes

Dans l'Ariège, le spectaculaire château des comtes de Foix surplombe la ville depuis un millénaire.

l'histoire du catharisme. Avant d'attaquer le « pog » à 1 207 m d'altitude, une visite du Musée historique et archéologique permet de s'imprégner de l'esprit des lieux. On y découvre des armes et des objets du quotidien utilisés au XIIIe siècle. Un sentier escarpé mène à l'entrée de la porte sud. Au passage, on découvre la stèle dédiée « aux martyrs du pur amour chrétien » qui périrent sur le bûcher. Avant ce drame, les cathares avaient fait de Montségur un refuge dès 1204, puis le siège de leur Église en 1232. La citadelle vécut en paix quelques années, avant de subir l'assaut voulu par le pape et le roi de France. En 1243, le premier siège de l'armée royale fut un échec, malgré le déséquilibre des forces en présence. Pourtant, après 11 mois de siège, Pierre-Roger de Mirepoix doit se résoudre à la reddition. Avec lui, 220 parfaits (cathares ayant reçu le baptême) refuseront d'abjurer leur foi. À l'aube du 1er mars 1244, ils périssent dans un gigantesque brasier. Au XIIe siècle, le **château de Puivert** fut le lieu de rendez-vous de la fine fleur des troubadours de langue d'oc. Plus tard, il fut désigné comme foyer d'hérésie, et tomba au bout de 3 jours lors de l'assaut de 1210. Le château est pourtant resté debout, grâce aux travaux du siècle suivant. Son donjon couronné de tours défensives offre une vue sur la plaine du Quercorb jusqu'aux cimes des Pyrénées. Montségur est visible à l'horizon.

QUE VOIR, QUE FAIRE
EN PAYS CATHARE ?

- Pratiquer le canoë-kayak, le rafting ou l'hydrospeed sur le fleuve Aude

- Emprunter le train touristique du Pays cathare et du Fenouillèdes

- Découvrir le monde souterrain du gouffre géant de Cabrespine, et des grottes de Limousis ou de l'Aguzou

- Visiter les vignobles paysagers de Limoux, où la couleur des roses différencie les terroirs

- Visiter le musée du Textile et du Peigne en corne de Lavelanet, qui expose la tradition artisanale des Pyrénées cathares

- S'offrir un peu d'exotisme dans la Réserve africaine de Sigean

● Sur la frontière d'Aragon

Dans l'Aude, à la limite des Pyrénées-Orientales, le **château de Puylaurens,** qui domine le village de Lapradelle, hébergea de nombreux cathares avant d'être fortifié par les troupes royales, pour défendre l'ancienne frontière d'Aragon. À ce titre, il subit de nombreuses attaques espagnoles, avant de devenir inutile lorsque le traité des Pyrénées modifie la frontière. Deux enceintes aux remparts démantelés, un donjon carré et quatre tours rondes sont parvenus jusqu'à nous. Un sentier botanique permet d'accéder à cette impressionnante forteresse, qu'une dame blanche, dit-on, vient parfois hanter la nuit. L'entaille vertigineuse des **gorges de Calamus** se trouve à proximité. Creusée dans le calcaire par la rivièr Agly, elle se visite en empruntant la route taillée dan la falaise, ou à pied pour les plus courageux.

À **Duilhac-sous-Peyrepertuse,** un chemin de ran donnée quitte le village et conduit en 1 heure d marche à l'impressionnante falaise où fut bâti **Peyre pertuse,** la « pierre percée ». Épargné parce que Gui hem de Peyrepertuse avait accepté de se soumettr le château devient possession française en 1240 sans avoir jamais été assiégé. Vaste comme la cit de Carcassonne, la citadelle en ruine est composé d'une enceinte basse triangulaire qui s'achève su un spectaculaire éperon rocheux. L'église roman et le logis composaient le donjon vieux. La vast enceinte médiane révèle les ruines de divers éd

CARNET DE ROUTE

● Les premiers contacts
Association des sites du Pays cathare
Conseil général de l'Aude
Allée Raymond-Courrière
11855 Carcassonne Cedex 09
04.68.11.37.97 - www.payscathare.org

● Musée du Catharisme de Mazamet
Rue des Casernes
81200 Mazamet
05.63.61.56.56
www.maison-memoires.com

● Comité de tourisme de l'Aude
www.audetourisme.com
04.68.11.66.00

● La logistique
Certains nids d'aigle sont difficiles d'accès et il est préférable de bien se renseigner avant de tenter l'ascension, par exemple auprès de l'Association des sites du Pays cathare, qui regroupe plus de 20 sites et édite une collection de guides. Son Passeport des sites du Pays cathare permet de bénéficier de réductions, voire de gratuité pour les enfants.

● Les spécialités locales
La cassole, cette poterie du Lauragais utilisée en cuisine pour le cassoulet. Quelques sabotiers et souffleurs de verre perpétuent la tradition.

● Les spécialités culinaires
– Le cochon tient la part belle dans l'alimentation audoise.

– Le fréginat, fricassée typique des Corbières, se prépare avec du sanglier ou du porc qui mijote avec des oignons, des tomates, des épices et des aromates. Il s'accompagne de haricots.
– Le porc est aussi à la base de la fricassée de Limoux, autrefois plat de fête collectif à l'occasion du péla-porc (tue-cochon).
– Soupe albigeoise, pot-au-feu albigeois, avec saucisson et confit d'oie farcis, cassoulet de Castelnaudary.
– Pébradous, petits gâteaux torsadés et poivrés qui accompagnent l'apéritif.
– Vins des Corbières et de Limoux, à boire en blanquette ou en crémant.
– Miel des Corbières, nougat dur de Limoux, petit carcassonnais, alléluia, gimbelette de Castelnaudary.

● Les fêtes
– **Foix :** festival de Cinéma Résistances (juillet), Jazz à Foix (juillet).
– **Limoux :** carnaval de Limoux, le plus long du monde (janvier à mars), Toques et Clochers (week-end des Rameaux), qui fait la promotion du vignoble local, foire au Gras (novembre).
– **Lavelanet :** Jazz'Velanet (mai), fête de la Noisette (septembre).
– **Carcassonne :** festival de Carcassonne, qui célèbre tous les arts de la scène (de juin à août).
– **Castelnaudary :** fête du Cassoulet (fin août).
– **Narbonne :** festival Trenet, l'enfant du pays (fin août).

HISTOIRE ET TRADITIONS

Forteresse plantée à 1 200 m d'altitude, le château de Montségur est sans doute le plus célèbre de tous les sites cathares.

fices. Accessible par un escalier taillé dans le roc, le donjon Saint-Jordi a conservé les restes de sa chapelle.

Visible depuis Peyrepertuse, le **château de Quéribus** se trouve sur la commune de Cucugnan. Bien longtemps avant qu'Alphonse Daudet ne rende célèbre son curé dans *Lettres de mon moulin*, Pierre de Cucugnan participa activement à la résistance cathare, avant de se soumettre. En 1255, 11 ans après Montségur, tombe avec Quéribus le dernier bastion cathare. Au fil de ses escaliers étroits, on découvre encore les traces de la vie quotidienne de ses occupants. Dans le donjon, une imposante fenêtre éclaire la salle du Pilier. Quand on débouche de l'escalier à vis qui mène à la terrasse, les Corbières et les Pyrénées se dévoilent au regard. Sur la route qui relie Cucugnan et Tuchan, le château médiéval de **Padern** domine les gorges du Verdouble, spectaculaire défilé de roches calcaires entaillé dans le paysage sauvage des Corbières. Un petit chemin mène à l'entrée ménagée dans un mur écroulé. Prudence, car le donjon au bord de la falaise et les murs d'enceinte ne sont pas sécurisés. En passant par Sigean, la traversée du parc naturel de la Narbonnaise en Méditerranée permet diverses randonnées entre étangs salins, garrigue et basses montagnes, puis le chemin cathare s'achève en bord de mer, sur la longue plage de Port-la-Nouvelle. ●

LES CONSEILS GEO

● Les plus

L'épopée des cathares est tragique, passionnante et nimbée de mystère. Même si elle fut largement remaniée par les Hospitaliers et abîmée par l'histoire, il reste de cette aventure spirituelle des sites majestueux, perchés dans des paysages sauvages et fascinants. La visite de la région Midi-Pyrénées est déjà riche, mais on peut s'offrir un complément en Espagne, refuge des cathares persécutés.

● Les variantes

Le Tarn est, avec l'Aude et l'Ariège, l'autre département du catharisme. À Mazamet, le musée du Catharisme est un bon point de départ pour s'informer, avant d'aller visiter la bastide fortifiée de Cordes-sur-Ciel et celle d'Hautpoul, dans la montagne Noire. Autre variante possible pour les randonneurs : suivre en 12 jours environ le Sentier cathare, tracé de manière linéaire entre Port-la-Nouvelle et Foix, sur 200 km environ.

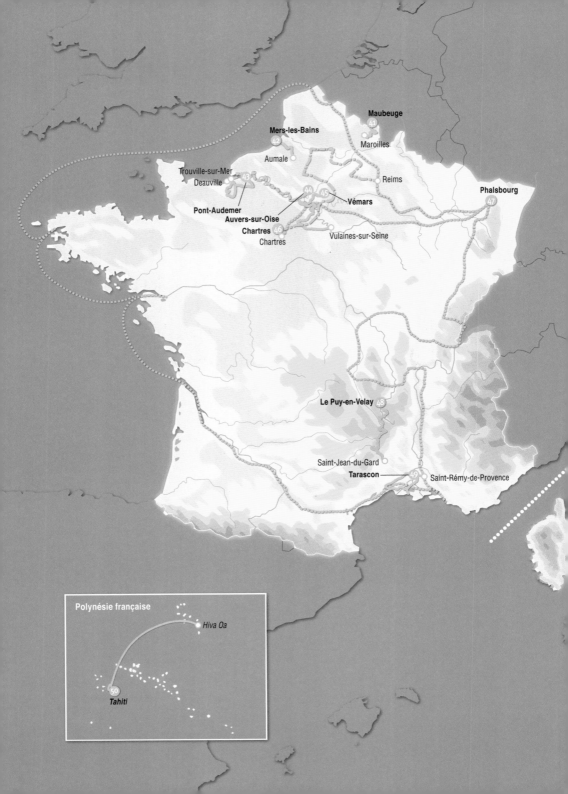

Maubeuge
41
Maroilles

Mers-les-Bains
42
Aumale
Reims

Trouville-sur-Mer
Deauville
43
Phalsbourg
47
44 45
Vémars
Pont-Audemer
Auvers-sur-Oise
Chartres
46
Vulaines-sur-Seine
Chartres

Le Puy-en-Velay
48

Saint-Jean-du-Gard
Tarascon
49
Saint-Rémy-de-Provence

Polynésie française

Hiva Oa

50

Tahiti

Art et culture

La route des kiosques à danser

Sur les places des villages de l'Avesnois, dans le nord de la France, on trouve encore de curieuses constructions plantées sur une colonne entourée d'un garde-corps. Appelées kiosques à danser, elles accueillaient les musiciens chargés d'animer les bals.

LA RONDE DES KIOSQUES DANS L'AVESNOIS

- **Départ :** Maubeuge
- **Arrivée :** Maroilles
- **Distance :** 30 km

LES CONSEILS GEO

● Les plus

Les municipalités prennent conscience de la richesse du patrimoine que représentent les kiosques. Le projet « Kiosques en fête » s'efforce de les rénover et de les faire vivre par le biais de lectures, de concerts et de bals. La fabrication des kiosques à danser n'a pas disparu ! La fonderie Vincent (www.fonderie-vincent.com) en propose toujours, ainsi que des kiosques à musique. Avis aux municipalités qui veulent créer des lieux de convivialité dans leur ville ou leur village.

● Les variantes

Plus classiques que les kiosques à danser, les kiosques de concert sont également nombreux dans la région, il ne faut pas les manquer. Ceux du Quesnoy et de Solre-le-Château sont parmi les plus anciens.

Même les gens du Nord sont dépaysés lorsqu'ils débarquent dans l'Avesnois ! Située à l'extrémité sud-est du département du Nord, face à la Belgique, la région est surnommée la « Petite Suisse du Nord ». On la compare aussi à la Normandie, à cause de ses bocages et des vaches bleues du Nord qui paissent tranquillement dans ses prés. La région est forestière et préservée, ce qui lui a valu d'être classée parc naturel régional en 1998. Les fermes, les églises et d'innombrables chapelles disséminées au bord des routes sont en pierre bleue, celle qu'utilisent aussi les artisans locaux. Maubeuge, 3 100 habitants, est la plus grande ville, mais un petit village lui a volé la vedette. Il porte le nom d'un fromage réputé pour son goût et son fumet : Maroilles ! Moins célèbres, mais tout aussi typiques de la région, de nombreux kiosques occupent le centre des places dans les villages. Ils sont apparus sous le Second Empire, pour se développer jusqu'à la Première Guerre mondiale. C'était le temps des chorales, des harmonies et des fanfares, qui démocratisaient l'éducation musicale. Certains sont de plain-pied et dits « de concert » ou « à musique ». D'autres, plus typiques encore, sont « à danser ». Les premiers popularisaient la musique savante pour la diffuser sur les places publiques à un auditoire attentif. Les seconds étaient plus festifs et propices à la danse. Au départ, ils étaient en bois, mais ils furent vite construits en fer, le matériau vedette de ces années-là. Les premiers édifiés furent bricolés par des artisans locaux. Ils firent ensuite l'objet d'une production industrielle par des entreprises de métallurgie. Quel que soit leur mode de fabrication, la plupart sont bâtis autour d'une colonne centrale supportant une terrasse placée à environ 2 m de hauteur et entourée d'un garde-corps plus ou moins ouvragé. Un support pour les partitions et une couverture de toit complètent généralement le dispositif. Une lyre, plus ou moins visible, figure sur la plupart d'entre eux. Trois ou quatre musiciens pouvaient y prendre place, un ou deux

de plus sur les kiosques rectangulaires. Lorsqu'ils étaient installés, l'usage était de retirer l'échelle. Les musiciens se retrouvaient ainsi « prisonniers » de leur kiosque, jusqu'à l'aube parfois.

● Le temps d'ouvrir le bal

Il est temps d'ouvrir le bal et d'entrer dans la danse des kiosques. Maubeuge servira de point de départ. **Neuf-Mesnil** se trouve tout à côté, et on découvrira sur la place du village un kiosque circulaire en fonte sur pied unique, avec réverbère mais sans toit. Accessible par la N 2 puis la D 155, **Beaufort** a récupéré un kiosque à danser longtemps installé à Maubeuge. On y visite aussi les ruines de son donjon médiéval, dit « tour sarrasine », et son parcours de randonnée, qui serpente entre les ruelles du village et la campagne environnante. Sur la D 55, **Wattignies** est

À Dourlers, le kiosque n'attend plus que les musiciens et les danseurs.

devenu « la Victoire » les 15 et 16 octobre 1793, lorsque les armées de la révolution française l'ont emporté sur les troupes autrichiennes. Un petit Musée municipal rappelle la bataille. Le kiosque rond du village a été construit un siècle plus tard, en 1873. Comme d'autres, il a été fabriqué par les établissements H Paradis à Hautmont. Plus loin sur la D 55, **Dimechaux** possède un kiosque en fonte, construit sur la place en 1880. C'est un modèle rectangulaire à six pieds galbés, et une lyre orne son garde-corps. La D 27 mène à **Solre-le-Château**, qui se repère de loin, grâce à son étrange clocher légèrement penché. Son château a totalement disparu depuis la Révolution, mais la place est ornée d'un kiosque rectangulaire en fonte posé sur ses six pieds. On ira aussi chercher les pierres Martines, ces menhirs de grès plantés dans un champ proche du village. La D 962 mène à **Beugnies,** dont le kiosque à danser rectangulaire est adossé à un mur de pierre sur la place du village.

● Sur la place de l'église

À **Floursies**, sur la place de l'église, le kiosque à danser est également un modèle rectangulaire monté sur quatre pieds complétés par deux supports intermédiaires en fonte. Dans le village, un bassin circulaire rappelle qu'un aqueduc romain passait par là. On cherchera aussi dans la campagne l'oratoire Saint-Antoine et la chapelle Saint-Julien. Sur la D 33, la place Stroh du village de **Dourlers** possède un kiosque à plate-forme ronde, avec couverture hexagonale et toiture en dents de scie. En retrait du village, le château construit à partir du XVIIIᵉ siècle abrite une collection dédiée au scoutisme. Plusieurs oratoires sont disséminés dans les environs, dont la chapelle Notre-Dame de Walcourt. À 17 km de Maubeuge et 7 km avant Avesnes-sur-Helpe, sur la D 121, le village de **Saint-Aubin** possède lui aussi un kiosque à danser circulaire et fleuri, dont le pied unique en fonte est planté au milieu d'une pelouse. Dénué de toit, il s'achève en réverbère. On cherchera

Sur la place Verte, le kiosque de Maroilles date de 1932. Celui-ci est un kiosque à musique, ou de concert.

CARNET DE ROUTE

• Les premiers contacts

Parc naturel régional de l'Avesnois
Maison du Parc 4 cour de l'Abbaye BP 11 203
59550 Maroilles – 03.27.77.51.60
www.parc-naturel-avesnois.fr
ADRT Tourisme Nord
www.tourisme-nord.fr 03.20.57.59.59
Syndicat mixte du PNR Avesnois
4 cour de l'Abbaye – 59550 Maroilles
www.tourisme-avesnois.com
Office de tourisme d'Avesnes-sur-Helpe
03.27.56.57.20
www.avesnes-sur-helpe.com
Syndicat d'initiative de Maroilles
53 Grand-Rue 59550 Maroilles
03.27.77.08.23

• La bonne période

Il est préférable de découvrir les kiosques lorsqu'ils sont utilisés, notamment entre mai et juillet, lors de l'événement « Kiosques en fête », qui propose des spectacles et des animations musicales.

• La durée du voyage

La ronde des kiosques occupe une journée. Une exploration plus poussée de la région demande un bon week-end, voire une semaine entière.

• Les spécialités locales

L'artisanat utilise les matériaux naturels de la région. La pierre bleue locale sert à confectionner des lampes de chevet, des vases ou des pots à crayons. Le sous-sol argileux et siliceux est depuis longtemps utilisé par les potiers. Les artisans travaillent également le bois et le verre.

• Les spécialités culinaires

– Maroilles, flamiche au maroilles.
– Faisan en confit, coq à la bière, pâté à la bière, boulettes d'Avesnes, crottin de l'Avesnois.
– Les nombreux vergers de la région donnent des pommes, des poires, des cerises et des prunes qui sont transformées en jus, confitures et gelées, ou utilisées dans les pâtisseries comme la riboche.
– Cidre, bières locales, comme la saison-saint-médard, la cuvée-des-jonquilles ou la bavaisienne.
– Le tout se déguste dans les estaminets ou s'achète dans les « Boutiques de l'Avesnois », ce réseau de commerçants associé au parc régional pour en promouvoir le territoire.

• Les fêtes

– **Maubeuge :** Les Hivernales (décembre).
– **Feignies :** festival de Harpe en Avesnois (février).
– **Le Quesnoy :** fête du Parc naturel régional de l'Avesnois, fête du Lait (septembre).
– **Aulnoye Aymeries :** Rendez-vous des saveurs et du tourisme (fin mars).
– **Maroilles :** fête de la Flamiche et du Maroilles (août). La course des 20 km de Maroilles (début mai) est une occasion pour découvrir les produits du terroir.

ART ET CULTURE

aussi le calvaire flanqué de deux chapelles du pont des Loups, et les chapelles aux Bordelez placées aux sorties du village. De retour sur la N 2, la route mène à **Avesnes-sur-Helpe,** qui s'est doté d'un kiosque tout neuf puisqu'il a été rénové, sur la place de la Rotonde. Juste à côté, celui de **Bas-Lieu** est un kiosque à danser rectangulaire sur huit pieds, joliment fleuri de géraniums. Après Avesnes-sur-Helpe, la D 962 mène à **Marbaix,** dont le kiosque rectangulaire possède un garde-corps joliment travaillé. Des gisements de pierre bleue se trouvaient alentour, et les tailleurs de pierre résidaient souvent dans le village. Il en reste quelques-uns. Accessible par la D 424, la place du village de **Cartignies** possède aussi son kiosque à danser, rond et sur pied unique. Tous deux sur la D 232, les villages de **Petit-Fayt** et de **Grand-Fayt** possèdent chacun leur kiosque. Celui de Grand-Fayt est orné de clés de sol, celui de Petit-Fayt est vert comme la pelouse qui l'entoure. La route parvient enfin à Maroilles, où la dégustation d'une flamiche s'impose ! ●

QUE VOIR, QUE FAIRE
DANS L'AVESNOIS ?

- La station touristique du Val-Joly dispose d'une base nautique et propose de nombreuses activités

- Visiter l'écomusée de l'Avesnois et ses quatre sites : le musée du Textile et de la Vie sociale à Fourmies, la maison du Bocage à Sains-du-Nord, l'atelier-musée du Verre à Trélon et le musée des bois jolis à Felleries

- Profiter des 1 000 km de sentiers de randonnées tracés dans le parc naturel

- Prendre d'assaut le bastion du Quesnoy et se promener sur ses remparts

LA ROUTE DES KIOSQUES À DANSER

Non loin de la forêt de Mormal, le village de Maroilles est célèbre pour son fromage.

La route du verre le long de la Bresle

Au départ de la Côte d'Opale, la route sillonne à travers la verdoyante vallée de la Bresle. Labellisée « Glass Vallée », celle-ci est mondialement renommée pour son industrie du verre spécialisée dans le flaconnage de luxe.

La Bresle est un petit fleuve côtier qui se jette dans la Manche au Tréport et marque la limite nord entre la Normandie et la Picardie. Dès le Moyen Âge, des artisans-verriers s'installèrent sur la rive gauche, à la lisière de la **forêt d'Eu.** Ils avaient là toute la matière nécessaire à la fabrication du verre : le bois pour le chauffage des fours, le sable de silice et les fougères, dont les cendres fournissaient la potasse indispensable à la fusion de ce dernier. À la veille de la Révolution, la forêt d'Eu accueillait huit verreries, dont la renommée dépassait largement les frontières du royaume de France. Des ateliers sortaient des vitres, des bouteilles, des vases, des carafes, des gobelets, des objets en cristal et autres pièces de vaisselle en verre blanc et coloré. De cette époque, il demeure une fabrique en activité. Il s'agit des **verreries du Courval.** Fondées en 1623, elles sont implantées au nord d'**Hodeng-au-Bosc** et produisent exclusivement des flacons de parfum haut de gamme. Au cours du XIXᵉ siècle, les verreries quittèrent la forêt pour la vallée et s'installèrent au bord de la voie ferrée qui longeait la Bresle : le chemin de fer, qui reliait Paris au Tréport, les alimentait en charbon et facilitait le transport des articles vers la capitale. Peu à peu, la production se spécialisa dans les flacons de parfum, les bouteilles de spiritueux ainsi que les tubes, ampoules et autres récipients pour de l'industrie pharmaceutique. Chanel, Dior, Guerlain… aujourd'hui, tous les grands parfumeurs se fournissent dans les industries de la vallée, qui, fortes d'un savoir-faire séculaire, assurent près de 80 % de la production mondiale de flacons de luxe. Notre itinéraire débute en Picardie, à **Mers-les-Bains,** où est implanté Saint-Gobain Desjonquères, la plus grosse usine de flaconnage au monde.

● À l'embouchure de la Bresle

Situé sur la Côte d'Opale, au pied d'une haute et belle falaise de craie blanche, **Mers-les-Bains** devint une station balnéaire très prisée à partir des années 1860. Sur le front de mer et dans les rues adjacentes, la bonne société se fit bâtir des maisons secondaires, qui forment aujourd'hui un ensemble éclectique au charme suranné. De style Napoléon III, flamand, picard, Art nouveau ou années 1930, elles s'ornent de bow-windows, de balcons en fer forgé, d'auvents, de tourelles, de

LA VALLÉE DE LA BRESLE ENTRE SOMME ET SEINE-MARITIME

- **Départ :** Mers-les-Bains
- **Arrivée :** Aumale
- **Distance :** 60 km

Le funiculaire du Tréport, inauguré en 1908, a été récemment remis en activité. Il permet d'accéder au sommet des plus hautes falaises de craie d'Europe.

QUE VOIR, QUE FAIRE
LE LONG DE LA BRESLE ?

- Admirer l'architecture fantaisiste des villas de Mers-les-Bains
- Pêcher en mer et dans la Bresle
- Se baigner et faire de la voile dans la Manche
- Contempler les falaises duxTréport illuminées le soir
- Emprunter le funiculaire qui grimpe en haut des falaises
- Randonner autour du Tréport
- Se promener le long du chemin de halage entre Le Tréport et Eu
- Visiter le château-musée Louis-Philippe, la collégiale et le musée des traditions verrières à Eu
- Vadrouiller dans les hêtraies de la forêt d'Eu et dans le site archéologique de Bois-l'Abbé
- À Blangy-sur-Bresle, visiter les manoirs de Penthièvre et de Fontaine dotés de musées liés à la verrerie
- Visiter le château féodal de Rambures

céramiques colorées… On pourra admirer leur beauté extravagante depuis l'esplanade qui longe la longue plage de galets et de sable, hérissée de cabanes blanches à la belle saison. Du haut des falaises, la vue s'étend sur les « trois villes sœurs », c'est-à-dire Mers, Eu, à 4 km dans les terres, et la ville du **Tréport**, située de l'autre côté de l'estuaire de la Bresle. C'est vers cette dernière que la route se dirige. À la fois port de pêche très actif, port de plaisance et station balnéaire, Le Tréport vit au rythme de la mer. Il était jadis aussi cossu que Mers ; toutes ses villas Belle Époque furent malheureusement détruites en 1944. Parmi les sites à visiter : l'ancien hôtel de ville, converti en musée d'histoire locale, l'église Saint-Jacques, classée, un atelier du verre à la flamme, et le pittoresque quartier des Cordiers, où se serrent des maisons hautes

LA ROUTE DU VERRE LE LONG DE LA BRESLE

Mers-les-Bains, dans la Somme, avec ses villas colorées et ses petites cabines de plage blanches

LES CONSEILS GEO

● Les plus

La découverte d'une vallée charmante tournée depuis le Moyen Âge vers le travail du verre. La route est propice aux activités nautiques, à la pêche, aux promenades au bord de l'eau et en forêt.

● Les variantes

On pourra poursuivre sur le thème des savoir-faire traditionnels, en débutant le parcours dans la vallée du Vimeu, dans la Somme, où se développa l'industrie serrurière. Commencer par la visite du musée des Industries du Vimeu à Friville-Escarbotin, poursuivre vers Ault puis rejoindre Mers. Cette variante rallonge la route d'environ 15 km.

et étroites coiffées d'ardoises. Dans ce quartier populaire et animé, un funiculaire permet d'accéder au sommet des falaises, qui culminent à 106 m. Du belvédère, la vue sur l'estuaire, la ville et l'arrière-pays est imprenable.

● D'Eu à Blangy-sur-Bresle

Eu, l'étape suivante, est une belle petite ville de brique bâtie sur la rive gauche de la Bresle. Nantie d'un imposant château Renaissance qui devint la résidence favorite de Louis-Philippe et d'une vaste collégiale gothique, elle abrite le **musée des Traditions verrières.** On y découvre l'histoire du verre, des collections de flacons de parfum et d'objets décoratifs, ainsi que des machines, dont l'ultra performante IS, permettant de produire plus de 500 000 flacons par jour. L'itinéraire emprunte la D 49, qui file entre bois et marais. Une halte en forêt sera l'occasion d'agréables promenades parmi les hêtraies et de la visite du site archéologique de Bois-l'Abbé, avec ses thermes et son forum en ruine. Direction **Blangy-sur-Bresle,** qui conserve plusieurs moulins et manoirs : le **manoir de Penthièvre,** érigé au XVIIe siècle, et celui **de Fontaine,** au pied duquel coule un bras de la rivière. Ce dernier hébergea Henri IV durant le siège de Rouen. Il abrite plusieurs musées, dont un de la Verrerie et un autre du Maquettisme, de la Fonderie et de la Moulerie présentant les différentes opérations préalables à la fabrication des flacons.

● De Rambures à Aumale

Impossible de traverser la région sans faire un court détour au **château fort de Rambures,** de l'autre côté de la rivière. Première forteresse de France construite en brique, elle fut pensée pour résister aux
tirs d'artillerie. D'où son plan extrêmement ramassé, ses formes arron-
dies et ses murs très épais, tous percés de canonnières. Transformé en
demeure de plaisance au fil des siècles, l'édifice est débarrassé de ses
éléments défensifs et s'entoure d'un superbe parc romantique avec
une roseraie ponctuée de pergolas et un jardin des simples inspiré du
Moyen Âge. L'itinéraire repasse en Normandie, pour retrouver la D 49
et le lit de la Bresle. À gauche, ce sont les étangs et la rivière, à droite,
un paysage de forêt et de champs, ponctué de bourgs et de hameaux :
Hodeng-au-Bosc et ses verreries séculaires qui créèrent pour Guerlain
le fameux flacon de l'Eau de Cologne Impériale, puis **Vieux-Rouen-
sur-Bresle.** La route aboutit à **Aumale,** petite ville agréable dotée d'un
important patrimoine religieux et d'une minoterie en brique classée,
posée sur la Bresle. ●

CARNET DE ROUTE

• **Les premiers contacts**
Office de tourisme de Mers-les-Bains
3, avenue du 18-Juin-1940 – 80350 Mers-les-Bains
02.27.28.06.46 – www.ville-merslesbains.fr
Office de Tourisme du Tréport
Quai Sadi-Carnot – 76470 Le Tréport
02.35.86.05.69 – www.ville-le-treport.fr
Office de tourisme d'Eu-vallée de la Bresle
Place Guillaume-le-Conquérant – B.P. 82
76260 Eu – 02.35.86.04.68 – www.eu-tourisme.fr

• **La bonne période**
Elle s'étend de mai à septembre.

• **La durée du voyage**
La route peut se faire en une journée ou deux.

• **La logistique**
Nombreuses possibilités d'hébergement à Mers, au
Tréport et à Eu. Camping à Blangy et chambres d'hôtes
dans les environs de la ville. Depuis Paris, prendre
l'A 16 ; depuis Le Havre, prendre l'A 29 et la D 925 ;
depuis Lille, prendre l'A 1 et la D 939 ; depuis Reims,
prendre l'A 26 et l'A 29.

• **Les spécialités locales**
L'art verrier bien entendu, et en particulier le
flaconnage ; la serrurerie dans le Vimeu ; la céramique.

• **Les spécialités culinaires**
– Agneau de pré salé, salicorne, hareng, coquilles Saint-
Jacques, huîtres, moules, pomme, passe-crassane,
rhubarbe.
– Pâté de canard, omelette tréportaise, gâteau battu,
ficelle picarde, pâté de poires de fisée, tuiles, landimolle
(crêpe épaisse à la crème aromatisée au rhum ou au
calvados), flan normand, cidre, poiré.

• **Les fêtes**
– **Mers-les-Bains :** bain de mer du 1er janvier, Pentecôte
en kilt, rassemblement celtique (aussi au Tréport, début
juin), feu de la Saint-Jean (mi juin), Salon Mers-les-
Livres (fin juin), fête des Baigneurs (fin juillet), Course
des Garçons de café (août), festival Cœur de faune
(début octobre).
– **Le Tréport :** foire aux Moules (début juin), fête de
l'Omelette tréportaise (mi-juillet), fête de la Mer (début
août), la Moule festive (mi-août), foire aux Harengs
(début novembre)
– **Eu :** rassemblement et bourse-échange de voitures
anciennes (fin août), Rendez-vous musicaux du jeudi
(été).
– **Blangy-sur-Bresle :** festival de Pétanque (fin juin).
– **Aumale :** foire du Printemps et aux Vins (2e week-
end de mai), fête de la Saint-Guignolet (fin août), foire
Saint-Martin (10 novembre).

La route des colombages en Normandie

Une route enchanteresse, entre mer et campagne, parcourant la verte et plantureuse Normandie, ses douces vallées et ses paysages de bocages, émaillés de châteaux, de manoirs et de villages typiques, où règnent les colombages.

Notre route normande longe la Risle avant de s'engager dans le pays d'Auge pour poursuivre vers la côte. La région qu'elle sillonne, gourmande, terre des fromages et des pommes, est l'une des plus bucoliques de Normandie. Marquée par les gras pâturages, les cours d'eau et les bois, cette campagne vallonnée charme aussi par l'architecture de ses maisons : le pan de bois, parfois couleur sang-de-bœuf ou peint de tons pastel, pare les maisons de ville comme les manoirs et les fermes isolées dans leur « clos », donnant au pays un cachet sans pareil.

● De la vallée de la Risle au pays d'Auge

L'itinéraire débute à **Pont-Audemer**, une ville de l'Eure installée sur la Risle, baptisée la « Venise normande » en raison de ses nombreux canaux. Le long de ces derniers et dans la vieille ville : des maisons à colombage à fort encorbellement datant des XVᵉ et XVIᵉ siècles, et d'anciens séchoirs de tanneurs rappelant que Pont-Audemer fut, dès le Moyen Âge, une capitale du cuir. La route emprunte la D 130 qui longe la rivière, direction **Corneville-sur-Risle**. Pendant la guerre de Cent Ans, les Anglais pillèrent l'abbaye et emportèrent les cloches dans leur embarcation, qui coula sous le poids… Les Français les récupérèrent, sauf une, demeurée introuvable. La légende raconte que, du fond de la Risle, on peut entendre sonner la cloche engloutie quand le carillon de l'abbaye bourdonne. La D 130 poursuit vers **Le Bec-Hellouin**. Blotti au fond d'une vallée, arborant de jolies maisons à pans de bois parfois peints, il renferme une abbaye grandiose édifiée aux XVIIᵉ et XVIIIᵉ siècles sur les ruines d'un ancien monastère. La route poursuit vers l'ouest. Elle traverse **Lieurey**, siège d'une foire aux harengs qui doit son existence à un impondérable : au XVᵉ siècle, un convoi chargé de poissons en provenance de Dieppe fut bloqué dans le village par la neige. Un grand marché fut improvisé pour éviter de perdre les harengs, et la tradition demeura… À 11 km de Lieurey, **Cormeilles** affiche ses façades anciennes à colombage, à motifs de croix, d'épis ou de feuilles de fougère, alternant avec les maisons de brique, de pierre et d'ardoise. Le village possède l'une des plus grandes cidreries-distilleries de Normandie, et une église originale, dont le sol en pente porte l'autel au même niveau que l'orgue. La route s'engage dans le Calvados en direction de **Blangy-le-**

DE LA VALLÉE DE LA RISLE À LA CÔTE FLEURIE PAR LE PAYS D'AUGE

- **Départ :** Pont-Audemer
- **Arrivée :** Deauville
- **Distance :** 170 km

Le château féodal de Rambures, une bâtisse de brique massive et trapue, tout en rondeurs pour résister aux assauts.

QUE VOIR, QUE FAIRE
SUR LA ROUTE DES COLOMBAGES EN NORMANDIE ?

- Flâner dans Pont-Audemer, la cité des tanneurs
- Faire du canoë sur la Risle
- Visiter l'abbaye du Bec-Hellouin et l'église en pente de Cormeilles
- Pêcher la truite dans la Touques
- Visiter les manoirs et châteaux de Breuil-en-Auge, Saint-Germain-de-Livet, Crèvecœur-en-Auge et Canapville
- Se promener dans le parc floral de Cambremer, les Jardins du pays d'Auge
- Faire des étapes dégustation de cidre et de calvados et savourer le pont-l'évêque à... Pont-l'Évêque
- Déambuler dans les ravissants villages émaillant la région
- Parcourir la campagne enchanteresse du pays d'Auge à pied, à cheval ou à vélo
- Se promener sur les planches de Deauville, admirer ses belles villas coiffées d'épis de faîtage

Château, qui conserve un beau manoir du XVIIe siècle ; sur la place trône l'auberge du Coq Hardi, élevée à la Renaissance. La route traverse la campagne boisée pour conduire au hameau de **Pierrefitte-en-Auge**. On notera, dans l'église du XIIIe siècle, la voûte peu commune de la nef, peinte et lambrissée.

● De châteaux en manoirs

L'itinéraire longe puis traverse la Touques méandreuse en direction du **château du Breuil**, classé Monument historique. L'élégant édifice, élevé aux XVIe et XVIIe siècles, est paré de colombages et de tuiles roses et installé aux abords d'un verger où prospèrent plus de 20 000 pommiers. Le château, la distillerie et les chais se visitent. La route file vers le sud, par la D 48, traverse **Lisieux** pour se diriger vers **Saint-Germain-de-Livet** et son ravissant château entouré de douves. L'édifice, original et éclectique, présente un superbe corps de logis du XVIe siècle paré de briques et de pierres vernissées disposées en damier. Flanqué d'une tour et de tourelles, il est accolé à un manoir à pans de bois du XVe siècle. À l'intérieur du château-musée : la salle des offices ornée de fresques Renaissance et les pièces rehaussées de mobilier d'époque et de peintures de Léon Riesener, cousin d'Eugène Delacroix. Une route bucolique et boisée mène à **Coupesarte**, hameau situé à 12 km au sud-ouest de Saint-Germain-de-Livet, où trône un manoir du XVe siècle, posé sur l'eau dans un cadre enchanteur. Direction le bourg de **Crèvecœur-en-Auge**, où se dresse un château dont les fondations remontent au XIe siècle. Protégé par des douves, il a conservé son plan d'origine, avec la haute cour abritant le logis ceint par une muraille, un four à pain, une bergerie et un jardin des simples, la basse-cour regroupant les bâtiments agricoles à pans de bois, un superbe colombier carré et une chapelle du XIIe siècle. Il héberge depuis 1973 le musée Schlumberger de la recherche pétrolière.

CARNET DE ROUTE

• Les premiers contacts

Office de tourisme de Pont-Audemer
2, place du Général-de-Gaulle
27500 Pont-Audemer
02.32.41.08.21 www.ville-pont-audemer.fr/tourisme/

Office de tourisme de la communauté de communes de Cambremer
16, rue Pasteur
14340 Cambremer
02.31.63.08.87 www.beuvroncambremer.com

• La bonne période
Le printemps, l'été et l'automne ont chacun leurs avantages. Au mois de mai, le colza et les pommiers en fleur font resplendir la campagne. L'été est la saison idéale pour la baignade et les activités nautiques en mer et sur les rivières. L'automne annonce la cueillette des pommes et pare la campagne de belles couleurs chaudes.

• La durée du voyage
Il faut compter 3 ou 4 jours si l'on veut prendre le temps de faire des visites, des balades et profiter des diverses activités qu'offre la région.

• La logistique
La voiture est incontournable pour cet itinéraire jalonné de hameaux. Le voyage est très facile au départ de Paris. On accède à Pont-Audemer en 2 heures par l'A 13. Comptez 2 h 30 pour le trajet retour de Deauville à Paris (par l'A 132 puis l'A 13). Les hôtels sont peu nombreux dans l'arrière-pays du pays d'Auge, on se tournera donc vers les chambres d'hôtes ou les gîtes (grand choix à Cambremer et à Beuvron-en-Auge).

• Les spécialités locales
La maroquinerie, le travail du cuir, la fabrication de papier, le travail du verre (région de Pont-Audemer).

• Les spécialités culinaires
– Côte de veau à la normande, poulet à la mode vallée d'Auge.
– Sur la côte, les produits de la mer tels que sole, maquereau, fruits de mer, etc.
– Camembert, pont-l'évêque, pavé d'Auge, livarot.
– Tarte normande (aux pommes, bien entendu), bourdelots (pommes enrobées de pâte à pain), teurgoule (riz au lait aromatisé à la cannelle cuit au four), galettes briochées appelées fallues.
– Cidre, calvados, pommeau, poiré.

• Les fêtes
– **Dans l'ensemble du pays d'Auge :** festival de la Pomme (début octobre).
– **Pont-Audemer :** festival des Mascarets, spectacles de rue, musique, activités et animations diverses (de fin juin à mi-juillet).
– **Cambremer :** festival des AOC de Normandie (fin avril/début mai).
– **Lieurey :** foire aux Harengs (11 novembre).
– **Cormeilles :** festival Les Musicales (de fin juillet à mi-août).
– **Crèvecœur-en-Auge :** Les Médiévales (1re semaine d'août).
– **Beuvron-en-Auge :** foire aux Géraniums (mai), fête du Cidre (fin octobre).
– **Pont-l'Evêque :** fête du Fromage (mi-mai).
– **Deauville :** festival du Film asiatique (début mars), vente de yearlings, Grand Prix (courses hippiques) et coupe d'or du championnat de polo (fin août), festival du Cinéma américain (1re semaine de septembre).

ART ET CULTURE

• Entre mer et campagne

Le ravissant village de **Cambremer** déroule ses manoirs classés, ses maisons de brique et à colombage, sa grange aux dîmes soutenue par une remarquable charpente et son merveilleux parc floral composé de jardins thématiques agrémentés de petits édifices typiquement augerons. **Beuvron-en-Auge**, l'étape suivante, est admirablement préservé. Classé parmi les Plus Beaux Villages de France, il arbore une vaste halle cachée sous un immense toit de tuiles, entourée de maisons et de manoirs édifiés entre les XVe et XVIIIe siècles. La route traverse le hameau de **Bonnebosq**, siège de deux manoirs classés, pour poursuivre vers **Beaumont-en-Auge**. Élevé sur un promontoire dominant la vallée de la Touques, il offre un beau panorama s'étendant jusqu'à la mer. Terre natale du physicien Pierre Simon de Laplace, dont on peut voir la statue place de Verdun, il recèle de coquettes maisons à pans de bois peints, en ardoise et en pierre, et une église du XIe siècle. À 6 km de là, **Pont-l'Évêque**, célèbre pour son fromage fabriqué depuis le XIIIe siècle, concentre tous les charmes du pays d'Auge : une situation idéale, à la confluence de trois rivières et au cœur de la campagne, des rues pittoresques bordées de maisons à colombage. Parmi les édifices à ne pas manquer : l'église Saint-Michel, de style flamboyant, l'ancien couvent des dames dominicaines de l'Isle, la vieille auberge de l'Aigle d'Or et l'hôtel Montpensier de style Louis XIII. La route se dirige désormais vers la mer. À **Canapville**, **le manoir des Évêques de Lisieux** est l'un des plus ravissants du pays d'Auge. Édifié entre les XIIIe et XVe siècles, il regroupe en fait deux manoirs entourés d'un jardin, et recèle du mobilier du XVIIIe siècle et une riche collection de porcelaine chinoise. L'itinéraire prend fin à **Deauville**, luxueuse station balnéaire réputée pour ses planches, ses champs de course, ses festivals et ses somptueuses villas. •

La promenade des Planches, à Deauville, borde la plage sur toute sa longueur.

LES CONSEILS GEO

• Les plus

La découverte du paisible et charmant bocage normand avec ses paysages bucoliques et vallonnés, ses villages préservés et authentiques, affichant leurs belles façades à pans de bois. Un parcours propice aux promenades pédestres, équestres ou à vélo, qui plaira aux amateurs de bonne chère.

• Les variantes

Il est possible de faire le voyage sur un week-end si l'on s'en tient au pays d'Auge. L'itinéraire débutera alors à Cormeilles (115 km au lieu de 170).

La route des impressionnistes

De berges fluviales en plages, de villages posés sur la rivière en villes portuaires, une route placée sous le signe de l'eau, élément cher s'il en est aux impressionnistes. Elle traverse l'Île-de-France et la Normandie, berceaux de leur mouvement.

Monet, Boudin, Pissarro, Sisley et leurs confrères firent de l'Île-de-France, de la vallée de la Seine et des côtes de la Manche leur terre d'élection. Ciels en perpétuel mouvement, lumière changeante jouant sur l'eau, villages inondés, baignés de soleil ou tapis sous la neige, mer imprévisible : une matière idéale pour ces peintres du fugace et de l'éphémère.

● À travers le Val-d'Oise

Niché entre rivière et coteaux, le village bucolique d'**Auvers-sur-Oise** fut la terre d'accueil de nombreux peintres, à commencer par l'un des précurseurs de l'impressionnisme, Charles-François Daubigny, qui s'y fit construire une maison au début des années 1860. Douze ans plus tard, le célèbre Paul Gachet élut domicile dans le village. Médecin, collectionneur et ami des peintres, il était proche de Pissarro et de Cézanne, qui immortalisa sa demeure et bien d'autres sites auversois : les bâtisses qui inspirèrent *La Maison du pendu et La Maison du père Lacroix* sont toujours visibles. Le docteur Gachet est bien connu pour avoir pris soin de Van Gogh, qui passa à Auvers les 70 derniers jours de son existence. Plusieurs endroits rappellent son souvenir : l'auberge Ravoux, où il louait une petite chambre sous les toits, l'église, le château et la mairie, qu'il représenta. Il repose dans le cimetière du village aux côtés de son frère Théo. La route continue le long de la rivière jusqu'à **Pontoise**, où vécut Camille Pissarro par intermittence, de 1866 à 1883. Vergers en fleurs, jardins de l'Hermitage et des Pâtis, rues du bourg, marchés à la volaille et au grain, coteaux, paysages de sous-bois, quais du bord de l'Oise, etc. : le site lui inspira plus de 300 toiles. Un musée rend hommage au peintre et à ses pairs. Il est installé dans une demeure bourgeoise dominant la vieille ville et la vallée.

ART ET CULTURE

DE VAL-D'OISE ET LA VALLÉE DE LA SEINE JUSQU'EN NORMANDIE

- **Départ :** Auvers-sur-Oise
- **Arrivée :** Trouville-sur-Mer
- **Distance :** 350 km

Le jardin de Claude Monet et ses nymphéas, à Giverny. C'est dans ce village des Yvelines que le peintre termina ses jours.

● Des environs de Chatou au Mantois

L'itinéraire continue vers le sud en direction de **Chatou**, petite commune des bords de Seine. Grâce au chemin de fer les reliant à la capitale, cette bourgade et ses voisines connurent une forte affluence à partir des années 1860. Avides d'air pur et de nature, le Tout-Paris, les écrivains et les artistes venaient se détendre le dimanche sur les berges et les îles s'égrenant **de Port-Marly à Carrières-sur-Seine**. La **maison Fournaise**, sur **l'île de Chatou**, était un de leurs rendez-vous favoris. Le propriétaire, ancien charpentier de marine, mettait des barques à la disposition des clients tandis que son épouse s'occupait de l'auberge. L'établissement inspira à Auguste Renoir le célèbre *Déjeuner des canotiers*. Plusieurs **circuits pédestres** de 3 à 6 km sont jalonnés de reproductions d'œuvres placées là où les impressionnistes plantèrent leur chevalet. Le circuit Monet passe par la légendaire **île de la Grenouillère**, haut lieu du tourisme fluvial jadis parsemé de cabarets. Immortalisée par Monet et Renoir, l'île accueille un musée retraçant les heures fastes de la région. La route se poursuit le long de la Seine vers l'ouest, direction **Mantes-la-Jolie**. Outre une célèbre collégiale, la ville abrite le musée de l'Hôtel-Dieu, en partie dédié au néo-impressionniste Maximilien Luce. De Mantes-la-Jolie à **Limetz-Villez**, la route longe une boucle du fleuve ponctuée de villages et de paysages champêtres qui attirèrent Sisley, Renoir et par-dessus tout Monet,

LES CONSEILS GEO

● Les plus

Une route pittoresque, marquée par l'eau, jalonnée de villages champêtres et de ports ayant inspiré les peintres. Le patrimoine impressionniste est très bien mis en valeur : le parcours est jalonné de musées, de reproductions d'œuvres et de tables de lecture permettant de revivre l'épopée de ce mouvement phare de l'histoire de l'art.

● Les variantes

L'itinéraire pourra débuter à Paris (à 35 km d'Auvers-sur-Oise), où l'on visitera le musée d'Orsay et le musée de l'Orangerie, pour sa riche collection de *Nymphéas*.

qui vécut à **Vétheuil** de 1878 à 1881. Durant ce séjour fécond, le peintre livra près de 150 œuvres, dont une importante série consacrée à l'église du village et une autre intitulée *La Débâcle de Vétheuil*, montrant la Seine en plein dégel après l'hiver sibérien de 1879-1880.

● Le Val de Seine, de Giverny à Quillebeuf-sur-Seine

Après un court séjour dans « cet horrible Poissy de malheur », Claude Monet s'installa en 1883 à **Giverny**, étape suivante de l'itinéraire. Il y demeura jusqu'à sa mort, soit pendant près de 43 ans. Planté de nymphéas, enjambé par un pont japonais, le jardin d'eau de sa propriété lui inspira ses plus fameuses toiles. La route se poursuit vers **Rouen**. Fasciné par la cathédrale, Monet la peignit à toute heure du jour. Pissarro, qui fit plusieurs séjours à Rouen, était davantage attiré par le port, alors en pleine mutation. Il peignait les bateaux fumants, les quartiers de la ville plongés dans la brume, les cheminées, les ponts

CARNET DE ROUTE

● **Les premiers contacts**
Office de tourisme de la vallée de l'Oise
Manoir des Colombières – Rue de la Sansonne
95430 Auvers-sur-Oise – 01.30.36.10.06
et Place de la Piscine – 95300 Pontoise
01.34.41.70.60 www.lavalledeloise.com
Office de tourisme du pays des impressionnistes
2, avenue des Combattants – 78160 Marly-le-Roi
01.30.61.61.35 www.pays-des-impressionnistes.fr
Maison du tourisme du Mantois
4, place Saint-Maclou – 78200 Mantes-la-Jolie
08.99.23.45.28 www.manteslajolie.fr
Les sites suivants décrivent les itinéraires impressionnistes en Normandie, autour de La Bouille, au Havre, à Honfleur et à Trouville : www.seine-maritime-tourisme.fr
www.normandie-tourisme.fr

● **La bonne période**
Elle s'étend du mois d'avril au mois de septembre.

● **La durée du voyage**
Il faut compter 4 à 5 jours, avec des étapes à Auvers-sur-Oise, Chatou ou Louveciennes, Vétheuil, Rouen, Honfleur ou Trouville.

● **Les spécialités culinaires**
– Potage Montmorency, chou de Pontoise, potage Saint-Germain, champignon de Paris, paris-brest.
– Salade cauchoise, œufs brayons, truite au camembert, sole normande, caneton à la rouennaise, fondue normande, sauce rouennaise, chausson normand, tarte normande.

● **Les fêtes**
– **Auvers-sur-Oise :** festival de l'Iris (de mars à mai), festival d'Auvers-sur-Oise, festival de musique de chambre ou lyrique (mai et juin), fête de la Cocagne dédiée à l'impressionnisme (3e week-end de juin).
– **Pontoise :** foire Saint-Martin (11 novembre), Festival baroque (septembre et octobre).
– **Chatou :** foire nationale à la brocante et aux jambons (mi-mars et début octobre).
– **Mantes-la-Jolie :** festival Blues sur Seine (novembre), foire aux Oignons (décembre).
– **Giverny :** Salon international du pastel (fin mai-début juin), Festival international de cinéma de Vernon (début juillet), festival de Musique de chambre (fin août).
– **Rouen :** festival Regards sur le cinéma du monde de Rouen (janvier), festival Normandie impressionniste (d'avril à septembre).
– **Le Havre :** festival du Livre jeunesse du Havre (avril), les Z'Estivales (tout l'été), festival des musiques du monde MoZaïques (août), fête de la Mer (1er week-end de septembre).
– **Honfleur :** Salon du verre (début mai), fête des Marins (début juin), fête de la Crevette (début octobre), festival du cinéma russe (fin novembre).
– **Trouville-sur-Mer :** Offs-Courts, festival du court-métrage (début septembre).

vibrants d'activité… On poursuit vers le village de **La Bouille,** où Alfred Sisley posa son chevalet en 1894 : il immortalisa la Seine depuis le chemin de halage, où il fait aujourd'hui bon se promener à pied ou à vélo. C'est ensuite le village de **Caudebec-en-Caux,** doté d'une église très appréciée par Henri IV et dont on aperçoit la tour sur le tableau d'Eugène Boudin *La Seine à Caudebec-en-Caux*. L'itinéraire longe ensuite le fleuve en passant par **Quillebeuf-sur-Seine,** immortalisé par l'Anglais William Turner, pour rejoindre la côte normande, indissociable de l'impressionnisme.

● La côte, du Havre à Trouville-sur-Mer

Le Havre tient une place particulière dans l'histoire du mouvement, puisque c'est ici que Monet exécuta en 1873 l'œuvre fondatrice Impression, soleil levant. Eugène Boudin, qui passa sa jeunesse au Havre, initia Monet à la peinture en plein air. Installé sur une côte sauvage de la Manche, dans une station balnéaire ou dans un port, il saisissait sur le vif les atmosphères fugaces et les jeux de lumière qui imprégnaient le paysage. Ses ciels immenses, nuageux, clairs, menaçants ou rougis par le soleil couchant, lui valurent le surnom de « roi des ciels ». Le musée Malraux possède plus de 200 toiles de Boudin. Direction la superbe ville de **Honfleur,** ses quais, son Vieux Bassin, pour visiter le musée Eugène-Boudin, puis **Trouville-sur-Mer,** « découvert » en 1825 par le peintre Charles Mozin lorsque ce n'était qu'un petit port de pêche. Quarante ans plus tard, Boudin, Monet, Jongkind et leurs confrères vinrent y planter leur chevalet pour peindre la plage, les planches, l'hôtel des Roches Noires, les quais… ●

QUE VOIR, QUE FAIRE SUR LA ROUTE DES IMPRESSIONNISTES ?

- Suivre le sentier pédestre Maisons de peintres, à Auvers-sur-Oise, et déjeuner à l'auberge Ravoux
- Suivre les circuits impressionnistes autour de Chatou
- Visiter le musée de la Maison Fournaise et celui de la Grenouillère
- Flâner dans Vétheuil, contempler la maison de Monet
- Visiter la propriété de Monet à Giverny
- Visiter le musée des Beaux-Arts à Rouen et la cathédrale peinte à maintes reprises par Monet
- Faire du vélo le long du chemin de halage à La Bouille
- Visiter le musée Malraux au Havre
- Se promener sur le port à Honfleur, visiter le musée Eugène-Boudin
- Se baigner à Trouville-sur-Mer

Fasciné par la cathédrale Notre-Dame de Rouen, Monet la peignit à 30 reprises.

LA ROUTE DES IMPRESSIONNISTES

La route des maisons d'écrivains

Une route semée de lieux de mémoire, de cabinets de travail, de bureaux sur lesquels furent composées les grandes pages de la littérature française. Tels Médan, hanté par le souvenir de Ronsard et de Zola, ou Saint-Arnoult, où plane la mémoire d'Aragon.

L'itinéraire traverse l'Île-de-France. Il débute dans le Val-d'Oise, se termine en Seine-et-Marne, traverse les Yvelines, Paris, les Hauts-de-Seine et l'Essonne. Ce parcours resserré permet de visiter en un temps plutôt court un nombre considérable de lieux de mémoire.

● À travers le Val-d'Oise

Première étape de l'itinéraire, le **château de la Motte, à Vémars,** abrite aujourd'hui la mairie du village et un musée consacré à François Mauriac. L'auteur de *Thérèse Desqueyroux* séjourna régulièrement dans cette « maison rose » du XIXᵉ siècle, propriété de sa belle-famille, avant de renoncer à sa Gironde natale et de s'y installer en 1951 : « Je ne peux plus supporter l'été le climat girondin. Le jardin de Vémars est une merveille de fraîcheur, de paix, de solitude. » Mauriac est enterré auprès de sa femme dans le cimetière du village. Direction **Montmorency** et le **Petit-Mont-Louis**, où Jean-Jacques Rousseau trouva refuge en 1757 après avoir été congédié par Mme d'Épinay. La maison s'entoure d'un jardin comprenant un « cabinet de verdure » aménagé par le philosophe et un « donjon » qui lui servait de pièce de travail. C'est retranché dans cette propriété qu'il écrivit *La Nouvelle Héloïse*, qui lui valut les plus grands honneurs, puis *L'Émile*, en 1762, qui lui attira les foudres des autorités et le contraignit à l'exil.

● À travers les Yvelines

La route se poursuit le long de la Seine vers la ville royale de **Saint-Germain-en-Laye,** qui conserve le souvenir de plusieurs écrivains : Molière donna au château quelques premières devant Louis XIV et sa cour ; Gérard de Nerval y passa une grande partie de sa jeunesse et y retourna, à la fin de sa vie, pour fuir les « agitations et les vaines querelles de la capitale » ; Alexandre Dumas écrivit, dans une maison de l'actuelle rue Salomon-Reinach, *Les Trois Mousquetaires* et *Le Comte de Monte-Cristo*. À 12 km à l'ouest de Saint-Germain-en-Laye, **Médan** abrite un château du XVIᵉ siècle, situé à flanc de coteau en sur-

LA ROUTE LITTÉRAIRE À TRAVERS L'ÎLE-DE-FRANCE VIA PARIS

- **Départ :** Vémars
- **Arrivée :** Vulaines-sur-Seine
- **Distance :** 300 km

À Médan, Émile Zola fit d'une maisonnette vétuste une résidence cossue et confortable. À droite, le buste de l'écrivain par José de Charmoy.

plomb de la Seine. Ronsard, Du Bellay et leurs amis poètes étaient souvent conviés par le propriétaire du domaine, Jean II Brinon, leur mécène et ami, à des parties de chasse et des fêtes somptueuses. Maurice Maeterlinck, auteur de *L'Oiseau Bleu* et d'un *Pelléas et Mélisande* qui inspira des chefs-d'œuvre de la musique signés Debussy, Fauré, Sibelius et Schönberg, acquit le château en 1924. Il y resta jusqu'en 1939. Une rue plus bas, vers la Seine, se trouve la maison qu'Émile Zola occupa pendant 24 ans, jusqu'à sa mort. Dans cette « cabane à lapins » qu'il transforma en résidence cossue, il écrivit l'essentiel de son œuvre et organisa les fameuses « soirées de Médan », réunissant ses disciples naturalistes. La route se poursuit vers **Port-Marly,** où l'on retrouve Dumas qui, fort du succès de ses romans, quitta Saint-Germain-en-Laye pour se faire construire, sur un coteau, un château néo-Renaissance et un castel néogothique entouré d'eau. Le « château de Monte-Cristo » servit de cadre à d'innombrables fêtes et dîners gastronomiques préparés par l'écrivain en personne… Endetté, Dumas dut se défaire de son paradis en 1851. Dans le bourg voisin de **Bougival,** c'est la « datcha » d'Ivan Tourgueniev qui se visite, un chalet mi-russe mi-suisse que l'auteur de *Pères et fils* se fit bâtir en 1875 pour se rapprocher de la cantatrice Pauline Viardot, qu'il adulait.

● À Paris

En route pour la capitale et l'ancien **village de Passy,** où Balzac demeura dans les années 1840. Poursuivi par ses créanciers, il avait trouvé refuge

QUE VOIR, QUE FAIRE
SUR LA ROUTE
DES ÉCRIVAINS ?

- Partir sur les traces de Rousseau, Dumas, Zola, Mauriac, Aragon, Cocteau et bien d'autres
- Visiter le château de Médan
- Flâner dans Saint-Germain-en-Laye, visiter le château, se promener le long des terrasses
- Visiter le « château de Monte-Cristo » à Port-Marly
- Visiter la « datcha » de Tourgueniev
- Se promener à Passy et dans le Marais
- Visiter le musée Carnavalet
- Découvrir les richesses de Milly-la-Forêt, son château, son lavoir, sa halle…
- Faire des balades en forêt
- Se promener en vélo le long de la Seine

LA ROUTE DES MAISONS D'ÉCRIVAINS

au dernier étage d'une **maison de la rue Raynouard,** sous un nom d'emprunt ; ses visiteurs devaient s'annoncer en donnant un mot de passe. L'itinéraire continue vers le **quartier du Marais.** L'hôtel Carnavalet, converti en musée de l'histoire de Paris, fut élevé en 1548 par Pierre Lescot puis remanié au XVIIe siècle par François Mansart. Madame de Sévigné écrivit ses célèbres lettres dans ce qu'elle appelait sa « Carnavalette » ; le visiteur découvre ses appartements luxueusement meublés et la chambre de sa fille et correspondante Mme de Grignan. Non loin, place des Vosges, l'**hôtel de Rohan-Guéménée** fut occupé par Victor Hugo de 1832 à 1848. L'écrivain composa ici une partie des *Misérables*, plusieurs pièces de théâtre et recueils de poésie. C'est à cette époque qu'il rencontra Juliette Drouet, qui allait rester sa maîtresse pendant près de 50 ans. Une pièce de l'appartement est consacrée à la mémoire de la comédienne.

● Vers le sud de l'Île-de-France

En route pour les Hauts-de-Seine et **Châtenay-Malabry**, où Chateaubriand s'installa en 1807. Alors disgracié par Napoléon, il avait

CARNET DE ROUTE

• Les premiers contacts
Office de tourisme de la vallée de l'Oise
Mairie de Vémars, 5, rue Léon-Bouchard
95470 Vémars – 01.34.68.33.40
www.mairiedevemars.de
Office de tourisme de Montmorency
Place du Château Gailllard – 95160 Montmorency
01.39.64.42.94 – www.montmorency-tourisme.fr
Liens utiles pour la suite du voyage :
www.ot-saintgermainenlaye.fr, www.ville-medan.fr
www.parisinfo.com, www.millylaforet-tourisme.com

• La bonne période
Elle s'étend d'avril à octobre.

• La durée du voyage
Il faut compter 4 jours, avec des étapes à Saint-Germain-en-Laye, Paris et Milly-la-Forêt.

• Les visites
À l'exception des maisons de Nerval et de Dumas à Saint-Germain-en-Laye, tous les lieux cités sont ouverts à la visite et pour la plupart convertis en musées dédiés à la mémoire des écrivains. La maison de Zola à Médan est en cours de rénovation ; elle devrait abriter un nouveau musée consacré à Alfred Dreyfus.

• Les spécialités culinaires
– Cerise Montmorency, chou de Pontoise, champignon de Paris, menthe poivrée de Milly-la-Forêt.
– Potage Montmorency, potage Saint-Germain, quiche au cresson, boudin de Paris, jambon de Paris.

– Entrecôte Bercy, bœuf miroton, bœuf gros sel, poularde à la briarde, hachis Parmentier, navarin, sauté de veau Marengo, langouste à la parisienne, sole Marguery, homard Thermidor.
– Brie, fontainebleau.
– Croissant, paris-brest, amandine, religieuse, saint-honoré, financier, mille-feuille.

• Les fêtes
– **Montmorency :** foire aux produits régionaux (mars), Montmartre à Montmorency (juin).
– **Saint-Germain-en-Laye :** l'Estival, festival de musique (septembre-octobre), Salon du livre ancien (novembre).
– **Médan :** Pèlerinage littéraire de Médan (1er dimanche d'octobre).
– **Le Port-Marly :** salon du Livre pour la jeunesse (juin).
– **Paris :** Salon du livre (mars), Foire de Paris (fin avril), Les Solistes aux serres d'Auteuil (juin), Paris Jazz Festival (juillet), Festival Paris Cinéma (juillet), Classique au Vert (août), La Nuit blanche (début octobre).
– **Châtenay-Malabry :** Rencontres du livre Afrique-Caraïbes-Maghreb (avril), festival du Val d'Aunay (juin), festival Paysages de Cinéastes (septembre).
– **Saint-Arnoult-en-Yvelines :** Jazz à toute heure (avril), Poésie buissonnière (juin).
– **Milly-la-Forêt :** Art et tradition (fin avril), Salon du flacon à parfum (début juin).

souhaité s'éloigner du pouvoir. Il se retrancha dans une vallée si déserte qu'elle était encore peuplée de loups – d'où le nom de **vallée aux Loups** qu'il donna au domaine. De ce qui n'était qu'une « maison de jardinier, cachée parmi des collines couvertes de bois », il fit une belle demeure bourgeoise ornée de cariatides sur la façade, entourée d'un parc semé d'essences exotiques alors inconnues en France. C'est ici qu'il entreprit la rédaction de son grand œuvre, *Les Mémoires d'outre-tombe*. Direction **Saint-Arnoult-en-Yvelines**, où Louis Aragon et Elsa Triolet acquirent en 1951 le **moulin de Villeneuve**, avant d'acheter des terres attenantes et de bâtir une superbe propriété de 5 ha, où ils se rendaient dès qu'ils étaient fatigués de Paris et de ses mondanités. Aragon fit une description poétique de la chambre d'Elsa : « La pièce a la forme d'une parenthèse, le mobilier d'une digression. Elle est verte, bleue ou mauve selon les gens. Il y a même quelqu'un qui l'a vue jaune paille, cela devait être un esprit compliqué. » Au visiteur de se faire son idée… La route continue vers Milly-la-Forêt, où Jean Cocteau acheta avec Jean Marais, en 1947, une dépendance du château qu'il occupa jusqu'à sa mort. « C'est à Milly, rapporta-t-il, que j'ai découvert la chose la plus rare du monde : un cadre. » L'itinéraire prend fin à la lisière de la forêt de Fontainebleau, à **Vulaines-sur-Seine**, avec la visite de l'auberge où Stéphane Mallarmé termina ses jours. Le jardin du poète, qui adorait « faire la toilette des fleurs avant la sienne », est reconstitué. ●

Le musée Carnavalet, situé dans la rue de Sévigné, au cœur du Marais, à Paris, abrite les appartements de la célèbre épistolière.

LES CONSEILS GEO

● Les plus

Cette route, jalonnée par 13 lieux de visite, est l'occasion de découvrir les écrivains dans leur quotidien et leur intimité, et de se replonger dans quelques grandes pages de la littérature.

● Les variantes

De Vulaines-sur-Seine, on pourra poursuivre vers Barbizon (à 16 km), centre d'une école de peinture, et découvrir les ateliers de Millet et de Théodore Rousseau ainsi que le Musée départemental des peintres de Barbizon, avant de continuer vers Saint-Cyr-sur-Morin (à 77 km) pour visiter la maison de Pierre Mac Orlan.

LA ROUTE DES MAISONS D'ÉCRIVAINS

De Chartres à Reims en passant par l'Île-de-France et la Picardie, terres natales des cathédrales gothiques, une route empreinte d'histoire et de spiritualité, pour découvrir les merveilles du Moyen Âge chrétien...

La route des cathédrales

LES CONSEILS GEO

● Les plus

Une route culturelle et spirituelle, qui ravira les amateurs d'histoire, d'art et d'architecture. Amiens, Beauvais, Laon, Soissons, Saint-Denis et Reims sont classées Villes d'art et d'histoire. Le patrimoine y est particulièrement valorisé. Pour les personnes non motorisées, le voyage se fait facilement en train.

● Les variantes

La dernière étape de l'itinéraire est Reims. On peut poursuivre le trajet vers Sens, où se trouve la plus ancienne église gothique de France, mais le trajet se trouve rallongé de 195 km.

Toujours plus vastes, plus hautes et plus fastueuses, les cathédrales gothiques expriment à merveille la puissance créatrice et la volonté de grandeur du Moyen Âge chrétien. Né au milieu du XIIᵉ siècle en France, à **Saint-Denis** et à **Sens**, l'art gothique se propage bientôt en **Picardie**, pour trouver son plus pur accomplissement au début du siècle suivant : c'est l'époque des vaisseaux de pierre grandioses, que l'on admire à **Chartres**, à **Amiens** et à **Reims**. À ce gothique dit classique succède vers 1240 le gothique rayonnant. Les cathédrales semblent désormais s'élancer vers le ciel ; les verrières acquièrent une superbe inédite – en témoignent les rosaces de **Notre-Dame de Paris**. Plus de 100 ans plus tard, le gothique flamboyant se démarque du précédent, non pas par la structure des édifices, mais par leurs décors, d'une rare exubérance. Retour en terre natale, **au pays des premières cathédrales**...

● De Chartres à Saint-Denis

L'itinéraire débute au cœur de la Beauce, à **Chartres**, dominé par la formidable **cathédrale Notre-Dame**, qui signale ses hautes tours à des kilomètres à la ronde. Elle fut édifiée en 30 ans à peine à partir de 1194, ce qui explique son unité exemplaire. Imposante mais élancée, elle recèle d'incroyables richesses. Autour du chœur, le plus vaste de France, 2 500 statues dévoilent la vie du Christ sur près de 100 m de long. Les vitraux, totalisant une surface de 2 600 m², sont parmi les mieux conservés au monde. Célèbres pour leur beau bleu transparent, inventé par les maîtres-verriers de la ville, ils illustrent en 172 baies la vie des saints, celle des rois et les corporations. On ne quittera pas Chartres sans avoir parcouru la vieille ville, qui s'étend de la cathédrale jusqu'aux rives de l'Eure. Puis direction la capitale, où trône l'un des monuments les plus visités du monde. Élevée sur l'île de la Cité, révélant toute sa majesté depuis la Seine, la **cathédrale Notre-Dame de Paris** fut bâtie sur près de deux siècles, entre 1163 et 1345. Ses rosaces nord et sud, parmi les plus grandes d'Europe, sa très large nef éclairée par la lumière douce et diffuse des vitraux, son trésor, ses orgues gigantesques, les Mays ornant les chapelles, ses cloches et bourdons retentissant dans le ciel parisien... on ne sau-

Le chevet de la cathédrale Notre-Dame de Paris, dominant l'île de la Cité, vu depuis le quai de la Tournelle, rive gauche

ART ET CULTURE

QUE VOIR, QUE FAIRE SUR LA ROUTE
DES CATHÉDRALES ?

- Monter dans les tours des cathédrales
- Faire un tour en montgolfière au-dessus de Chartres
- Se promener en bateau à Chartres et visiter le Centre international du vitrail
- Visiter la nécropole de la cathédrale de Saint-Denis
- Randonner sur les GR entourant Senlis
- Admirer l'horloge astronomique de la cathédrale de Beauvais
- Faire un tour en barque dans les hortillonnages d'Amiens
- Parcourir la cité médiévale de Laon
- Se promener dans les rues Art déco et sur les berges de Soissons
- Boire du champagne à Reims

DE CHARTRES À REIMS, PAR PARIS ET LA PICARDIE

- **Départ :** Chartres
- **Arrivée :** Reims
- **Distance :** 476 km

ART ET CULTURE

La basilique Saint-Denis, remarquable pour sa nécropole, son chœur et ses vitraux qui l'inondent de lumière.

rait énumérer toutes ses splendeurs. À 12 km au nord de Paris, **Saint-Denis** conserve une basilique (cathédrale depuis 1966) passionnante. Célèbre pour sa nécropole royale, elle accueillit la dépouille de la majorité des souverains depuis Dagobert Ier, ce qui lui valut le surnom de « cimetière des rois ». Abritant plus de 70 gisants et tombeaux royaux, elle représente le plus riche ensemble de sculptures funéraires du bas Moyen Âge. Elle fut déterminante dans l'histoire de l'art gothique. Dès 1135, Suger, abbé de Saint-Denis, décida de reconstruire la vieille église carolingienne. Afin de mettre en valeur les reliques de saint Denis, il fit notamment élever un chœur vaste et lumineux. Doté d'une voûte sur croisée d'ogives permettant d'évider les murs et d'alléger l'ensemble, le chœur de Suger représente le **premier chœur gothique au monde**.

● De Senlis à Amiens

La route quitte l'Île-de-France pour la Picardie. Au sud de l'Oise, le vieux **Senlis** déroule ses ruelles pittoresques au sein d'une enceinte gallo-romaine particulièrement bien conservée. La cité est dominée par la cathédrale Notre-Dame, l'une des plus petites et des plus belles de France. Entamée en 1153, plusieurs fois remaniée au fil des siècles, elle est un témoin majeur de l'évolution de l'art gothique. Parmi les vestiges du gothique primitif : l'admirable chœur, étrangement plus long que la nef, et, au-dessus du portail central, le tympan portant la toute première représentation sculptée du couronnement de la Vierge. Lieu de séjour des rois de France, Senlis impressionne par la richesse de son patrimoine. **Beauvais**, l'étape suivante, possède une cathédrale surprenante : dépourvue de tour et de nef, la **cathédrale Saint-Pierre** se réduit à un transept et à un chœur… Mais quel chœur ! Avec ses 68 m de haut, l'équivalent des tours de Notre-Dame de Paris, c'est le plus élevé du monde. À l'intérieur, la grande horloge astronomique, mise en place en 1876, est un chef-d'œuvre de technicité : son mécanisme doté de 90 000 pièces permet entre autres d'animer 68 automates. La route pénètre dans la Somme, direction **Amiens**. Traversée de canaux et parsemée de jardins maraîchers flottants, les hortillonnages, la « petite Venise du nord » abrite la plus vaste cathédrale de France, et celle que l'on considère comme l'archétype du gothique classique. Elle mesure 145 m de long, 42 m de hauteur sous voûte, son volume total est de 200 000 m^3, soit près du double de Notre-Dame de Paris… Grâce à des projections d'images numériques sur la façade, « Amiens, la cathédrale en couleurs » restitue la polychromie originelle des portails et de leurs décors sculptés : un spectacle à ne pas manquer.

● De Noyon à Reims

La route poursuit vers **Noyon**. Remarquable de sobriété, la cathédrale Notre-Dame, entamée en 1145, est le premier édifice gothique du nord de la France. Elle domine les beaux **quartiers canonial et épiscopal**, qui abritent d'anciennes maisons de chanoines. À 53 km de Noyon, **Laon** est une somptueuse ville médiévale érigée sur une colline. Capitale des derniers rois carolingiens, elle possède plus de 80 monuments classés, témoins de son passé rayonnant. La cathédrale Notre-Dame, bâtie entre 1155 et 1250, servit de modèle à celles de Chartres et de Paris. Dotée d'un prodigieux décor sculpté et de vitraux remarquables, elle offre depuis les tours un panorama splendide sur la cité médiévale et ses remparts. La route poursuit vers **Soissons**, la cité du Vase, abritant la cathédrale Saint-Gervais-et-Saint-Protais, bel exemple du gothique primitif, pour s'arrêter à **Reims,** en terre des sacres des rois de France. ●

CARNET DE ROUTE

• **Les premiers contacts**   Office de tourisme **de Chartres**   Maison du Saumon 8, rue de la Poissonnerie – 28000 Chartres – 02.37.18.26.26 – www. chartres-tourisme.com
Site de l'office de tourisme de Paris   www.parisinfo. com
Comité régional du tourisme de Picardie   3, rue Vincent-Auriol – 80011 Amiens Cedex 1 – 03.22.22.33.66 – www.picardietourisme.com

• **La durée du voyage**   Il est possible de faire la route en 4 ou 5 jours mais il est conseillé de prévoir une bonne semaine pour profiter des villes, toutes riches en patrimoine, et faire quelques escapades nature dans les environs.

• **La logistique**   Chaque ville est bien dotée en hôtels et restaurants. Les cités étant bien desservies par les transports en commun, la route est tout indiquée pour les voyageurs sans voiture. Il faut compter 1 heure de Chartres à Paris (train), 1 heure de Paris à Senlis (train), 1 h 30 de Senlis à Beauvais (car puis train), 1 heure de Beauvais à Amiens (car), 2 heures d'Amiens à Noyon (train), 45 min de Noyon à Laon (train), 30 min de Laon à Soissons (train), 1 h 30 de Soissons à Reims (train).

• **Les spécialités locales**   Le vitrail (Chartres), la broderie (Picardie), les tapisseries (Beauvais).

• **Les spécialités culinaires**
– Haricot de Soissons, pomme de terre pompadour, pâté de canard, flamiche, macaron d'Amiens, tuile de Beauvais, cœur de Noyon (Picardie).
– Pâté de Chartres, poule au pot, sablé de Beauce, mentchikoff (Chartres).
– Champagne, jambon, pain d'épice, biscuit rose, moutarde, vinaigre (Reims).

• **Les fêtes**
– **Chartres :** le week-end Henri IV (animations et poule au pot sont au menu de cette fête qui honore le seul roi de France à avoir été sacré à Chartres fin février), la fête de la Lumière (fin septembre).
– **Saint-Denis :** festival Saint-Denis, concerts dans la cathédrale (juin)
– **Beauvais :** festival Blues autour du Zinc (mars), les Rencontres d'ensembles de violoncelles (mai), les fêtes Jeanne Hachette (juin).
– **Amiens :** les Montgolfiades (fin août).
– **Soissons :** la fête du Haricot, Soissons en Sc'Aisne (septembre).
– **Reims :** Fêtes johanniques (juin), Flâneries musicales de Reims (juin-juillet).

LA ROUTE DES CATHÉDRALES

Le tour de la France par deux enfants

Par la Lorraine, la Franche-Comté, l'Auvergne, la Provence, le Midi toulousain, la côte ouest, le Nord et l'Île-de-France, un tour de la France original, avec pour guides deux enfants imaginaires, nés en Moselle au XIXe siècle.

Ce tour de France suit le périple de deux frères, André et Julien Volden, héros d'un manuel scolaire intitulé *Le Tour de la France par deux enfants*. Écrit par Augustine Fouillée sous le pseudonyme G. Bruno, ce livre didactique et patriotique fut publié pour la première fois en 1877. Il connut un succès phénoménal tout au long de la IIIe République. En 1914, on recensait déjà 400 éditions et le tirage atteignait plus de 7 millions d'exemplaires. Destiné à la formation morale, civique, géographique et historique des écoliers, le manuel divisé en 121 chapitres présente les territoires de France, leur histoire, leurs grands hommes, leurs activités et leurs traditions.

De la Lorraine à la Bourgogne

LE TOUR DE LA FRANCE
AU DÉPART DE LA LORRAINE

- **Départ :** Phalsbourg
- **Arrivée :** Chartres
- **Distance :** 4 100 km

L'itinéraire débute à **Phalsbourg**, une ville de Moselle fortifiée par Vauban, et continue vers **Saint-Quirin**. Puis c'est la traversée des **monts boisés des Vosges** pour rejoindre le village de **Celles-sur-Plaine**, posé sur la rivière, et la poursuite par une route « formant un défilé entre de hautes collines [suivant] tout le temps le bord de l'eau » jusqu'à **Épinal**, « petite ville animée » arrosée par la Moselle. Les enfants découvrent ici des papeteries, la tradition imagière de la ville, ses cristalleries ; ils apprennent l'histoire du peintre Claude Gelée, dit le Lorrain, et celle de Jeanne d'Arc. En route pour la **Franche-Comté**, à travers **Vesoul**, ville « située au pied d'une haute colline, dans une vallée fertile et verdoyante », **Besançon**, « place forte entourée par le Doubs », **Salins** et **Lons-le-Saulnier** « qui doivent leurs noms et leur prospérité à leurs puits de sel », le **village des Rousses**, situé en pleine montagne sur la frontière suisse, où les enfants goûtent au fameux gruyère du Jura et découvrent la tradition horlogère du pays. Direction **Gex**, « une des principales villes du département de l'Ain », offrant de superbes panoramas sur le lac Léman et le mont Blanc, puis **Bourg-en-Bresse**, où nos petits voyageurs achètent de belles poulardes pour les revendre sur le mar-

ART ET CULTURE

La porte de France à Phalsbourg, en Moselle, ville natale de nos deux compagnons fictifs.

ché de **Mâcon.** La Bourgogne est pour eux l'occasion de découvrir le travail des vignerons et de connaître l'histoire des grands hommes de la région, Vauban, Bossuet, Monge, Buffon et Niépce. L'itinéraire se poursuit vers **Le Creusot,** « la plus grande usine de France » qui regroupait à l'époque fonderies, forges et mines. Les enfants quittent la Bourgogne pour l'Auvergne, en faisant un court crochet par la Nièvre et les collines boisées du Morvan.

● Par l'Auvergne, le Lyonnais et le Dauphiné

Ils continuent à travers l'**Allier,** par **Moulins** et **Vichy,** « le plus grand établissement d'eaux minérales du monde entier », puis par le **Puy-de-Dôme,** avec sa fertile plaine de Limagne et ses monts d'aspect étrange, dont certains « ressemblent à de grands dômes », tandis que d'autres « sont fendus » ou « s'ouvrent par en haut comme des gueules béantes ». Dans ce département célèbre pour sa dentelle, les enfants font une halte à **Clermont-Ferrand,** qui les étonne par ses maisons noires en pierre de lave, puis à **Thiers,** « une ville toute noire, aux rues escarpées [...] très industrieuse » et peuplée de couteliers. Nous quittons avec eux l'Auvergne, patrie de Vercingétorix et de Desaix, « modèles de courage militaire », et de Michel de L'Hôpital, « modèle de courage civique », pour pénétrer dans « l'un des départements les plus industrieux de France, celui du Rhône ». Direction **Lyon,** dominé par de « hautes collines couronnées par dix-sept forts » et « par l'église de Fourvière », traversé par « les magnifiques quais du Rhône »

QUE VOIR, QUE FAIRE SUR CE TOUR DE LA FRANCE ?

- Parcourir les villes en calèche
- Visiter les musées des arts et traditions populaires (musée de l'Imagerie à Épinal, maison des Canuts à Lyon, etc.)
- Randonner dans le Puy-de-Dôme
- Se promener le long du Rhône à Lyon et à Valence
- Faire une excursion sur la Méditerranée autour de Marseille et des calanques
- Se promener en bateau sur le canal du Midi
- Flâner dans la cité fortifiée de Carcassonne
- Visiter le Capitole à Toulouse
- Arpenter la place des Quinconces à Bordeaux
- Observer les côtes déchiquetées du Finistère
- Regarder les bateaux à Dunkerque
- Visiter les cathédrales de Reims et de Chartres
- Parcourir les plus beaux quartiers de Paris
- Visiter le château de Versailles

LE TOUR DE LA FRANCE PAR DEUX ENFANTS

LES CONSEILS GEO

● Les plus

Un voyage original qui permettra de se plonger dans la France d'autrefois, et de la comparer à la France actuelle.

● Les variantes

Le voyage étant long, on peut le découper en quatre sections et parcourir l'Est de la France (de la Moselle à la Drôme en passant par l'Auvergne), le Sud de la France d'Avignon à Toulouse par Marseille ou le littoral de Bordeaux à Dunkerque, ou encore opter pour le trajet Lille-Reims-Paris-Chartres.

Le puy de Pariou, l'un des volcans de la chaîne des Puys, dans le Massif central.

CARNET DE ROUTE

● **Les premiers contacts** **Quelques liens utiles pour le voyage** www.moselle-tourisme.fr – www.franche-comte.org – www.destination70.com – www.doubs.travel – www.bourgogne-tourisme.com

● **La durée du voyage**
Comptez au moins 40 jours (100 km en moyenne par jour).

● **Le livre** *Le Tour de la France par deux enfants* pourra servir d'ouvrage de référence pendant le voyage. Il est téléchargeable gratuitement sur le site de la Bibliothèque nationale de France, www.gallica.bnf.fr

● **Les spécialités locales**
Quelques spécialités découvertes par nos deux compagnons :
– Images d'Épinal et la papeterie en Lorraine
– Horlogerie en Franche-Comté
– Dentelle du Puy
– Coutellerie à Thiers
– Soieries de Lyon
– Travail du cuir à Valence
– Savons de Marseille
– Toiles du Nord
– Lainages de Champagne

● **Les spécialités culinaires :**
Quelques produits évoqués par nos deux compagnons :
– Gruyère du Jura, bleu de Gex, fromages d'Auvergne.
– Poulardes de Bresse.
– Vins de Bourgogne, du Bordelais et de Champagne, eaux-de-vie de Béziers.
– Eau minérale de Vichy.

– Fruits confits de Clermont-Ferrand, miel de Narbonne.
– Sardines de Nantes, betteraves, houblon et céréales du Nord.

● **Les fêtes**
– **Vesoul :** Festival international des cinémas d'Asie (février), foire de la Sainte-Catherine (25 novembre).
– **Besançon :** Foire comtoise (mai), Jazz en Franche-Comté (juin), Festival international de musique (septembre).
– **Mâcon :** L'Eté frappé (de juin à août).
– **Clermont-Ferrand :** Festival international du court-métrage (début février), Festival Nicéphore + (octobre).
– **Lyon :** Quais du polar (avril), Nuits de Fourvière (de juin à août), fête des Lumières (8 décembre).
– **Avignon :** festival d'Avignon (juillet).
– **Marseille :** festival de Danse (juin-juillet), Festival international de cinéma (début juillet), Fiesta des Suds (octobre).
– **Toulouse :** Rio Loco (juin), Le Grand Fénétra (juin).
– **Bordeaux :** Escale du livre (mars), carnaval des Deux Rives (mars), fête du Fleuve (juin), fête du Vin (juin), Dansons sur les quais (juillet-août).
– **Brest :** Printemps des sonneurs (avril).
– **Dunkerque :** carnaval de Dunkerque (de fin janvier à début avril).
– **Lille :** festival du Cinéma européen (mars ou avril), festival Lille Clé de Soleil (juillet-août).
– **Reims :** Fêtes johanniques (juin), Flâneries musicales de Reims (juin-juillet).
– **Chartres :** Week-end Henri IV (fin février), fête de la lumière (fin septembre).

et célèbre pour ses soieries. En route pour **Saint-Étienne**, cité prospère grâce à ses mines de houille, parcourue à l'époque de « grandes rues bordées de belles maisons [noircies] par la fumée des usines ». L'itinéraire atteint **Valence**, chef-lieu de la Drôme réputé pour sa maroquinerie, où nos deux compères se promènent le long du fleuve, découvrant « d'un côté les rochers à pic qui dominent le Rhône, de l'autre côté les Alpes du Dauphiné ».

● Le sud de la France, d'est en ouest

Par **Avignon**, par la campagne provençale couverte de cultures et d'oliviers puis par les plaines de la Crau et de la Camargue « desséchées par le souffle du Mistral », nous gagnons le port de **Marseille** peuplé de « navires innombrables », dominé par la « statue colossale » de Notre-Dame-de-la-Garde et ceinturé de « hautes collines [s'élevant] de chaque côté de la ville, baignant leur pied jusque dans la mer. » Direction **Sète**, dont le pont-tournant sur le canal émerveille les jeunes voyageurs. La route se poursuit le long du **canal du Midi** – que nos héros suivent en bateau – passant par **Béziers**, renommé pour ses eaux-de-vie, par **Narbonne**, réputé pour son miel, par l'antique cité de **Carcassonne** dressée au sommet d'une colline, pour gagner **Toulouse** qui est « comme la capitale du sud-ouest de la France », « à la fois une ville savante et industrieuse ».

● La remontée vers le Nord par la côte

Après avoir longé la Garonne, qui va « s'élargissant de plus en plus entre ses coteaux couverts des premiers vignobles du monde », on atteint **Bordeaux**, ville « magnifiquement bâtie » où les deux enfants découvrent un pont de pierre de près 500 m de long, de belles maisons, la célèbre place des Quinconces et un port très actif, tout en apprenant la vie des grands hommes de Gascogne, Fénelon, Montesquieu, Daumesnil et saint Vincent de Paul. La route longe la côte pour rejoindre **Nantes**, que les enfants rallient par l'Océan, puis traverse la Bretagne pour gagner **Brest**, avant de

Élevé sur ordre de Napoléon Ier, le Pont de pierre de Bordeaux enjambant la Garonne comporte 17 arches et s'étend sur 500 m.

remonter vers le port de **Dunkerque**, patrie de Jean Bart, « ville très animée » entourée de dunes fixées par les oyats. Puis c'est la traversée du département du Nord, avec ses grandes plaines de culture, jusqu'à **Lille**, « place forte de premier ordre entourée de remparts et de bastions », renommée pour son lin, et la poursuite vers **Reims**, où les deux voyageurs visitent la cathédrale et découvrent sur le marché les produits de la Champagne « qui consistent surtout en lainages, en fers, en vins célèbres ». Par le canal de la Marne au Rhin, ils retrouvent leur ville natale, Phalsbourg, et reprennent la route en direction de **Paris**, où ils arpentent « l'interminable rue de Rivoli » et visitent les Halles, les monuments incontournables de l'île de la Cité, le Quartier latin, le Jardin des Plantes, puis le Louvre. Le voyage se poursuit vers **Versailles** et se termine à **Chartres.** ●

Du Velay aux Cévennes, à travers des montagnes sauvages, des vallées et des forêts profondes, suivez les pas de l'écrivain Robert Louis Stevenson, dont la piste de 220 km, parcourue en 12 jours avec un âne à l'automne 1878, est aujourd'hui connue sous le nom de GR 70.

Dans les pas de R.L. Stevenson

Le Monastier-sur-Gazeille, au sud-est du Puy-en-Velay, point de départ du voyage de Robert Louis Stevenson vers Saint-Jean-du-Gard dans les Cévennes, est aujourd'hui le début du **GR 70**, fidèlement tracé sur son récit, *Voyage avec un âne dans les Cévennes,* avec quelques détours qui portent la randonnée à 245 km. Qu'allait donc faire le jeune Écossais, futur auteur de *L'Île au trésor,* dans les régions les plus sauvages du centre de la France, avec pour seuls guides une boussole et une ânesse qui portait son barda ? Randon-

neur solitaire, se disant écrivain et « apprenti aventurier », il alliait l'utile à l'agréable. Au sein de cette nature grandiose, il s'exposait à mille aventures dont il ferait un récit, tout en accomplissant, en tant que protestant, une sorte de pèlerinage vers le pays des camisards. Pour se préparer, il prit pension au **Monastier**, à 20 km du Puy, capitale du Velay, célèbre pour sa lentille verte, sa fine dentelle au fuseau et sa **cathédrale romane du** XIIe **siècle**, d'où, depuis le Moyen Âge, part l'une des quatre routes de Compostelle (la via Podiensis). Tant de voyageurs font halte dans cette ville qu'un sentier pédestre la relie au Monastier-sur-Gazeille, départ du GR 70.

• À travers les collines du Velay

À 1000 m d'altitude près des **monts Mézenc** (1753 m) et **Gerbier-de-Jonc** où la Loire prend sa source, cette bourgade, ancienne puissante cité abbatiale fortifiée, a conservé ses maisons en pierre de lave rouge et noir et son caractère. Son église **Saint-Chaffre** à l'architecture romane locale est ornée de décors de mosaïques polychromes et de frises sculptées. Comme Stevenson le 22 septembre 1878, quittant le bourg par la rue principale en direction du sud, le marcheur d'aujourd'hui passe la Gazeille que l'écrivain, lui, franchit à gué, pour se diriger vers **Le Bouchet-Saint-Nicolas**. Le sentier serpente à travers un paysage sauvage, enchaînement de collines coupées de vallées où coule tout

---

LE GR 70, DU SUD DE L'AUVERGNE AUX CÉVENNES

- **Départ :** Le Puy-en-Velay
- **Arrivée :** Saint-Jean-du-Gard
- **Distance :** 245 km

LES CONSEILS GEO

• Les plus

Pour randonner léger, louer un âne ou prévoir plusieurs petits bagages à confier (sur réservation) à La Malle postale, transporteur spécialiste de ce chemin, qui les déposera aux étapes indiquées et se chargera, derrière vous, de reprendre les sacs de vêtements utilisés. Pour évaluer le temps de parcours de chaque étape, bien observer les courbes de dénivelé correspondantes mises à disposition sur leur site par l'association Stevenson.

• Les variantes

Il est possible de faire le tour du mont Lozère par le GR 68 depuis Villefort dans des paysages d'estives jusqu'aux hauts de Florac en revenant par les bois du Bougès (randonnée de 100 km). Le sentier des botanistes au sommet du mont Aigoual offre également de belles balades.

ART ET CULTURE

Descente du col de Bès, l'un des sites les plus riches en dolmens et menhirs du village médiéval de Saint-Martial

un réseau de rivières aux eaux vives et poissonneuses. De petits bois et des villages s'égrènent : **Saint-Martin-de-Fugères**, traversé à la fois par la Loire (très petite encore) et par la Gazeille, dont **l'église du XIIᵉ siècle** est surmontée d'un clocher à peigne caractéristique de la région ; **Goudet**, lové dans les spectaculaires gorges de la Loire entourées de forêts, dont le château aux ruines altières dressées au sommet d'un piton rocheux commandait, au Moyen Âge, les quatre vallées qui se rejoignent à son pied et par où, 100 ans avant notre ère, passait la route de l'étain, de la Bretagne à Marseille. Un crochet de 5 km mène à **Arlempdes**, village des gorges de la Loire classé parmi les Plus Beaux Villages de France, dont les somptueux vestiges castraux couronnent une paroi d'orgues basaltiques de près de 100 m de haut. Du sommet, la vue est à couper le souffle. Prochaine étape : Le Bouchet-Saint-Nicolas dont le **beau lac de cratère** de 43 ha est lové dans une pinède

« Je ne voyage pas pour aller quelque part, mais pour marcher. Je voyage pour le plaisir de voyager. L'important est de bouger [...] de quitter le lit douillet de la civilisation, de sentir sous ses pieds le granit terrestre et les silex épars avec leurs coupants. »

Extrait de *Voyage avec un âne dans les Cévennes*

QUE VOIR, QUE FAIRE SUR LE GR 70 ?

- Louer un âne comme porteur et compagnon de route
- Sauter à l'élastique au viaduc de la Recoumène
- Les plaisirs balnéaires et nautiques au lac du Bouchet-Saint-Nicolas
- Se balader en vélo-rail aux alentours de Pradelles
- Musée vivant de la Filature des Calquières à Langogne, témoin de la révolution industrielle du XIXᵉ siècle
- Musée du mont Lozère à Pont-de-Montvert
- Les collections du musée des Vallées cévenoles à Saint-Jean-du-Gard
- La vallée du Gardon en train à vapeur 1900 entre Saint-Jean-du-Gard et Anduze

DANS LES PAS DE R.L. STEVENSON

Entre Vivarais et Gévaudan, l'abbaye Notre-Dame-des-Neiges où le randonneur, comme Stevenson, peut aujourd'hui trouver le gîte.

à 1000 m d'altitude. Clin d'œil aux randonneurs à la sortie du bourg : une haute statue sculptée dans un tronc d'arbre représente Stevenson marchant près de Modestine, son ânesse. À l'évidence, ils se dirigent vers **Landos**, au sein d'une verdoyante campagne agrémentée de marais et de tourbières où prolifère une flore spécifique, où se croisent trois sentiers de randonnée (celui des gorges de l'Allier , la voie de Regordane et notre GR 70). À peine plus de 5 km après **Pradelles,** bourg médiéval (classé parmi les Plus Beaux Villages de France) dominant l'Allier et d'où le panorama, par temps clair, s'étend jusqu'au mont Lozère et à la Margeride, le sentier quitte le Velay pour entrer en Gévaudan.

● Sur les hauts du Gévaudan

Le Gévaudan, pays de légendes où le randonneur – pas plus que Stevenson – ne rencontrera pas la bête mythique qu'il surnomme le « Napoléon des loups », mais où le paysage, intact semble-t-il depuis la nuit des temps, est d'une magnifique sauvagerie. De **Langogne,** opulente bourgade ins-

tallée à la confluence de l'Allier et du Langouyrou riche de ses cinq tours fortifiées, d'une somptueuse **église romane** (XIIᵉ siècle) et d'une **halle aux grains** exceptionnelle (XVIIIᵉ siècle) jusqu'à **Cheylard-l'Évêque**, paisible village hors du temps, situé à 1 100 m d'altitude, le chemin serpente en une longue montée à travers des landes de bruyères trouées de roches. À l'écart, au cœur de sombres forêts de sapins, se dresse **Notre-Dame-des Neiges,** monastère cistercien où Charles de Foucauld prit l'habit et le nom de frère Marie-Albéric 12 ans après le passage de l'écrivain, et où le voyageur aujourd'hui peut trouver un gîte.

● Au cœur des Cévennes

L'horizon s'évase toujours plus pour se fondre enfin dans un infini dégradé bleuté à l'approche du **mont Lozère**, que Stevenson, faute de sentiers, gravit par les lignes de crêtes, mais dont le GR 70, bien balisé, permet aujourd'hui au voyageur d'admirer les merveilles sans crainte de se perdre. Parmi les touffes rases de genêts battus par les vents se dressent çà et là, **menhirs** datant de la préhistoire et **croix de chemins ou de bornage**, souvenirs médiévaux de l'emprise des chevaliers de Saint-Jean-de-Jérusalem. Depuis le **pic de Finiel** (1 699 m), la vue embrasse l'inextricable labyrinthe des « **serres** », chaînes de montagnes caractéristiques du massif. Baptisées par Stevenson « Cévennes des Cévennes » elles sont le théâtre de l'épopée des **résistants camisards**. Leur « maquis », leurs arsenaux dissimulés dans le secret des grottes, leurs temples sylvestres où se réunissaient des centaines de fidèles, leurs champs de bataille. Ceux du « comte et seigneur Roland, généralissime des protestants de France, prompt au combat comme à la prière » qui marchait à l'assaut des cités abbatiales aux puissants remparts, ainsi que le relate l'écrivain. Une épopée sanglante, féroce, dont témoignent les beaux villages : **Le Pont-de-Montvert**, situé sur le Tarn et où se déclencha la révolte, puis **Florac**, capitale du **parc national des Cévennes**, et le long de la **vallée du Gardon, Saint-Germain-de-Calberte, Saint-Étienne-Vallée-Française** et enfin **Saint-Jean-du-Gard**. Robert Louis Stevenson y vendit, à regret, son ânesse Modestine. Ici, s'achève donc le GR 70. ●

Carte postale illustrant le voyage de Stevenson dans les Cévennes.

CARNET DE ROUTE

• **Les premiers contacts**   Association « Sur le chemin de Robert Louis Stevenson » – Le Village, 48220 Le Pont-de-Montvert – 04.66.45.86.31 – www.chemin-stevenson.org

• **La bonne période**   Du début avril au début novembre (l'hiver est rigoureux et les neiges sont précoces sur les hauteurs). En mai et juin, la nature est luxuriante et fleurie. Les paysages d'automne sont superbes mais souvent brumeux.

• **La durée du voyage**   Tout dépend de l'entraînement du randonneur et de la durée des haltes. Pour parcourir les 245 km du sentier, compter plus ou moins 12 jours pour un marcheur confirmé (en moyenne 20 km environ par jour). Selon les forces et le temps dont on dispose, on peut ne parcourir que quelques étapes (choisir pour l'arrivée une bourgade bien desservie par le train ou le bus).

• **Le coût moyen**   Selon l'hébergement très varié (camping, hôtel étoilé, gîte d'étape, chambre d'hôtes) : 600 à 700 € par personne pour l'itinéraire complet en 12 jours. Voyage organisé à la carte par plusieurs spécialistes.

• **La logistique**   N'étant pas un circuit, la route ne revient pas à son point de départ où l'automobiliste laisse sa voiture, il faut donc s'organiser.

– **Train :** gare SNCF au Puy-en-Velay (près du Monastier-sur-Gazeille) et à Alès (près de Saint-Jean-du-Gard).

– **Avion :** aéroports Le Puy-en-Velay-Loudes (au départ) et Nîmes-Garons (près d'Alès, pour le retour).
– **Une solution grand confort :** faire acheminer son véhicule pour le trouver à l'arrivée (même service pour le transport des bagages entre les étapes). La Malle postale : www.lamallepostale.com.webloc.

• **Les spécialités locales**   La dentelle du Puy-en-Velay.

• **Les spécialités culinaires**
– Petit salé aux lentilles vertes du Puy, croustades de champignons forestiers (Velay).
– Aligot, tripoux (Lozère).
– Poulet de grain farci, pain de châtaigne, fromages de chèvre et de brebis (Cévennes).

• **Les fêtes**
– Le Puy-en-Velay : fête Renaissance du Roi de l'oiseau (2e quinzaine de juillet).
– Le Monastier-sur-Gazeille : fête Stevenson (24 août) ; festival La Musique des cuivres ; Automnales du livre (mi-octobre).
– Pradelles : Grandes Festes Renaissance (mi-juillet).
– Langogne : En fête ! (1er dimanche d'août).
– Le Bleymard : foire gourmande et produits du terroir (début août).
– Florac : festival de la Soupe (fin octobre).
– Saint-Germain-de-Calberte : fête de la Transhumance des brebis (début juin) ; fête de la Châtaigne et du Terroir (dernier week-end d'octobre).
– Saint-Jean-du-Gard : Nocturnes de Saint-Jean-des-Arts (mi-juillet/mi-août, le jeudi de 18 h à 23 h 30).

Le *Café Van Gogh*, place du Forum, en Arles, que l'artiste représenta en 1888 dans *Le Café du soir*.

La route de Van Gogh

À travers les Alpilles et la Camargue, par Arles, les Saintes-Maries-de-la-Mer et Montpellier, cette route suit au plus près le voyage de Vincent Van Gogh dans le Midi, une région qui fascina l'artiste et lui inspira ses plus belles toiles.

Lassé de la vie parisienne, de son insuccès et des peintres qui se jalousent au lieu de s'épauler, Van Gogh décide, à l'âge de 35 ans, de quitter la capitale pour s'installer dans le Midi. D'Arles, où il arrive le 21 février 1888, à Saint-Rémy-de-Provence, qu'il quitte le 17 mai 1890, 3 mois avant son suicide, le périple du peintre est jalonné de quelque 200 chefs-d'œuvre, de rêves d'entraide et de fraternité envolés, et de violentes crises qui le conduisirent droit à l'asile.

● De Tarascon à Arles

Sur le chemin qui le mène en Arles, Vincent découvre **Tarascon**, première étape de l'itinéraire, et son « magnifique paysage d'im-

SUR LES TRACES DE VAN GOGH DANS LE MIDI

- **Départ :** Tarascon
- **Arrivée :** Saint-Rémy-de-Provence
- **Distance :** 220 km

menses rochers jaunes » semé d'oliviers. Il retourne y passer une journée au mois d'août et exécute une pochade intitulée *Le Peintre sur la route de Tarascon*, sur laquelle il figure en train de marcher, flanqué de son chevalet et de son attirail de peintre. En route pour **Arles,** où Van Gogh demeure pendant 15 mois. D'abord installé à la pension Carrel, rue de la Cavalerie, il loue par la suite au 2, place Lamartine, une « maison jaune » (démolie depuis) qu'il entreprend de rénover. En attendant l'achèvement des travaux, il loge en face, au café de l'Alcazar. *Le Café de nuit* représente la grande salle de l'établissement. Les **quais du Rhône,** les vergers en fleurs au printemps, les moissons sous le soleil cru, les costumes colorés des Arlésiennes, les **arènes** « fort belles lorsqu'il y a soleil et foule »… à l'exception du « diable de mistral », tout à Arles enchante le peintre. On ne manquera pas de monter sur le **pont métallique de Trinquetaille,** quai de la Roquette, ni d'observer le **pont Langlois** (aujourd'hui pont Van-Gogh) situé sur le canal d'Arles à Bouc, deux édifices qui lui inspirent plusieurs toiles. À propos de ce dernier, le peintre écrit à son frère Théo : « J'ai trouvé une chose drôle comme je n'en ferais pas tous les jours, c'est le pont-levis avec petite voiture jaune et groupes de laveuses, une étude où les terrains sont rouge vif, l'herbe très verte, le ciel et l'eau bleus. » Dans le quartier des Mouleyrès, une colline jadis hérissée de moulins à vent, on découvrira **rue Mireille** l'ouvrage à l'origine du *Vieux Moulin*. On pourra se promener dans les **jardins publics** de la ville, maintes fois représentés par l'artiste, avec leurs grands sapins bleu-vert et leurs promeneurs ; le soir, on flânera au bord du fleuve pour contempler le paysage à l'origine de *La Nuit étoilée sur le Rhône*, et on ira au

QUE VOIR, QUE FAIRE
DANS LE MIDI ?

- Flâner dans les rues médiévales de Tarascon et visiter le château médiéval
- Marcher dans les pas de Van Gogh en Arles
- Visiter le musée de la Fondation Van Gogh en Arles
- Se baigner aux Saintes-Maries-de-la-Mer
- Visiter l'église Notre-Dame-de-la-Mer
- Se promener à pied ou à vélo autour des étangs de Camargue
- Faire le tour des remparts d'Aigues-Mortes
- Visiter le musée Fabre, le plus grand musée d'art de Montpellier
- Randonner dans les Alpilles
- Déambuler dans la cité des Baux-de-Provence
- Visiter Saint-Rémy-de-Provence, le monastère de Saint-Paul-de-Mausole et le site antique de Glanum

Le château de Tarascon, donnant sur le Rhône. Élevé par les ducs d'Anjou au xve siècle, il est remarquablement conservé.

Le monastère roman Saint-Paul-de-Mausole, à Saint-Rémy-de-Provence. Van Gogh demeura plus d'une année entre les murs de cet asile.

Café Van Gogh, représenté par l'artiste sous le titre *Le Café du Soir.*

Van Gogh a l'idée de faire de sa maison jaune un phalanstère d'artistes et de créer une école de peintres du Midi. Il défend son projet auprès de ses amis, espérant qu'Émile Bernard le rejoindra, et surtout Gauguin, à qui il écrit maintes et maintes lettres où il le supplie de venir. Après avoir plusieurs fois différé son voyage, Gauguin finit par céder. Il arrive en Arles au mois d'octobre 1888. Les artistes vont ensemble peindre sur le motif. Ils plantent leurs chevalets dans la nécropole antique des **Alyscamps,** dont Van Gogh peint une allée bordée de tombeaux et de peupliers, tapissée de feuilles rousses. Mais la cohabitation entre les deux hommes est difficile. Gauguin s'ennuie de Pont-Aven, Arles n'est pas vraiment à son goût, et les discussions qui chaque jour virent à l'aigre l'exaspèrent. Au mois de décembre, il annonce qu'il s'en va. Pour Vincent, c'est une tragédie. Un rêve d'association qui s'écroule, le retour à la solitude. Après avoir menacé Gauguin avec un rasoir, place Victor-Hugo, il retourne dans sa maison jaune et se tranche l'oreille gauche. Le blessé est pris en charge à l'**hôtel-Dieu,** de nos jours converti en centre culturel et universitaire sous le nom d'Espace Van-Gogh. Il peint les jardins de l'établissement, avec leurs galeries à arcades et leur bassin au centre. Au mois de janvier 1889, il rentre chez lui, mais il est bientôt victime d'hallucinations et demande à se faire interner dans un asile.

• À travers la Camargue

Entre-temps, le peintre a fait quelques escapades dans la région d'Arles. Au mois de juin, il a passé 5 jours aux **Saintes-Maries-de-la-Mer,** étape suivante de notre itinéraire. Ébloui par la Camargue, ce territoire entre terre et mer, et par la Méditerranée, qui « a une couleur comme les maquereaux, c'est-à-dire changeante », il a peint frénétiquement les bateaux, les plages de sable lui rappelant sa Hollande

LES CONSEILS GEO

• Les plus

La route traverse quelques perles paysagères de la Provence : la Camargue et le massif des Alpilles. Le patrimoine lié à Van Gogh est très bien mis en valeur en Arles et à Saint-Rémy-de-Provence.

• Les variantes

On pourra débuter ou terminer le parcours en Avignon (à 23 km de Tarascon et à 20 km de Saint-Rémy-de-Provence) pour visiter, entre autres, le musée Angladon, qui renferme des toiles de maître et notamment une œuvre de Van Gogh, *Wagons de chemin de fer,* inspirée de son voyage en train de Paris en Arles.

ART ET CULTURE

natale « moins les dunes et plus le bleu », le village dominé par l'église Notre-Dame-de-la-Mer, les maisons de gardians, les camps de bohémiens. Il s'est régalé de friture et s'est promené la nuit au bord de la mer, sous un ciel bleu profond scintillant d'étoiles « claires, verdies, jaunes, blanches, rose plus clair, diamantées […] comme des pierres précieuses ». Au mois de décembre, en compagnie de Gauguin, il s'est rendu à **Montpellier,** que l'on rallie via **Aigues-Mortes,** par une belle route sillonnant entre étangs, salines et marais. À Montpellier, il a visité la collection Alfred Bruyas du musée Fabre, qui l'a surtout touché pour ses « magnifiques Courbet qui sont des merveilles » et par un portrait de Bruyas signé Delacroix.

● À travers les Alpilles

La route poursuit, via les **Baux-de-Provence,** jusqu'à **Saint-Rémy-de-Provence.** En mai 1889, Van Gogh quitte Arles pour entrer à l'asile d'aliénés du **monastère de Saint-Paul-de-Mausole,** situé à l'écart de Saint-Rémy, près des ruines de Glanum. Il occupe une chambre spartiate dans le pavillon des hommes, et bénéficie bientôt de deux autres pièces, qui lui servent d'atelier et de lieu de stockage pour ses toiles. Il passe ici plus d'une année, entrecoupée de crises suivies de longues périodes de torpeur. Il peint à un rythme époustouflant – environ 150 toiles en 53 semaines – espérant que le travail l'aidera à guérir : d'abord l'asile et des natures mortes, puis, une fois autorisé à sortir, la campagne environnante. *Iris*, *La Nuit étoilée avec cyprès*, *Le Champ de blé avec cyprès* font partie des chefs-d'œuvre exécutés pendant cette période féconde. Aujourd'hui, le monastère fait office de centre culturel. On visite la chambre reconstituée de l'artiste et l'on peut suivre le « parcours botanique et artistique » ponctué de reproductions de ses œuvres. ●

CARNET DE ROUTE

● **Les premiers contacts** Office de tourisme de Tarascon   Avenue de la République – 13150 Tarascon – 04.90.91.03.52 – www.tarsacon.fr

Office de tourisme d'Arles   Boulevard des Lices – 13200 Arles – 04.90.18.41.20 – www.arlestourisme.com

Office de tourisme de Saintes-Maries-de-la-Mer 5, avenue Van Gogh – 13460 Saintes-Maries-de-la-Mer – 04.90.97.82.55 – www.saintesmaries.com

Office de tourisme de Montpellier
30, allée Jean-de-Lattre-de-Tassigny – 34000 Montpellier – 04.67.60.60.60 – www.ot-montpellier.fr

● **La bonne période**   Elle s'étend d'avril à octobre. Évitez de partir entre le 30 décembre et le 28 mars, le centre culturel du monastère de Saint-Paul-de-Mausole étant fermé à cette période.

● **La durée du voyage**   La route peut se faire en 2 jours.

● **Les spécialités locales**   L'ébénisterie, la céramique, les « indiennes », la fabrication de santons.

● **Les spécialités culinaires**
– Olives, huile d'olive, figue, riz de Camargue.
– Saucisson d'Arles, écrevisses de Camargue, tellines, viande de taureau AOC.

– Fromages de chèvre, fougasse, vins du pays d'Arles.

● **Les fêtes**
– **Tarascon :** fêtes de la Tarasque (fin juin), Médiévales (mi-août).
– **Arles :** Feria pascale (avril), Rencontres internationales de la photographie (début juillet), festival des Suds, festival de Musique (juillet), festival Peplum (fin août), Arlate, Journées romaines d'Arles (fin août), feria du Riz et festival du Cheval (début septembre), Drôles de Noël, festival de rue (décembre).
– **Saintes-Maries-de-la-Mer :** Pèlerinage et Vénération de Sara la Noire (24 mai), Fête votive (3e week-end de juin), feria du Cheval (autour du 14 juillet), Camargue plurielle (autour du 15 août), festival d'Abrivado (11 novembre).
– **Montpellier :** Printemps des comédiens (juin), festival des Fanfares (mi-juin), Estivales de Montpellier (chaque vendredi pendant l'été), Internationales de la guitare (octobre), festival du Cinéma méditerranéen (fin octobre).
– **Saint-Rémy-de-Provence :** carnaval de Saint-Rémy-de-Provence (fin mars), Transhumance (lundi de Pentecôte), fête du Vin et de l'Artisanat d'art (fin juillet), la feria de Saint-Rémy (autour du 15 août).

La route de Gauguin en Polynésie

La Polynésie française à travers Tahiti, ses plages paradisiaques, ses cascades, où Gauguin séjourna deux fois, et l'île plus sauvage et plus rude de Hiva Oa, dans l'archipel des Marquises, où il se fit bâtir la Maison du Jouir et termina ses jours.

Au début de l'année 1891, à l'âge de 42 ans, Paul Gauguin décide de partir pour la Polynésie française. Il a « besoin de [se] retremper dans la nature vierge, de ne voir que des sauvages, de vivre leur vie », de manière à trouver un nouveau souffle pour sa peinture, et parvenir à faire « de l'art très simple » débarrassé des influences de la « civilisation ». En vue de financer son voyage, il organise une vente de ses œuvres à l'hôtel Drouot – c'est un échec – puis sollicite l'appui du gouvernement. Sa requête « d'étudier au point de vue de l'art et des tableaux à en tirer, les paysages et les coutumes [de Tahiti] » est acceptée. Le 1er avril, Gauguin peut donc s'embarquer à Marseille, direction Papeete, où il arrive le 9 juin.

CARNET DE ROUTE

• **Les premiers contacts** En métropole : **Tahiti Tourisme** c/o AVIAREPS122, avenue des Champs-Élysées – 75008 Paris – 01.53.43.53.95 – www.tahiti-tourisme.fr

Sur place : **Office de tourisme de Tahiti** Fare Manihini, front de mer, boulevard Pomare B.P. 65 – 98713 Papeete50.40.30 – www.tahiti-tourisme.pf

• **La bonne période** Elle s'étend de mai à octobre (saison « fraîche » et sèche).

• **La durée du voyage** Depuis la métropole, comptez au moins 15 jours.

• **La logistique et le budget** Durée de vol depuis Paris : 21 heures minimum. Décalage horaire avec la métropole : 12 heures en été, 11 heures en hiver. Budget : comptez 1 500 € minimum pour le vol AR Paris-Papeete + 600 € pour le vol Papeete-Hiva Oa + 80 € par jour et par personne.

• **Les spécialités locales** Les perles noires de Tahiti, le tressage, la vannerie, le tapa (étoffe végétale), le tifaifai (draperies en patchwork), le tatouage, les sculptures sur bois et sur pierre, le monoï, fait à partir de la noix de coco et de la fleur de tiaré, emblème de la Polynésie

• **Les spécialités culinaires**
– Poisson cru à la tahitienne, mariné dans du jus de citron vert et du lait de coco ; chevrettes (crevettes d'eau douce) ; poulet fafa (les feuilles de fafa ressemblent aux épinards) ; pua'a chou (porc au chou) ; ma'a tinito (mélange de porc, haricots rouges, chou chinois et nouilles chinoises).
– Les fêtes sont l'occasion de préparer des ma'a Tahiti, où les ingrédients (cochons de lait, poissons, fruits de l'arbre à pain, etc.) sont cuits à l'étouffée dans un four creusé dans la terre et enveloppés dans des feuilles de bananier.
– 'ipo, pain préparé avec de la noix et du lait de coco.
– Po'e, un dessert à base de fruits cuits (banane, taro, papaye, etc.) mélangés à du sucre et de l'amidon ; salades de fruits, à base de papayes, mangues, ananas, pastèques, pamplemousses, arrosées de jus de citron vert et additionnées d'une gousse de vanille.

• **Les fêtes**
– **Papeete :** Festival international du film documentaire océanien (fin janvier), salon du Tifaifai (avril), Heiva des artisans (juin-juillet), Heiva i Tahiti, l'un des plus anciens festivals du Pacifique, créé en 1881, avec chants et danses traditionnels, courses de pirogues, marche sur le feu, etc. (juillet), Lire en Polynésie (octobre), Monoï Here, salon du monoï (novembre), Journées du tiaré (décembre).
– **Punaauia :** fête de l'Orange (juin).
– **Atuona :** festival des Arts des îles Marquises (décembre).

● De Papeete à Papeari par la côte est

Papeete, première étape du circuit, est située dans le nord-ouest de Tahiti, la plus grande et la plus haute des îles de la Polynésie française. Née d'un ancien volcan, marquée par un relief accidenté, l'île se scinde en deux : à l'ouest, c'est Tahiti Nui, la « grande Tahiti », où culmine à 2 241 m le mont 'Orohena, le plus élevé de l'île ; à l'est, c'est Tahiti Iti, la « petite Tahiti », les deux parties étant reliées par un isthme étroit, non loin duquel Gauguin va se retrancher après avoir passé 3 mois dans la capitale tahitienne. À Papeete, on pourra se promener sur le quai des Pirogues, dans les jardins de l'évêché et dans le parc de Bougainville, dans le marché couvert, cœur vibrant de la cité, déployant ses étals chatoyants sur plus de 7 000 m² ; on visitera le musée de la Perle et on fera une excursion dans la vallée de la Fautua, pour admirer ses cascades et profiter de magnifiques panoramas. L'itinéraire poursuit par **la route littorale,** qui fait le tour de Tahiti Nui sur 115 km. Nous longeons la côte est. Point de lagons ni d'immenses étendues de sable blanc de ce côté-ci de l'île : bordée de plages sauvages, frappée par les rouleaux de l'océan, la côte est est le repaire des surfeurs. On découvre, en chemin, le musée James Norman Hall, la ville d'Arue et sa mairie, fleuron de l'architecture coloniale, la pointe de Vénus et ses plages de sable noir, le trou du Souffleur, une étroite cavité où l'océan propulse son souffle puissant dans un bruit assourdissant. Des crochets dans les terres permettent

La baie d'Atuona, sur l'île d'Hiva Oa, dans l'archipel des Marquises, toute de majesté et de rudesse. C'est ici que Paul Gauguin termina ses jours.

LA POLYNÉSIE FRANÇAISE DE TAHITI AUX ÎLES MARQUISES

- **Départ :** Papeete, Tahiti
- **Arrivée :** Atuona, île d'Hiva Oa
- **Distance :** 1 520 km

LA ROUTE DE GAUGUIN EN POLYNÉSIE

QUE VOIR, QUE FAIRE
EN POLYNÉSIE ?

- Flâner dans le marché couvert de Papeete
- Faire des randonnées dans les vallées de Tahiti Nui
- Voir les cascades de Faaturama
- Se promener dans le jardin botanique de Papeari et visiter le musée Gauguin
- Faire une excursion sur le plateau de Tahiti Iti
- Se baigner dans les lagons
- Faire de la plongée sous-marine
- Visiter le musée de Tahiti et des Îles à Punauuia
- Faire des randonnées équestres le long de la ligne de crête sur Hiva Oa
- Visiter la Maison du Jouir
- Visiter le musée Gauguin et l'espace Brel à Atuona
- Voir le cimetière où reposent Gauguin et Jacques Brel
- Découvrir les sites archéologiques d'Hiva Oa

de rallier les cascades de Faaturama et les lavatubes d'Hitiaa. De Tara-vao, au sud de la côte est, on peut rejoindre Tahiti Iti pour gravir le plateau : on découvrira alors une petite Normandie, faite d'herbe grasse, où paissent les seules vaches de Tahiti. De retour sur la grande île, passé la baie de Phaéton, on gagne **Papeari,** qui recèle un superbe jardin tropical, créé en 1919 par un Américain passionné de botanique. On déambule ici parmi les banyans, les bambous géants, les tecks… Le jardin abrite le **musée Paul Gauguin,** qui retrace la vie du peintre.

● De Mataiea à Papeete par la côte ouest

De Papeari, la route continue vers le village de **Mataiea.** Sur le territoire de cette commune se trouvent les incontournables **jardins d'eau de Vai-pahi,** à partir desquels on pourra randonner dans la vallée. Gauguin s'installe à Mataiea en septembre 1891 avec la jeune Titi, qu'il répudie assez vite, la jugeant trop « occidentalisée ». Un lagon bleu, un cadre enchanteur au pied de la montagne, un village paisible loin des colons de Papeete… L'artiste trouve ici l'Eden austral dont il a tant rêvé en Europe. Il y reste jusqu'en mai 1893. Sa production artistique est alors éblouissante. Il sculpte des tikis dans le bois qu'il trouve sur place et peint des chefs-d'œuvre parmi lesquels *Eh quoi ! Tu es jalouse ?* Les villageois lui servent de modèles. Il observe les mœurs des Tahitiens, se repaît de lectures sur la mythologie et les anciennes croyances polynésiennes, dont il introduit des éléments dans ses toiles. Gauguin prolongerait bien son séjour, mais, malade et sans le sou, il est contraint de demander son rapatriement. Il quitte Tahiti en août 1893, pour y revenir 2 ans plus tard. Lors de ce second voyage polynésien, l'artiste acquiert un domaine au sud de Papeete, à **Punaauia,** où il reste pendant 6 ans. C'est pendant ce séjour qu'il peint son plus grand tableau, *D'où venons-nous ? Que sommes-nous ? Où allons-nous ?* et rédige *Noa Noa.* Nous gagnons Punaauia en longeant la côte

ART ET CULTURE

Le Tiki souriant, sur l'île d'Hiva Oa. Ces sculptures de pierre à figure humaine sont très nombreuses en Polynésie française.

La Maison du Jouir, que se fit élever Gauguin à Atuona, est parfaitement reconstituée. Depuis 2003, elle fait office d'espace culturel dédié à la mémoire du peintre.

ouest, un rivage idyllique aux paysages de carte postale. Au fil des kilomètres, on découvre les profondes grottes de Maara, d'immenses plages de sable blanc, une mer limpide et le récif corallien, tout près du rivage, peuplé de poissons multicolores… À Punauuia, sur la pointe des Pêcheurs, le musée de Tahiti et des îles, exposant les collections du patrimoine océanien, attend le visiteur.

De Tahiti aux îles Marquises

Tracassé par l'administration coloniale de Tahiti, qu'il ne cesse d'attaquer dans le journal qu'il a fondé, *Le Sourire*, Gauguin quitte Papeete à l'été 1901 pour se réfugier à **Atuona,** sur la côte sud de l'île d'Hiva Oa, ultime étape ce circuit. Cette île escarpée de 40 km sur 20, bordée de falaises et traversée d'est en ouest par une longue ligne de crête, est l'une des plus grandes de l'archipel des Marquises. Elle est réputée pour ses nombreux sites archéologiques, recélant les plus grands tikis de Polynésie et de nombreux rochers gravés de pétroglyphes. À Atuona, Gauguin se fait élever la **Maison du Jouir,** une case confortable qui a depuis été reconstituée, et prend pour épouse une jeune vahiné de 14 ans. Gravures érotiques, panneaux de bois sculptés et polychromes avec des silhouettes de femmes dénudées, devises gravées comme « Soyez amoureuses et vous serez heureuses »… Gauguin fait de sa maison un temple du paganisme. L'île sauvage d'Hiva Oa, qui revigore son art, lui inspire les célèbres *Cavaliers sur la plage* et *Contes barbares*. Gauguin décède dans sa maison le 8 mai 1903, d'une crise cardiaque. Il repose dans le cimetière d'Atuona, aux côtés de Jacques Brel. ●

LES CONSEILS GEO

● Les plus

Une route exotique sur les traces de Gauguin, autour de Tahiti et dans l'archipel des Marquises, qui permettra de découvrir la culture polynésienne, une nature luxuriante et des plages paradisiaques.

● Les variantes

De Tahiti, on pourra faire des excursions dans l'archipel de la Société, à l'île de Moorea (juste en face de Tahiti) et dans les îles Sous-le-Vent pour voir entre autres la mythique Bora Bora.
De Hiva-Oa, on pourra partir à la découverte de la plus grande île des Marquises, Nuku Hiva, pour aller observer les dauphins d'Électre.

LA ROUTE DE GAUGUIN EN POLYNÉSIE

Index

INDEX

CRÉDITS PHOTOGRAPHIQUES

© 2017 GEO / Prisma Media
Textes de Philippe Charollois, Murielle Neveux et Eve Sivadjian
Tous droits réservés

Éditions PRISMA
Directeur : Pierre-Olivier Bonfillon
Directrice éditoriale : Françoise Kerlo
Responsable d'édition : Valérie Langrognet
Chargée d'édition : Caroline Rondeau
Chefs de fabrication : Jérôme Brotons, Anne-Kathrin Fischer

Réalisation éditoriale : Copyright
Édition : Audrey Busson
Cartographie : Aurélie Boissière
Photogravure : Peggy Huynh-Quan-Suu
Édition 2017 : Nord Compo

Certifié PEFC
Ce produit est issu de
forêts gérées
durablement et de
sources contrôlées
PEFC/14-38-00157   www.pefc-france.org

ISBN : 978-2-8104-2046-9
Dépôt légal : février 2017
Impression : Cayfosa-Impresia Ibérica (Espagne)